세계화시대 노사정의 공존전략
— 서유럽 강소국과 한국 —

한국정치학회 편
심지연 · 강명세 외

2005
백산서당

서 문

왜 작지만 강한 나라에 주목해야 하는가? 한국은 정치적 민주화 이후 경제위기를 해소하고 새로운 발전 전망을 모색해야 하는 지점과 시점에 서 있다. 이 책은 바로 이 같은 질문에 답하기 위해 준비되었다. 이 책이 주목한 작은 나라는 네덜란드, 스웨덴, 벨기에, 아일랜드와 같은 서유럽의 강소국이다. 이들 나라에 비해 한국은 사실 작은 나라가 아니다. 그러나 지정학적 위치와 세계경제의 역학 속에서 보면 한국은 작은 나라가 된다. 더욱이 오늘날처럼 개방경제가 보편화된 상황에서 지정학적 위치와 국제정치경제는 우리가 더불어 살아야 할 핵심적 조건이다.

세계화와 탈산업화 시대에서 작은 나라들이 살아남고 발전하여 강한 나라가 되기 위해서는 엄혹한 시련과 도전에 직면한다. 그 시련과 도전은 현실을 직시하고 역사적 사례와 현실적 모델을 분석하여 자신에게 맞게 적용함으로써 극복과 성공으로 나아갈 수 있다. 우리가 연구대상으로 선택한 유럽의 4개국은 바로 성공의 훌륭한 모델을 제공한다.

올바른 분석을 위해서는 우리의 주체적 시각과 역량뿐 아니라 해외의 전문연구자들의 심도 있는 분석이 필요하다. 따라서 분석의 대상이 된 국가의 학자들이 이 단행본의 기획에 참여하여 주옥 같은 글을 써 주었다. 해당국 전문가들이 개별 국가에 대해 심도 있는 분석을 하고, 국내의 연구자들은 이들을 비교분석함으로써 한국사례에 원용하는 접근법을 취했다.

서론 논문에 해당하는 "왜 작은 나라에 주목하는가"는 편저자들이 담당했다. 최근 우리나라의 상황에 비추어 우리의 문제의식을 제시하고 이와 같은 당위적 명제에 대해 논리적 이유를 밝혔다. 지정학적 위치와 국제정치경제적 조건과 맥락 속에서 한국이 작은 나라 발전모델을 추구할 필요가 있다는 것이 우리들의 주장이다.

이 책은 서론 논문 외에 총 3부로 구성된다. 제1부는 세계화 및 탈산업화 시대에 나타나는 노사정 협약 패러다임의 변화를 주목하고 이와 관계된 사례의 비교와 이론적 논의를 제공한다. 제2부에서 서유럽 강소국들의 노사정 혹은 사회협약이 어떻게 상호공존을 위해 전략을 수립하고 행위하는지를 분석했다. 그리고 제3부에서는 한국의 상황변화에 비추어 선진국 사례들이 한국에 주는 함의와 한국이 나아가야 할 방향을 제시하고자 했다.

제1부에서 안재흥은 "전후 복지국가 모델과 세계화시대의 노사정 관계"라는 제목의 논문에서 스웨덴, 네덜란드, 오스트리아의 사례를 비교하면서 한국 연구에 대한 이론적 함의를 도출했으며, 정병기는 "서유럽 코포라티즘의 성격과 전환"이라는 제목의 논문에서 역시 비교적 관점을 통해 코포라티즘과 사회협약을 규명했다.

제2부에서 스웨덴 웁살라대학의 헤르만손은 세기의 전환기에 변화를 거듭해 온 스웨덴 모델을 노사정 삼자의 관점을 통해 분석했으며, 벨기에 젠트대학의 반델레는 세계의 변화에 주목하면서 벨기에의 산업관계를 천착하고 치밀하게 발전전략을 분석하였다. 네덜란드 니메겐대학의 슬롬프는 '네덜란드의 기적'을 만드는 데 기여한 네덜란드의 정부정책과 노동정치의 변화를 추적하면서 그 시장지향성이 정치변화를 의미하는지 정치포기를 의미하는지를 고찰하였고, 아일랜드 배쓰대학의 오코너는 1987년 이래 '아일랜드의 기적'을 낳은 것으로 평가되는 네오코포라티즘 정책을 둘러싼 정당과 각 사회파트

너들의 관계와 주장을 분석하였다.

한국경제의 재도약과 노사정 공존을 다룬 제3부는 신광영의 논문으로 시작된다. 이 논문을 통해 신광영은 민주화와 세계화의 진척 속에서 변화해 온 노사관계를 분석하면서 한국의 새로운 민주주의와 노동운동의 양상과 전망을 제시했다. 그리고 마지막 논문을 담당한 강명세는 사례비교를 간략히 언급하면서 서유럽 강소국모델을 비교분석한 뒤 이를 기반으로 한국의 노동시장제도와 경제회복을 위한 사회협약과 그 방향성을 제안하였다.

이 책이 나오기까지는 장기간의 연구와 토론 및 국제학술회의가 있었다. 우선 2004년 가을 한국정치학회는 "서유럽 작은 나라들의 생존전략"이라는 주제로 국제학술회의를 개최했는데, 여기서 발표된 국내외의 논문을 중심으로 책의 출판을 기획했다. 몇 차례의 기획회의를 거친 후 필자들에게 논문의 수정과 보완을 요구했고, 이에 필자들이 기꺼이 응해 주어 한 권의 책으로 완성을 보게 된 것이다.

이 자리를 빌려 학술회의에 참여하여 진솔하고 따끔한 비판과 토론을 해 주신 많은 선생님과, 번역과 여러 가지 준비를 도와준 대학원생들에게 우선 감사의 말씀을 드린다. 특히 전반적인 기획과 편집에 수고를 아끼지 않은 강명세 연구위원과 마인섭 교수, 정병기 교수, 문병주 박사에게 깊이 감사드리며, 단행본의 발간을 흔쾌히 허락해 주신 백산서당의 이범 사장님과 편집의 노고를 다해 주신 편집자들께도 고마움을 전한다.

이 연구성과를 내기 위해 함께한 우리 모든 필자들은 아무쪼록 이 책이 학문과 정치 및 경제에서 한국의 발전에 조금이나마 도움이 되고, 향후 더 나은 연구를 위해 독자들로부터 서슴없는 비판을 기대한다.

2005년 10월 3일
필자들을 대신하여
심지연

세계화시대 노사정의 공존전략
— 서유럽 강소국과 한국 —

서 문 · 3

서론: 왜 작은 나라에 주목하는가? / 심지연 · 강명세 ······························ 11

제1부 세계화시대 노사정 패러다임의 변화

제1장 전후 복지국가모델과 세계화시대의 노사정관계: 스웨덴, 네덜란드,
  오스트리아 사례의 비교 및 한국 연구에의 이론적 함의 / 안재흥 ······· 33
  1. 문제의 제기 · 33
  2. 세계화와 노사정관계의 변화: 역사경로의 이탈, 회귀, 지속 · 37
  3. 이론과 방법 · 43
  4. 사례연구 · 50
    1) 사례 1: 스웨덴 코포라티즘의 와해 · 49
    2) 사례 2: 네덜란드 코포라티즘의 회생 · 54
    3) 사례 3: 오스트리아 코포라티즘의 지속 · 59
  5. 맺음말 · 64
    1) 세계화시대 노·사·정 정치경제 변화의 비교 · 64
    2) 한국 노사정관계 연구에 주는 이론적 함의 · 68

제2장 서유럽 코포라티즘의 성격과 전환: 통치전략성과 정치체제성 / 정병기 83
  1. 머리말 · 83
  2. 코포라티즘 이론 논의와 새로운 분석틀 · 86
    1) 코포라티즘 이론 논의 · 86
    2) 코포라티즘의 새로운 분석틀과 가설적 정리 · 91
  3. 코포라티즘의 전환과 주요조건 및 성격 · 95
    1) 국가코포라티즘에서 사회코포라티즘으로 · 95
    2) 수요조절 코포라티즘에서 공급조절 코포라티즘으로 · 97
  4. 서유럽 사회코포라티즘의 전환: 네덜란드, 독일, 스웨덴, 노르웨이를 중심으로 · 99
    1) 정당정치적 요인: 사민주의 집권당의 통치전략적 성격 · 101
    2) 구조적 요인: 장기적·지속적인 정치체제적 성격 · 106
  5. 맺음말 · 109

제2부 서유럽 강소국의 노사정 공존전략

제3장 세기 전환기의 스웨덴의 권력과 민주주의 / Jörgen Hermansson ······· 119
  1. 머리말 · 119
  2. 스웨덴 코포라티즘은 쇠퇴하고 있는가? · 120
  3. 코포라티즘의 의미 · 122
  4. 정책결정 코포라티즘 · 124
  5. 예비코포라티즘 · 130
    1) 정부위원회 · 131
    2) 심의안건의 산출 · 137
  6. 행정적 코포라티즘(Administrative-corporatism) · 142
    1) 정부 기구위원회 · 144
    2) 자문위원회 · 150
  7. 집단의 새로운 역할 · 153

8. 코포라티즘 약화의 정치적 함의 · 157
   1) 새로운 정치체제 · 157
   2) 균형의 변화와 권력의 성격 · 159

제4장 세계의 변화와 벨기에의 산업관계 / Kurt Vandaele ·············· 167
   1. 서론: 코드로서의 소규모 · 167
      1) 정부의 행위공간 · 168
      2) 연구의 개요 · 169
   2. 벨기에의 탈분극화 추세: 블록통합과 코포라티즘 및 연방주의 · 170
      1) 불완전한 블록통합과 노동조합 · 171
      2) 복합사례로서의 약성 코포라티즘 · 173
      3) 벨기에 고유의 불안정한 연방주의 · 175
   3. 1990년대의 산업관계 탈분극화 성취를 위한 노력 · 176
      1) (임금협상에서) 정부중재의 증가 · 177
      2) 기술집단의 등장 · 181
   4. 벨기에 산업관계의 미래: 경쟁적 코포라티즘? · 183
   5. 맺음말 · 185

제5장 네덜란드: 정치변화를 통한 시장지향인가, 정치포기를 통한 시장지향인가? / Hans Slomp ······················· 191
   1. 대륙 유럽의 정치와 시장 · 191
      1) 대륙 유럽의 정치 대 다른 대륙(과 영국)의 정치 · 192
      2) 게르만 유럽정치 대 라틴 유럽정치 · 193
      3) 게르만소국 대 나머지 유럽 · 195
      4) 게르만소국 정치 대 라틴정치 대 자유시장 · 197
      5) 유럽정치에서 본 네덜란드의 특성 · 198
   2. 네덜란드의 전통적인 탈분극화와 탈정치화 · 199
   3. 해안 간척지(Polder)의 혁명? · 204
   4. 표적: 탈정치화와 엘리트주의 · 208

5. 정치변화를 통한 시장지향인가, 정치포기를 통한 시장지향인가? · 210
6. 유럽정치의 관점에서 네덜란드의 성격은 변했는가? · 214
7. 맺음말 · 215

제6장 아일랜드의 사회적 동반자 관계 / Emmet O'Conner ······ 217
1. 머리말 · 217
2. 아일랜드의 역사와 정치 · 218
3. 산업관계 체계 · 221
4. 양자주의에서 삼자주의로 · 223
5. 사회적 동반자 관계 프로그램 · 226
6. 사회 파트너들과 협상의 과정 · 228
7. 사회적 동반자 관계에 대한 태도 · 230
   1) 정당 · 231
   2) 사용자 · 232
   3) 노동조합 · 233
   4) 경제학자 · 234
   5) 사회 블록 · 235
8. 동반자 관계의 미래에 대한 성격과 전망 · 235
9. 맺음말 · 238

제3부 한국 경제의 재도약과 노사정 공존

제7장 새로운 민주주의와 새로운 노동운동: 민주화, 세계화와 노사관계 구조 변화 / 신광영 ······ 245
1. 머리말 · 245
2. 두 가지 노동운동 노선 · 248
3. 노사관계의 구조 변화 · 256
4. 세계화와 노동운동 · 267

5. 노동계급 정치 · 274
　　6. 맺음말 · 276

제8장 비교적 관점에서 본 한국의 노동시장제도와 경제성과 / 강명세 · 281
　　1. 문제제기: 세계화 및 탈산업화 시대의 노동 · 282
　　2. 한국 노동시장제도의 특장: 노사정협약의 갑작스런 '성공' 과 좌절 · 286
　　3. 한국경제의 트라이레마: 고용, 재정 그리고 평등 · 293
　　4. 네덜란드와 아일랜드의 교훈 · 304

서론: 왜 작은 나라에 주목하는가?

심지연/강명세

문제의 출발

이 책의 목적은 작은 나라들이 국제 경쟁력을 유지하면서 높은 생활수준을 향유하기 위해서는 어떻게 해야 하는가를 논의하는 것이다. 우리가 다룰 작은 나라 얘기는 네덜란드나 스웨덴 등 유럽의 선진국에서는 아주 오랜 얘기다.[1] 또한 국가의 크기 및 이와 관련된 문제는 경제학을 포함한 사회과학 전체의 중요 관심사이다.[2] 그러나 한국에서는 아직도 잘 들리지 않는 얘기다. 크기는 상대적이라는 점에서 한국은 작은 나라이다.

---

[1] 작은 나라가 더욱 세계화될 수밖에 없는 것처럼, 작은 나라의 학자는 세계화에 더 민감할지 모른다. 전후 북구에서 가장 유명한 사회과학자로 손꼽히는 로칸(Stein Rokkan)과 알라트(Erik Allardt)는 북구의 중심인 스웨덴이 아니라 변방인 노르웨이와 핀란드 출신이다.

[2] 나라의 크기 문제에 대한 본격적 정치학적 연구로서는 Dahl and Tufte (1973)가 있는데, 전통적으로 경제학에서는 크기를 주어진 외적 조건으로 간주하여 분석대상으로 삼지 않았다. 최근 경제학적 연구로서는 Alesina and Spolaore (2003) 참고.

국가 크기의 장단점은 오랜 논쟁거리이지만, 큰 나라는 세 가지 면에서 작은 나라에 비해 유리하다(Alesian and Spolaore 2003). 우선, 인구가 많을수록 규모의 경제가 작동하여 모든 이에게 혜택을 주는 공공재 창출에 소요되는 1인당 비용이 적게 든다. 납세자 수가 많을수록 공공재 건설 비용은 적다. 둘째, 큰 나라는 다른 조건이 같다면 군사력이 강하기 때문에 외부 침입에 대해 더 잘 방어할 수 있다. 방위는 공공재로서 큰 나라의 일인당 비용이 적게 소요된다. 유럽연합처럼 동맹을 통해 방위력을 증대할 수 있으나 일반적으로 큰 나라가 유리하다. 셋째, 국가 크기는 경제의 크기에 영향을 준다. 큰 나라는 국내시장이 크기 때문에 역시 규모의 경제가 작용하여 생산성 향상에 유리하다.

그러나 앞의 두 요인이 일반적으로 맞다면 세 번째 경제적 영향은 경제의 개방 정도에 달려 있기 때문에 수정된다. 즉 작은 나라가 개방정책을 추구한다면 시장의 크기는 세계 전체로 확대되므로 큰 나라에 비해 불리하지 않다. 큰 나라의 장점은 오히려 소속원의 이질감 증대로 상쇄된다. 따라서 큰 나라의 인구는 하나로 결집되기 힘들며 합의도출에 많은 비용이 들기 때문에 크기의 장점은 비용의 다과에 따라 결정된다.

한국은 두 가지 면에서 작은 나라다. 첫째, 지정학적 기준에서 볼 때 한국은 주변을 에워싸고 있는 중국, 일본 및 러시아에 비해 인구는 물론이고 국토도 작다. 한국의 지정학적 위치는 한국이 스스로 바꿀 수 없는 숙명이라는 점에서 한국은 작은 나라일 수밖에 없다. 그러나 지정학적 위치는 상대적이다. 한국을 유럽 대륙에 갖다 놓고 비교하면 인구 면에서 대국에 속한다. 둘째, 정치경제적 의존성과 관련된 크기의 측면이다. 작은 나라는 국내 시장이 협소하여 특히 규모의 경제 면에서 불리하며 따라서 생활수준을 높이자면 교역과 세계시장에 의존할 수밖에 없다.

　<그림 1>은 OECD 24개국의 1970~2003년 기간 인구의 크기와 수출의존도의 상관관계를 보여준다. 이 그림이 보여주는 것처럼 나라의 크기와 수출의존도는 밀접한 상관관계를 갖는다. 인구 1억이 넘는 미국과 일본은 수출의존도가 가장 낮다. 반면 벨기에, 아일랜드 및 네덜란드 등 작은 나라는 수출의존도가 가장 높은 집단에 속한다. 한편 한국을 포함하여 스웨덴과 핀란드 등도 역시 비교적 높은 의존도를 갖는다. 그 동안 국내 연구는 지나치게 '대국중심적' 편향을 보여 왔다. 소위 '4강'의 틈에서 생존해야 하는 국제정치적 현실과 외교정책적 고려 때문이다. 외교와 안보가 주요한 국가목표이지만, 여전히 하나의 측면이며 또 다른 측면은 국내의 경제와 정치이다.

　한국의 경우 오랜 권위주의시대를 살아오면서 외교나 안보의 측면이 과도하게 강조된 반면, 민주적 가치와 경제적 복지 같은 가치는 무시되어 왔다. 큰 나라들을 상대하며 살아가려면 외교를 잘하는 것도 중요하지만, 민주적 체제를 유지하면서 복지사회를 향유하는 것도 이에 못지않게 중요하다. 이를 위해서는 작은 선진국들이 어떻게 강소국이 되었는지를 관찰하고 분석해야 한다. 작은 나라들이 강대국을 상대로 어떻게 안보를 유지하면서 세계시장에서 높은 생산성을 발휘하여 질 높은 복지사회를 구축하게 되었는지를 살펴보아야 한다.

　작은 나라들의 문제가 경제나 통상의 차원에서가 아니라 정치적 관점에서 제기된 것은 그리 오래지 않다. 1978년 정치학자 캐머론은 노동세력이 잘 조직화된 작은 나라에서 국가개입이 보다 강력하다는 사실을 지적함으로써, 작은 나라의 대외의존도가 국내정치 및 경제에 주는 영향에 대해 의미심장한 주제를 제기한 바 있다. 이러한 주장은 경제학자들에 의해 정부의 크기와 국가의 크기는 반비례관계에 있는 것으로 세련화되었다(Alesina and Spolaore 2003, 155).

1985년 카첸스타인(Peter Katzenstein)의 저작 세계시장 속의 작은『국가들』은 캐머론(1978)과 더불어 기념비적인 문헌으로 남아 있다. 나중에 카첸스타인은 유럽의 작은 나라들이 생존하고, 나아가 번영할 수 있었던 비결은 이들 국가가 대외적 취약성을 잘 인지하고 있었다(perceptual vulnerability)기 때문이었다고 술회한다. 작은 나라의 국민들은 자국 체제가 외적 환경변화에 대해 취약하다는 것을 알기 때문에, 이에 대해 국내적 합의를 통해 대처하지 않으면 생존 자체가 불투명하다는 것을 역사적 경험으로 터득하고 있었다.

한 경제학자는 카메론의 가설을 수용하여 개방경제와 정부개입의 관계에 대해 저소득국가를 포함한 일반화를 시도했다(Rodrik 1998). 작은 나라들은 세계경제의 외적 충격에 많이 노출된 만큼 그로 인한 국내적 피해를 보상하기 위해 정부의 적극적 개입이 이루어진다는 주장이다. 로드릭은 세계시장의 편입 정도가 높을수록 수출상품의 집중도가 높아지기 때문에 작은 나라의 교역부문은 세계경제의 부침에 많은 영향을 받을 수밖에 없다고 본다. 이러한 경제의 국가는 사회적 평화와 정치적 안정을 이루기 위해 외적 변화로 인한 국내의 희생자를 구제해야 할 필요를 갖는다. 이러한 지적은 주로 반도체나 자동차 수출에 의존하는 한국의 사례에 많은 함의를 던져 준다.

작은 나라의 성공조건으로 카첸스타인이 강조한 국민적 합의 가운데 대표격인 것은 노사협력이다. 노사협력은 복지의 팽창과 밀접히 관련된다. 이 두 요인을 엮는 것은 교역부문의 사용자와 노동이다. 교역부문의 노사는 임금협상에서 전투적인 비교역부문의 노동과 상반된 이해관계에 놓인다. 경쟁력이 약하면 생존 자체가 위협당하는 수출 혹은 교역부문의 노사는 국내부문 노동이 주도하는 급격한 임금상승을 막기 위해 국가에 복지를 확대할 것을 요구한다.

세계화와 경쟁의 격화로 인해 노사협력은 더 없이 중요해졌다. 세계화시대에는 구조조정이 상시적 정책수단이 되면서 구조조정 또는 개혁이 성공하기 위해서는 중대한 당사자인 노동의 동의 혹은 참여가 더 없이 중요해졌다. 오늘날 모든 나라의 고민거리가 된 노동 및 복지개혁은 대표적인 사례이다. 노동시장의 유연화 혹은 복지수혜의 삭감을 의미하는 개혁이 이루어지지 않으면 실타래처럼 얽힌 경제문제는 풀리지 않는다. 유연화 없이는 고용창출도 없다. 노동의 중요성이 높아지면서 많은 연구는 경제성과의 국제적 차이는 노동시장제도의 차이에서 비롯된다는 것을 강조해 왔다(Boeri et al. 2001).

〈그림 1〉 나라크기와 무역의존도 1970-2002

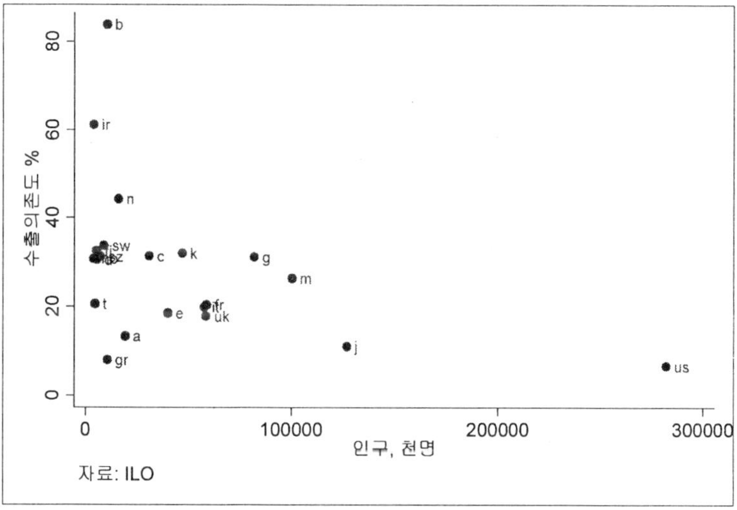

* 그림 안의 국가명 약식 표기 (17쪽 <그림 2>에도 해당됨)
a 호주	b 벨기에	c 캐나다	d 덴마크	e 스페인
fi 핀란드	fr 프랑스	g 독일	gr 그리이스	ir 아일랜드
it 이탈리아	j 일본	k 한국	m 멕시코	n 네델란드
nr 노르웨이	sw 스웨덴	sz 스위스	t 터키	uk 영국
us 미국				

사회협약의 이론적 흐름과 사회협약의 부활

1980년대 이후 전 세계 모든 나라의 경제에 영향을 주는 것은 세계화와 탈산업화이다. 이 두 변수는 대량실업, 나아가 장기실업 사태를 조장했고, 이로 인해 정부지출을 증가시킴으로써 심각한 재정적자를 유발했다. 이러한 위협에 대처하기 위해 선진국들은 두 가지 중 하나에 의존했다. 즉 위기타개를 위해 강소국처럼 사회적 파트너십에 의존하든가 아니면 영국과 프랑스처럼 정부가 일방적으로 노동시장 탈규제정책을 추진하는 것이다.3) 사회협약이 새로운 형태로 부활하고 있는 것이다. 최근 이에 대해 활발한 연구가 진행되고 있다 (Ebbinghaus and Manow 2001; Fajertag and Pochet 1997; Hassel 2001; Molina and Rhodes 2002; Negrelli 1997; 2000; Rhodes 1997; Schmitter and Grote 1997; Scharpf and Schmidt 2001).

강소국의 문제의식은 코포라티즘의 부활과 긴밀한 연관이 있다. 코포라티즘은 적어도 1970년대까지 서구 정치학을 풍미하였으나, 세계화와 탈산업화로 대표되는 대내외적 환경변화의 소용돌이에 떠밀려 그 동안 변방으로 추방되었다(Lash and Urry 1987). 시장우위의 현실과 더불어 신자유주의적 사고가 지배하게 되어 각국의 고유한 특수성은 시장이라는 보편성으로 수렴하게 될 것처럼 여겨졌다(Negrelli 2000). 이러한 상황에서 서유럽 일부 국가에서 재등장한 사회협약은 신자유주의의 전망을 부정하기 때문에 각별한 시선을 끌었다.

엄밀히 따지면 코포라티즘은 두 가지 차원의 복합물이다. 즉 이익대표 체계의 측면과 정책공조의 측면이 있다. 코포라티즘 이론을 발

---

3) 영국이나 프랑스 같은 큰 나라에서는 1990년 대 후반 들어선 좌파정부들조차 노동조합과의 협력을 추진하지 않았다. 한편 독일정부는 사회적 협력을 추진했으나 실패했다. Hassel (2001) 참고.

전시킨 슈미터(Schmitter 1974)와 렘부르크(Lehmbruch 1977)는 각각 두 갈래의 대표적인 인물이다. 조직의 구조적 측면은 특히 노동의 독점적 대표와 조직적 단합을 강조하는 한편, 정책공조를 강조하는 학파는 협약의 과정과 결과에 관심을 두었다. 1990년대 조직적 차원에서 노사협력이 힘들 것으로 평가된 나라들에서 잇달아 사회협력이 추진되고 나아가 성공을 거두면서 그간 사망선고를 받았던 코포라티즘은 화려하게 부활하여 사회협력의 르네상스를 예고했다. 그러나 되살아난 것은 조직적 차원에 기초한 사회적 코포라티즘이 아니라 정책협조에 기반한 사회협약의 코포라티즘인데, 논자에 따라서는 경쟁적 코포라티즘 (Molina and Rhodes 2001), 공급중심의 코포라티즘(Traxler 2001), 감량 코포라티즘(Traxler 2001), 또는 경쟁적 거시협조(Siegel 2004)로 명명되기도 한다. 간단히 말해 최근의 사회협약은 이익집단의 역할보다는 협약의 내용에 무게중심을 두는 방향으로 가고 있다.

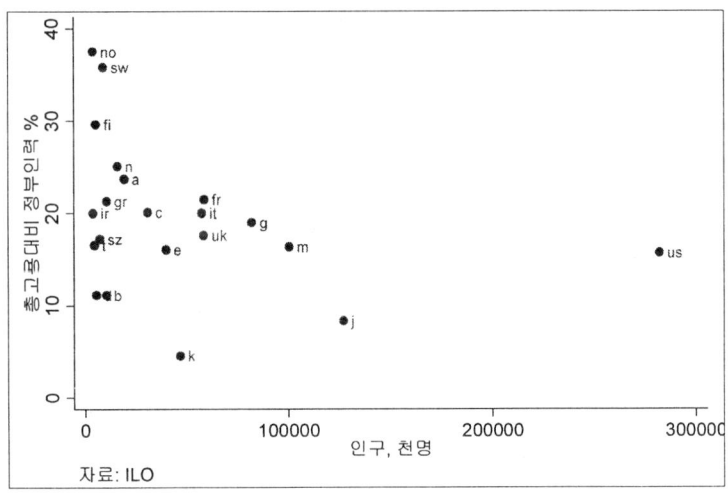

〈그림 2〉 나라크기와 정부규모 2000

고전적 케인즈주의 모델의 사회협약은 현재의 사회협약과 목표를 포함한 네 가지 측면에서 그 내용과 형식이 다르다(Hassel and Ebbinghaus 2000; Pochet and Fajertag 2000; Siegel 2004; Traxler 1997).

첫째, 케인즈주의 사회합의의 목표는 인플레를 억제하고 물가안정을 이룩하는 것이다. 그 역사적 조건은 전후의 자족적 국민경제에 있다. 상대적으로 전후 각국의 국민경제는 다른 시기에 비해 독자적으로 운영되고 있었다. 자본통제는 국경 안쪽에서 효과적으로 이루어졌고 국제교역은 그리 활발하지 않았다(Scharpf and Schmidt 2000). 이처럼 비교적 폐쇄된 세계경제에서 각 국민경제는 경쟁력 우위를 위해 물가안정에 주력했다. 물가안정을 위해 소득정책이 추진되며 여기서 노동의 임금자제는 정부의 사회복지 확충으로 보상된다. 임금은 비용의 가장 중대한 몫을 차지하기 때문에 임금협상은 협약의 핵이다. 오늘날 경제적으로 국경봉쇄는 더 이상 가능하지 않게 되었다. 오늘날 사회협약의 목표는 임금 및 비임금 비용의 삭감을 통한 경쟁력 향상이다. 경쟁력 향상의 목적을 달성키 위해 공급위주의 정책이 추진되는데, 노동시장과 사회정책의 개혁, 노동비용 감축 및 재정긴축 등이 실시된다.

둘째, 이익집단의 역할이 달라졌다. 과거의 고전적 코포라티즘에서는 사회협약이 성립되기 위해서는 고도로 중앙집중화된 이익집단의 존재가 필요조건이었다면, 오늘날에는 이익집단의 조직적 측면이 반드시 필요한 것은 아니다. 산업의 중심축이 과거의 굴뚝산업으로부터 지식산업 혹은 서비스산업으로 변함으로써 계급구성이 바뀌었다. 서비스노동 및 화이트칼라층의 지속적인 팽창으로 인해 제조업 부문의 노동이 더 이상 전체 노동운동을 장악할 수 없게 되었다. 과거 사회협약의 전제조건이었던 동질적 노동은 이질적으로 바뀌고 분절화되었다.

셋째, 정부의 역할도 달라졌다. 과거 정부는 조정자로서 노동과 자본의 교환을 중재하는 데 노동의 자발적 참여를 독려키 위해 직접 재정지원을 했다. 1990년대 이후 정부는 최종적 권위로서 당사자들이 정책형성과정에 적극적으로 참여토록 유도한다는 점에서 과거와 같은 노사 중심적이 아니라 국가 중심적이다(Pochet and Fajertag 2000). 정부의 입장에서 보면 비용삭감은 다음과 같은 다용도 기능을 하기 때문에 협약을 추진하고자 한다(Hassel and Ebbinghaus 2000; Ebbinghaus 2001). 저렴한 비용은 1) 자국 제품의 경쟁력을 높여 주고, 2) 민간부문의 임금억제는 공공부문의 임금억제를 유발하여 재정안정에 기여하며, 3) 낮은 노동비용은 생산성이 낮은 부문의 일자리를 창출하는 효과를 갖는다.

넷째, 임금 및 노동시장 정책이 차별적이다. 이와 관련해서 고전적 코포라티즘은 임금자제를 물가상승을 억제하는 수단으로 간주하고 실질임금 보전을 위해 사회비 지출을 확충하는 정책을 편다. 최근의 사회협약 모델에서는 임금자제는 세계시장에서 비용을 절감함으로써 경쟁력을 확보하려는 수단이다. 이와 함께 임금협상의 유연화 및 탈규제정책이 추진되며 연대임금제에서 탈피하여 공공부문과 민간부문의 임금결정은 분리된다. 요약하면 '경쟁적 코포라티즘'이 과거의 케인즈주의 코포라티즘과 다른 기본적 차이는 비용감축을 매개로 한 경쟁력 확보이다. 비용은 임금과 비임금 경비로 구성된다. 임금감축은 임금협상 및 임금정책을 통해, 그리고 비임금 요소의 감축은 사회정책의 개혁으로 추진된다. 전자는 주로 임금협상의 영역에 속하며 후자는 복지국가의 축소에 해당한다. 비임금 부분은 사회보험 등 복지비용이다. 따라서 비임금 부분을 줄이는 것은 사회정책 개혁의 중심적 부분을 차지한다. 특히 사회보험을 기반으로 하는 비스마르크형 복지국가 체제에서는 노사가 공동 부담하는 사회보험의 기여금은 임금과 함께 비용상승을 유발하는 주요 요인이다.

임금과 사회복지는 세 가지 방식으로 밀접히 연결되어 있다. 연결 방식은 경쟁력을 결정한다. 첫째는 사회보험에 대한 기여금이 순임금에 영향을 주고 이는 다시 총비용을 결정한다. 독일과 같은 대륙형 복지체제에서 노사는 사회보험에 의무적으로 가입해야 하는데, 제조업부문의 보험기여금은 1990년대 중반 총노동비용의 45~50%를 차지한 반면, 자유주의 복지체제에 해당하는 영국의 기여금은 노동비용의 30% 수준이다. 한편 스웨덴 등 보편주의 복지체제의 비임금 부분은 약 40%로 자유주의 복지국가보다 높다. 두 번째 임금과 사회복지의 관계는 최저임금 결정을 통해 결정된다. 급여수준은 최저임금의 수준에 따라 결정되고 사회보험의 기여금은 임금수준에 따라 하한과 상한이 정해진다. 또한 많은 서유럽 선진국들은 1960~70년대의 황금기 시절 보험을 포함한 사회급여의 수준을 물가수준이 아니라 임금상승에 맞춰 지급하여 노동비용의 상승과 재정적자를 유발하는 데 기여했다. 셋째, 제한임금의 수준이 임금과 사회급여의 관계에 영향을 미친다. 제한임금은 노동자가 일하기보다 사회보험을 받으려는 임금수준을 말하며 실업급여와 사회부조급여의 영향을 받는다. 사회부조와 실업급여가 높으면, 즉 제한임금이 높을 경우 노동하려는 의욕은 감퇴한다.

새로운 사회협약의 이러한 네 가지 특징은 최근 선진국의 경험에서 발견된다. 1990년 이후의 선진국들은 경쟁력 향상을 위해 다양한 노력을 해 오고 있다. 이러한 최근의 경험은 세 가지 특이한 점을 노출한다. 첫 번째 주목할 점은 과거 코포라티즘의 전통이 강한 핀란드, 노르웨이, 오스트리아 및 네덜란드 등에서 나타나는 사회협약의 부활이다. 둘째, 이전까지 코포라티즘의 전통이 없거나 빈약한 나라에서 경쟁력 향상을 목표로 하는 사회협약이 추구되었다(Mentz 2004).

셋째, 사회협약의 성공사례는 작은 나라에서 나타난다. 이탈리아를 제외하면 모두 작은 나라이다. 이러한 나라의 경험을 관찰하면 최근의 사회협약이 과거보다 포괄적이고 유연한 쪽으로 간다는 것을 알 수 있다. 아일랜드 사회협약은 유연성과 포괄성의 면에서 대표적인 사례이다. 과거와는 달리 임금협약의 테두리에 머무르지 않고 다양한 사회정책을 다루며, 그 방식도 분산화와 중앙집중식을 동시에 추구한다는 점에서 유연하다. 유럽의 경우 임금협약은 유럽연합 가입 문제와 연계되어 진행되었다. 1993년 이탈리아 참피(Ciampi)정부의 노사정협약은 유럽통화연합의 기준을 충족시키기 위해 임금 상승폭을 제한하려는 목적을 가졌다. 사업장 단위의 임금상승은 예상 물가상승률을 넘지 않도록 했다. 1998년 이후 포르투갈정부는 유럽통합연합의 가입기준을 채우기 위해 노조를 설득하여 임금정책을 추진했다. 특히 임금상승이 생산성향상의 절반을 넘지 않도록 하는 데 합의했다. 핀란드정부는 임금억제에 따른 후유증을 우려하여 외적 충격에 대한 대비책으로 임금완충기금을 설치했다.

위와 같은 새로운 경험의 근저에는 1980년대 이후 자본과 노동 간의 힘의 균형이 뒤바뀌었다는 사실이 도사리고 있다(Mentz 2004). 힘의 균형은 세계화와 탈산업화에 의해 파괴되었다. 세계화는 자본에게 새로운 출구를 약속하는 반면, 노동은 여전히 국경 안의 노동시장에 폐쇄되어 있다. 자본은 생산의 파트너인 노동이 싫으면 다른 나라로 가 버리면 되기 때문에 노사협상에서 유리한 지위에 있다. 주력 산업이 굴뚝산업에서 서비스산업으로 전환하고 공공부문이 민영화되면서 노동조합의 힘은 약화되었다. 노동과 자본의 힘의 균형이 팽팽하던 과거의 협약이 분명한 상호 양보에 기반하고 있다면, 새로운 협약은 기본적으로 노동의 양보를 전제로 한다는 점에서 '교환 없는 협약'이다(Regini 1997). 세계화와 탈산업화의 거대한 물결 앞에서 노동은 그나마 일자리 축소를 막거나 혹은 현상유지를 하기 위해 생산성향상에 굴복하는 것이다. 반면 자본과 국가가 노동의 양보에 대해 언급한 약속은 그 이행 여부가 불확실하다. '공급주의 코포라티즘'과 '경쟁주의 코포라티즘'을 위시하여 위와 같은 현상을 가리키는 다양한 언술이 등장했지만 그 본질은 노동과 자본 간의 새로운 힘의 균형을 표시하는 것이다.

'작은 나라' 한국을 위한 제언

한국의 복지수준은 OECD 회원국 가운데 최저에 속한다. 최저수준은 한국의 작은 정부에서 잘 드러난다. <표 1>은 총고용에서 차지하는 정부 고용의 비중이다. 2000년 한국정부의 고용은 4.5%이며 이는 약 90년 전인 1917년의 이탈리아(4.4 %) 혹은 네덜란드(4.6%)의 고용비중 수준에 불과하며, 1937년 일본의 5%에도 미달한다. <그림 2>는 한국정부가 얼마나 작은가를 비교적 시각에서 보여준다. 한국은 인구 면에서 스페인보다 크고 영국, 프랑스 및 이탈리아보다 작지만, 국민총생산 대비 총지출은 멕시코보다도 낮아 최저수준을 기록하고 있다. 이와 같이 낮은 수치는 사회안전망 확충이 절대적으로 필요하다는 것을 시사한다.

이와 같은 후진적 복지는 '자본의 시대'에도 증대를 필요로 한다. 복지의 일정한 수준은 선진국이 요구하는 세계적 표준이다. 최소의 안전망이 갖추지지 않으면 그것은 역설적이게도 '자본'의 이익에 반하는 결과를 낳는다. 선진 강소국의 교훈이 말해 주는 것처럼 사회적 이해충돌을 더욱 과격하게 하는 세계화와 탈산업화를 거쳐 나가기 위해서는 이해당사자 간의 타협에 기초한 사회협약밖에 없다. 향후 한국의 사회협약은 세계적 흐름과 한국적 특수성을 동시에 고려하

⟨표 1⟩ 총 고용 대비 정부 인력고용의 비중 %

	1917	1937	1960	1980	2000
호주	1.7	.	23	26	23.7
벨기에	4.8	.	12.2	18.9	11.1
캐나다	.	.	18.4	18.8	20.1
덴마크	.	.	.	.	11.1
핀란드	.	.	.	.	29.6
프랑스	3	4.4	.	20	21.5
독일	2.4	4.3	9.2	14.6	19.0
그리스	.	.	.	.	21.3
아일랜드	2.6	1.8	.	14.5	20.0
이탈리아	4.4	5.1	7.7	14.5	20.0
일본	3.1	5	.	6.7	8.3
한국	.	.	.	4.5	4.5
멕시코	.	.	.	.	16.4
네덜란드	4.6	5.8	11.7	19.2	25.1
노르웨이	3.4	4.7	17.9	23.2	37.5
뉴질랜드	.	.	.	.	16.6
스페인	.	.	.	.	16.1
스웨덴	3.5	4.7	12.8	30.3	35.8
스위스	5.7	5.8	7.3	10.7	17.2
영국	4.1	6.5	14.8	21.1	17.6
미국	3.7	6.8	14.7	15.4	15.7

자료: 1917, 1937, 1960, 1980년은 Tanzi and Schuknecht (2000), p.26. 2000년 자료는 www.ilo.org.statistics.

여 미시적 기반의 활용과 정치시장의 규제완화를 결합할 필요가 있다. 미시적 기반이란 기업별노조의 현실적 존재를 말한다. 다른 선진국들이 중위 및 기업단위의 방향으로 협약의 단계를 하향화하고 있다면, 한국은 오랫동안 이미 기업별협약을 실시하고 있으므로 이를 더욱 활용하는 것이 필요하다.

지역주의로 얼룩진 정치시장이 지속되어 온 이유는 선거제도에도 기인한다. 수십 년 지속되어 온 소선거구제는 지역정당 체제를 조장하여 지역균열을 과도하게 만들어 정치가 사회균열을 해소하지 못하게 만들었다. 지역주의를 극복하기 위해서는 지역주의 정당이 더 이상 성장하기 곤란한 선거제도를 도입할 필요가 있다. 사회적 소수를 포함한 기능적 이해를 대표하는 정당의 성장을 돕는 방안이 절실하다. 특히 사회협약 주세력의 하나인 노동의 정치참여가 더욱 제도화됨으로써 보다 대표성 있고 동시에 책임 있는 행위를 하는 데 기여할 필요가 있다.

오늘날 노조에게는 별 다른 대안이 없다. 탈산업화에 따른 노동시장의 분절화로 인해 노조가 자랑해 온 연대는 취약해졌다. 해외투자라는 선택사양을 가진 기업과는 달리 국경 안에 갇힌 노동은 불리한 상황에 있다. 정부가 주도하는 사회협약에 참여하지 않을 경우 경제는 더욱 악화되어 일자리 확보는 불확실해지고, 따라서 이탈에 따른 조직적 와해는 가속화될 것이다. 이러한 상황은 모든 나라에 공통된 현상이지만 교역의존도가 높은 작은 나라의 노동운동에는 그만큼 더 힘들도록 압박을 가한다. 1990년대 후반 갑자기 엄습한 금융위기 이후 한국의 노동은 내부적으로 급격히 이질화되고 분절화되었다. 1998년 2월 6일 '경제위기 극복을 위한 사회협약'의 핵심내용은 노동시장의 유연성 및 노동기본권 강화 두 가지 사항이다. 노동으로서는 실질적으로 노동시장 통제권을 양보하고 그 대신 형식적으로는 '노동시민권' 강화를 약속받은 것이다. 이와 같은 교환은 두 가지 균열을 낳았다. 노동시장 유연화는 즉시 대량의 비정규직 노동자군을 탄생시켰다. 비정형 고용형태의 확산이 만들어 낸 노동시장의 내적 균열이다. 위기극복을 명분으로 한 노동시장의 유연화로 인해 한국의 노동시장은 정규직 대 비정규직의 내부균열에 놓여 있다. 한국통신의 노사분규는 고용형태 변화가 낳은 노노갈등의 대표적인 사례이다.4) 한국통신 노사분규는 구조조정의 전형적인 파생물이다.

다른 하나의 균열은 교역부문과 국내부문 간의 균열이다. 현대경제의 가장 두드러진 특징은 서비스경제의 확대이다(Esping-Anderson 2002; Fuchs 1968; Baumol 1966). 지난 20여 년 동안 고용의 축이 제조업 중심에서 서비스산업 중심으로 이동하면서 노동운동의 주력에 변화가 나타나는데, 이는 노노갈등의 소지를 안고 있다.5) 서비스부문의 고용은 1963년에는 총고용의 28%에 불과했으나, 2003년에는 72%로 2차산업의 19%에 비해 압도적 다수를 차지한다. 이 균열은 부분적으로 노동시민권의 복원 내지 강화에 따른 결과인데, 노동운동의 주력을 변화시켜 향후 한국의 경쟁력 문제에 중대한 영향을 미칠 수 있다는 점에서 주목해야 한다. 노동시장 통제권 양보를 대가로 얻은 노동시민권 확충은 노동기본권과 같은 정치적 권리의 회복 내지 확장과 실업대책의 확대 등을 포함한다. 보장이 약속된 공무원의 노동2권 보장, 교원노조 합법화 및 정치활동 보장 등 노동기본법 강화는 조직 노동운동의 세력판도를 바꾸어 놓았다. 공무원노조가 신설되고 전교조가 민주노총의 지도부를 장악했다. 노동계 헤게모니의 변화는

---

4) 한통사건이 중요한 이유는 한통 비정규직 분규로 인해 비정규직 문제가 사회문제화 되었기 때문이다. 한통 비정규직 노조는 500일 이상 분규를 계속했으며 2001년 11월 1일에는 국회 본회의장까지 들어가 농성하려다 제지되었다.

5) 서비스경제하에서 생기는 일자리는 조직화되기 어려운 부문이기 때문에 과거의 제조업 중심 경제하에서와는 달리 노조의 기반을 약화시킨다. 탈산업화와 민영화 등으로 인해 전통적으로 노동조합의 토대를 제공했던 핵심부문, 즉 제조업이나 공공부문은 지속적으로 위축된다. 서비스 중심의 경제에서는 일자리가 늘어나더라도 노조 조합원은 증가하지 않는다. Boeri et al. (2001) 제6장 (The Future Prospects for Trade Unions in Europe) 참고.

노동운동의 방향에 중대한 영향을 주며 이는 임금상승을 통해 경쟁력에 관여한다.

이 점을 가장 적나라하게 보여주었던 사건은 금속연맹 산하 현대중공업의 민주노총 탈퇴이다.6) 현대중공업은 1987년 민주화 이후 민주노총의 주력군 역할을 했다. 현대중공업 노조는 임금피크제 도입에 합의하는 등 일자리 확보를 최우선 사업으로 추진했으며 임금상승을 자제했다. 현대중공업 노조는 현대중공업이 교역부문의 핵심으로서 과도한 임금상승으로 인한 일자리 축소를 염려했던 것이다. 한편 전교조 등 서비스부문은 비교역부문에 속하며 현대중공업과 같은 교역부문 노동자와 전혀 다른 이해관계를 가질 수 있다. 국내부문은 상대적으로 경쟁력문제에 덜 민감하고, 따라서 임금부문에서 보다 호전적이기 쉽다.

스웨덴의 역사적 경험을 보면 교역의존도가 높은 나라에서 경쟁력 향상을 중시하는 수출부문 노조는 구조적으로 온건할 수밖에 없다. 이들이 노동운동의 헤게모니를 장악하면 임금상승을 자제하고 대신 간접임금에 해당하는 복지정책을 강화 내지 확충했다(Swenson 1991, 2002). 스웨덴 경험의 함의는 노사정이 경쟁력 향상을 최우선 과제로 설정하여 일자리를 최소한 유지하거나 확대하는 데 노력하고, 노사정협약의 범위를 벗어나서 발생하는 어쩔 수 없는 피해는 복지국가를 강화시켜 보완하는 것이다. 한국의 특수성은 농업문제를 포함한다. 세계화로 인한 농업의 피해가 예상되는 만큼 아일랜드와 같이 농업문제를 포괄적 사회협약의 차원에서 논의할 필요가 있다. 이 때 필요하다면 농민 대표의 참여를 유도할 수 있을 것이다.

---

6) 현대중공업 노조는 2004년 4월 비정규직 처우문제를 놓고 상급노조인 민주노총과 갈등을 빚어 민주노총 탈퇴를 결의했고, 민주노총은 현대중공업 노조를 제명시켰다.

사회협약이 성공하기 위해서는 노동의 협력이 절대적이다. 나아가 노동의 단합은 확실한 성공을 만들 수 있다. 노사정 삼자관계에서 노노갈등은 정부의 입장을 강화하는 데 기여한다. 정부는 분열된 노동시장 행위자들을 상대로 하면서 양보할 필요가 없다. 그러나 비정규직 대처문제를 둘러싸고 벌어진 것처럼 노동시장의 분절화는 단합을 힘들게 한다. 한국노총이나 민주노총 등 상급노조의 언술이나 노력에도 불구하고 기업별노조가 구조화된 상황에서 노동 스스로의 해결은 쉽지 않다. 노노갈등에 대한 노조 스스로의 해결이 불가능하다면 사회협약을 위한 정부나 사용자의 전략적 접근이 필요하다. 정부는 복지정책을 통해 노동의 적극적 참여를 유도하는 동기제공에 나서야 한다. 나아가 교육 등 공공부문의 사용자인 정부는 임금정책을 교역부문의 결과에 연동시켜 국제경쟁력을 상승시키는 데 이바지할 수 있다. 한편 교역부문 사용자는 적극적 정보공유를 실시함으로써 노동의 신뢰를 쌓고 이를 통해 수출부문의 노동이 경쟁력 향상에 기여할 수 있는 여건을 조성해야 한다. 끝으로 정부는 노사를 사회협력의 장으로 유도하기 위해 한국의 저개발된 복지수준을 OECD 집단의 중간수준으로 끌어올리려고 노력하는 것이 필요하다.

참고문헌

Adsera, Alicia and Carles Boix. 2002. "Trade, Openness, the Size of the Public Sector: The Political Underpinnings of Openness." *International Organization* 56, No. 2, 229-262.

Alesina, Alberto and Enrico Spolaore. 2003. *The Size of Nations*. MIT.

Baumol, William J. 1966. *Performing Arts: The Economic Dilemma*. The

Twentieth-Century Fund.

Boeri, Tito, Agar Brugiavini and Lars Calmfors, eds. 2001. *The Role of Unions in the Twenty-First Century: A Report for the Fondazione Rodolfo Debenedetti.* Oxford University Press.

Cameron, David. 1978. "The Expansion of the Public Economy: A Comparative Analysis." *American Political Science Review* 72, 1243-61.

_____. 1984. "Social Democracy, Corporatism, Labor Quiescence, and the Representation of Economic Interest in Advanced Capitalist Society." John H. Goldthorpe, ed. *Order and Conflict in Contemporary Capitalism*, 143-178. Oxford.

Ebbinghaus, Bernhard. 2002. "Varieties of Social Governance: Comparing the Social Partners' Involvement in Pension and Employment Policies." unpublished paper.

Fuchs, Victor R. 1968. *The Service Economy.* NBER.

Hassel, Anke and Bernhard Ebbinghaus. 2000. " From Means to Ends: Linking Wage Moderation and Social Policy Reform." G. Fajertag and P. Pochet, eds., *Social Pacts in Europe: New Dynamics*, 63-84. ETUI.

Hassel, Anke. 2001. "The Problem of Political Exchange in Complex Governance Systems: The Case of Germany's Alliance for Jobs." *European Journal of Industrial Relations* 7, No. 3, 307-326.

Hemerijck, A., B. Unger and J. Visser. 2000. "How Small Countries Negotiate Change: Twenty-Five Years of Policy Adjustment in Austria, the Netherlands, and Belgium." F. W. Scharpf and V. A. Schmidt, eds. *Diverse Responses to Common Challenges*, 175-263. Oxford University Press

Lehmbruch, Gerhard. 1977. "Liberal Corporatism and Party Government." *Comparative Political Studies* 10.

Mares, Isabela. 2004. "Economic Insecurity and Social Policy Expansion." *International Organization* 58, 745-774.

_____. 2005. "Social Protection Around the World: External Insecurity, State Capacity and Domestic Political Institutions." *Comparative Political Studies.*

Mentz, Georg. 2004. "Reinventing Corporatism: Examining Resurgent Tripartism in

Ireland, France, and Austria", paper presented for ECPR Joint Session of Workshops, Uppsala, Sweden.
O'Connor, Philip J. and David B. Rottman. 1994. "The Irish Welfare State in Comparative Perspective." J. H. Goldthorpe and C. T. Whelan, eds. *The Development of Industrial Society in Ireland*, 205-240. The British Academy.
Pochet, Philippe and Giuseppe Fajertag. 2000. "A New Era for Social Pacts in Europe." G. Fajertag and P. Pochet, eds. *Social Pacts in Europe*, 9-40. ETUI.
Rhodes, Martin. 2001. "The Political Economy of Social Pacts: 'Competitive Corporatism' and European Welfare Reform." Paul Pierson, ed. *The New Politics of the Welfare State*, 165-914. Oxford University Press.
Rodrik, Dani. 1998. "Why Do More Open Economies Have Bigger Governments?." *Journal of Political Economy* 106, No. 5, 997-1032.
Scharpf, Fritz W. and Vivien Schmidt. 2000. "Vulnerabilities and Capabilities." Fritz W. Scharpf and Vivien Schmidt, eds. *Welfare and Work in the Open Economy: from Vulnerability to Competitiveness*, 21-124. Oxford.
Schmitter, Philippe C. 1974. "Still in the Century of Corporatism." *The Review of Politics*, 85-131.
Schmitter, Philippe C. and J. R. Grote. 1997. *The Corporatist Sisyphus: Past, Present and Future*. EUI working paper SPS No. 4. Florence: European University Institute, Department of Political and Social Sciences.
Siegel, Nico A. 2004. "Social Pacts Reconsidered: Competitive Concertation, Confirmative Aaction and Confirmatory Case Studies." paper prepared at the ECPR joint session, Uppsala.
Swenson, Peter. 1991. "Bringing Capital Back In, or Social Democracy Reconsidered." *World Politics* 43, 513 44.
_____. 2002. *Capitalists Against Markets: The Making of Labor Markets and Welfare States in the United States and Sweden*. Oxford.
Traxler, Franz, Sabine Blaschke and Bernhard Kittel. 2001. *National Labour Relations in Internationalized Markets: A Comparative Study of Institutions, Change, and Performance*. Oxford.

제1부

세계화시대 노사정 패러다임의 변화

제1장 전후 복지국가모델과 세계화시대의 노사정관계: 스웨덴, 네덜란드, 오스트리아 사례의 비교 및 한국 연구에의 이론적 함의*

안재흥

1. 문제의 제기

1980년대부터 세계화는 생산·거래·금융시장의 국민경제 이탈과 초국가적 통합으로 인해 빠르게 진전되고 있으며, 이에 조응하여 기존의 정치경제 제도와 '사회적 거버넌스'(social governance)의 패턴도 급속히 변혁되고 있다(Hassel 2003; Ebbinghaus 2004). (국제)정치경제학도 자연스레 이와 같은 제도적 변혁이 어떠한 방향으로 전개될 것인가에 관심의 초점을 맞추고 있다. 논의의 핵심주제는 과연 "세계화가 각국의 정치경제 제도를 비슷한 체제로 수렴시킬 것인가"이다. '수렴론'은 주로 신자유주의자들에 의해 제기되고 있다. 그 내용은 시장

---
* 이 장은 안재흥(2002)을 수정·보강한 것임을 밝힙니다.

이 국가의 규제에서 벗어나 세계화함에 따라 국가·노동·자본의 관계를 근간으로 한 '조직화된 자본주의'(organized capitalism)는 결국 시장원리가 지배하는 '탈조직화된 자본주의'(disorganized capitalism)로 전환될 수밖에 없다는 것이다(Kitschelt et al. 1999b).

그러나 서유럽국가의 정치경제 제도에 대한 방대한 사례연구는 수렴론과 다른 주장을 제기하고 있다. 각국의 정치경제 제도는 일방적으로 탈규제·탈조직화되고 있지 않다는 것이다. 비록 과거에 비해 시장경제에 보다 더 순응하는 방식으로 변화하고 있지만, 영국을 제외하면 대부분의 서유럽국가의 정치경제 제도는 국가·노동·자본이 그 관계를 지속하는 방식의 '조절된 시장경제'(coordinated market economy: CME) 체계를 유지하고 있기 때문이다(Soskice 1999; Compston 2002, 12).[1] 노사관계에 대한 국가의 개입 및 경쟁력 강화를 위한 '공급측면의 코포라티즘'은 오히려 더 심화되고 있다는 것이다(Traxler 1995; Traxler 1999; Regini 2000; 강명세 1999; 정병기 2005). 요컨대 세계화의 영향에도 불구하고 시장은 정치와 사회제도에 아직도 '맞물려'(embedded) 있으며, 다만 그 맞물림의 정도와 형태가 바뀌고 있을 뿐이다.

비교정치경제의 사례연구는 세계화시대에서도 자본주의는 다양한 형태로 발전하고 있다는 사실을 밝혀내는 학문적 기여를 하고 있지만, 다양한 제도적 대응을 관통하고 있는 요인을 일관되게 규명하

---

1) 지난 10여 년간 선진 자본주의 정치경제 연구는 세계화가 정치경제 제도에 미친 영향에 집중했다. 정치경제 제도가 세계화에 다양하게 대응하고 있다는 주장을 제기한 대표적인 연구로는 다음의 연구를 꼽을 수 있겠다. Hall and Soskice, eds. 2001; Huber and Stephens 2001a; Scharpf and Schmidt, eds. 2000; Iversen et al. 2000; Kitschelt et al. 1999a; Hollingsworth and Boyer, eds. 1997.

지 않고 있다는 한계를 드러내고 있다. 기존 연구는 서구의 경우 세계화에 대한 대응이 국가와 노동과 자본 간의 조정을 통해 이루어지고 있다는 점과 이 과정에서 발생하는 제도적 변화가 다양하게 전개되고 있다는 점을 지적하는 데 멈추어 있다. 물론 시장은 '정치·사회적 구조물'이라는 개념의 수준에서 시장이 정치와 사회영역에 맞물려 있으며, 세계화에 대한 제도적 대응도 각 국가가 처한 '역사적 맥락' — '역사경로 의존'(path dependence)으로도 개념화됨 — 에 따라 다양하게 전개될 수밖에 없음을 밝혀내는 작업은 아주 의미 있는 것이다(Hollingsworth et al. 1994, 4; Pierson 2004). 그러나 이와 같은 이론적 시각에서 벗어나는 현상이 발생하고 있다. '사회협약'의 경우를 살펴보자. 1980년대 이후 사회협약은 오히려 과거에 코포라티즘이 미약했거나 정체되었던 국가들 — 아일랜드, 포르투갈, 스페인, 그리스, 네덜란드, 이태리 등 — 에서 타결되고 있으며, 오히려 코포라티즘과 복지국가의 전형으로 지목되어 오던 스웨덴의 정치경제는 '이익집단 다원주의'로 전환되었다(Ebbinghaus 2004; Hassel 2003; Baccaro 2003; Compston 2002; Rhodes 2001; Fajertag and Pochet 1997; Fajertag and Pochet 2000; Regini 2000; Hermansson et al. 1999). 세계화는 각 국가의 특수한 정치와 사회제도에 의해 굳어진 역사경로가 허용하는 범위에서 수용되고 있는 것이 아니라, 나라에 따라서는 이를 이탈하도록 압박하고 있는 것이다.

이 글의 목적은 서구의 경우 왜, 그리고 어떻게 세계화가 나라에 따라서 노사정관계에 다르게 작용했는가를 살펴보는 것이다. 한국은 1997년 외환위기를 기점으로 본격적으로 세계화에 편입되고 있으며, 이에 대한 대응방안으로 정치경제 체제를 노사정 협의모델로 전환시키기 위해 노력하고 있다. 이 글은 결론 부분에서 서구의 경험이 한국 연구에 주는 이론적 함의를 이끌어낼 것이다. 서구 국가의 사례

비교 대상은 스웨덴, 네덜란드, 오스트리아이다. 스웨덴의 경우 자본은 1980년대에 대규모로 해외 직접투자에 나서는 한편, '스웨덴 사용자연합(SAF)'은 1990년대 초에 코포라티즘을 전면 거부하였고 그 이후 스웨덴 사회를 '이익집단 다원주의'로 전환시키기 위한 정치세력화에 주력하고 있다. 네덜란드의 경우는 스웨덴과 반대로 본래의 코포라티즘으로 복귀했다. 1960년대 이후 네덜란드 코포라티즘은 정체의 늪에서 헤어나지 못하였으나, 노동과 자본은 1982년에 '바세나르'(Wassenaar)협약을 체결하였으며, 1993년에는 '신진로'협약을 맺어 '사회적 협의'(social concertation)의 틀을 강화하고 있다. 오스트리아 경우는 세계화시대에도 노사정은 과거처럼 '조직화된 분권화'(organized decentralization)의 틀 안에서 변화를 조율하고 있다. 스웨덴, 네덜란드, 오스트리아의 노사정관계는 왜 세계화에 대응하는 과정에서 서로 다르게 변화했는가? 또한 이러한 연구가 민주화와 세계화 이후 서구의 과거와 현재를 압축하여 경험하고 있는 한국의 노사정관계를 탐구하는 데 주는 이론적 함의는 무엇인가?

제2차 세계대전부터 스웨덴, 네덜란드, 오스트리아는 공통적으로 CME를 유지해 온 서유럽의 작은 국가이다(Soskice 1999; Kitschelt et al. 1999b; Katzenstein 1985). 그러나 이들 세 나라에서 노사정관계는 1980년대 세계화에 대한 대응에서 차이를 보였을 뿐만 아니라, 스웨덴과 네덜란드의 경우에는 변화의 지향이 기존 제도가 제약하는 것과는 반대로 나타났다. 이 글은 스웨덴과 네덜란드가 1980년대 이전에 이미 노사정관계에서 '통시적 변이'를[2] 겪었기 때문에 세계화에 대한 세 나라의 대응이 서로 다르게 전개되었다는 가설에서 문제에 접근한다. 분석의 초점을 제2차 세계대전 이후 세 나라가 선택한 복지국

---

[2] 이에 대한 논의는 제3절의 내용을 참조할 것.

가 정치경제모델에 맞춘다. 주로 다룰 내용은 복지국가 정치경제모델의 심화가 역으로 이를 가능하게 한 노사정관계에 어떠한 변혁의 압박을 주었으며, 이 때문에 축적된 정치경제의 내적 긴장 내지는 변화가 세계화라는 외부로부터의 충격과 맞물려 어떻게 상호 작용했는가이다. 제2차 세계대전 이후 서구 복지국가 정치경제모델은 노동시장에서의 실업해소, 즉 완전고용을 지향했다. 이를 위해 노사정은 임금억제, 경제성장, 그리고 사회정책을 제도적으로 연계하였고, 그 결과 노동과 자본은 민주주의 정치지형에서 공존하는 협의체제를 구축할 수 있었다. 아이러니컬하게도 실업문제가 해결된 1960대 이후부터 서구의 노사정관계는 내부로부터 변화의 압박을 받게 되는데, 이 글은 이를 집중적으로 논의한다. 또한 협의적 노사정관계의 형성과 변화 연구에 기초하여 이 글은 한국 노사정관계에 대한 기존 연구를 비판적으로 검토하는 한편, 협의적 노사정관계로의 전환 가능성을 논의하는 데서 간과하고 있는 이론적 개념들을 점검해 본다.

2. 세계화와 노사정관계의 변화: 역사경로의 이탈, 회귀, 지속

제2차 세계대전 이후 스웨덴, 네덜란드, 오스트리아는 시장규모가 적기 때문에 임금억제를 통해서 국제경쟁력을 강화시켰으며, 국가는 그 대가로 노동에게 '국내적 사회보상'을 보장했다(<표 1-1>; Hassel 2003 참조). 이러한 정치경제모델이 가능했던 것은 사회협력 이념과 노자 간 자율적 협력이 정착되었기 때문이다(Katzenstein 1985, 80). 그럼에도 세 나라는 노동과 사적 자본의 구조에서 '체계 내적 변이' (within-system variations)를 보였고, 따라서 시장개방에도 다르게 대응했다. 강력한 노동과 약한 사적 자본이 결합된 오스트리아 사회코포라티즘은 국내시장 지향의, 그 반대의 경우인 네덜란드 자유코포라티즘은 국제시장 지향의, 강력한 노동과 사적 자본에 기반을 둔 스웨덴 코포라티즘은 절충된 대응을 해 왔다(Katzenstein 1985, 80-135; Przeworski and Teune 1970; <그림 1-1> 참조).3)

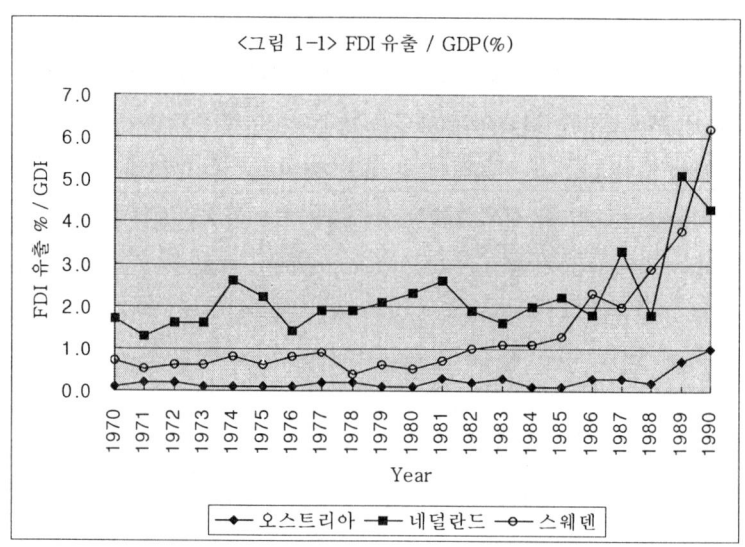

---

3) 네덜란드는 강력한 코포라티즘 국가로 분류되고 있으나(Lehmbruch 1984, 66, 71), 낮은 노조조직률, 분열된 노동조합운동, 짧은 사민당 집권기간 등 때문에 카첸슈타인(Peter J. Katzenstein)은 자유코포라티즘으로, 슈미터(Philippe C. Schmitter)는 강력한 코포라티즘의 예외적인 경우로 분류한 바 있다(Schmitter 1982, 297).

⟨표 1-1⟩ 세계화와 코포라티즘의 주요변수

	세계화 (1)	적극적 노동시장정책(2)	노동조합 집중도(3)	실업률 (4)	코포라티즘 강도(5)	사회보장 수준(6)
Sweden	64(14)	1.16	81	1.9(77.4)	강함: 1960~82(5) 1994년 이후(3)	49(18)
Austria	75(16)	0.05	53	1.8(63.2)	강함: ~1983 (5) 1983 이후(4)	40(19)
Netherlands	110(19)	0.22	32	4.9(54.0)	강함(예외적 경우)*: 1983년 이후(4)	53(26)
Denmark	67(8)	0.20	67	6.1(73.1)	강함: 1960~80(4) 1981~ (3)	43(17)
Norway	83(-4)	0.90	54	1.8 (71.6)	강함: (4-5)	34(14)
Finland	57(8)	0.56	67	4.4(71.1)	강함: (4)	26(9)
Belgium	133(44)	0.70	57	5.7(59.1)	강함: (4)	42(21)
Germany	61(16)	0.54	35	3.4(66.1)	강함: (4)	40(17)
France	45(12)	0.17	15	4.6(65.2)	노동 제외 사회협력: (2)	44(19)
Italy	43(6)	-	38	6.6(55.6)	약함: (2)	34(14)
UK	53(6)	0.43	48	4.2(70.7)	약함: 1980~ (1)	29(12)
USA	19(6)	0.18	21	6.7(65.2)	다원주의: (1)	33(11)
Canada	52(8)	-	29	7.1(63.5)	다원주의: (1)	23(10)
Japan	27(4)	0.43	21	1.9(69.5)	노동 제외 사회협력: (5)	20(10)

(1)=수출+수입/GDP(%), 1980~90(1980~90년 평균-1966~79년 평균). (2)=적극적 노동시장정책 지출/GNP(%). (3)=노조원수/총임노동자(%) 1980. (4)=실업률(노동가능인구 직업참여율), 1974~79. (6)=(사회보장지출+이전지급)/GDP(%) (이전지급/GDP(%)), 1980.
*: 주 5) 참조
출처: (1) Geoffrey Garrett 1998, 23 Table 1.5. (2) Janoski 1994, 55. 연도별 비율은 OECD 2001 참조. (3) Huber and Stephens 2001a, 96-97, Table 4.2. (4) OECD 2000, 42. (5) Lehmbruch 1984, 66. 연도별 코포라티즘의 세양화된 강노(1-5)는 임금협상제를 기준으로 측정한 것임. Kenworthy 2001, 79 참조. (6) Huber and Stephens 2001b, Table 4.1.

그러나 스웨덴과 네덜란드에서는 세계화가 본격화된 1980년대부터 정치경제체제가 기존 제도가 제약하는 것과는 반대로 변화했다. 사회민주주의 복지국가의 전형으로 분류되어 온 스웨덴에서는 중앙임금협상제, 더 나아가 코포라티즘 자체가 와해되고 있다(<표 1-1> (5) 참조). 노사문제가 1970년대부터 법, 즉 국가의 통제대상이 됨에 따라 스웨덴 노동조합총연맹(LO)과 SAF가 주도해 온 '중앙화된 자율'의 전통이 와해의 조짐을 보이기 시작했다(Kjellberg 1998). 산업평화도 1980년의 '대규모 갈등'을 기화로 기반이 약화되어 1980년대에는 노동쟁의가 그 이전보다 현격히 증가했다. 1980년부터 스웨덴 기업들은 투자기지와 활동거점을 대거 해외로 이전했다(<그림 1-1> 참조). 1983년에 SAF의 최대 가입단체인 엔진니어링사용자협회(VF)는 중앙임금협상에서 탈퇴하였고, 그 이후 임금협상 체계는 '지그재그의 길'을 걸으며 분권화되고 있다. 1990년부터 SAF는 공개적으로 목표가 스웨덴모델의 수정이 아니라 해체에 있다고 밝히기 시작했다. SAF는 1991년에 일방적으로 중앙·지역·지방정부의 각종 행정기관 및 위원회에서 약 6,000명에 달하는 대표를 철수시켰으며, 1992년에는 정책결정과정에 조직대표가 아니라 조직의 이익을 대변하는 개인들이 참여하도록 하는 법안을 보수당정부가 통과시키도록 압력을 행사했다. 1998년에 사민당정부와 LO가 그 동안 SAF가 제시해 온 요구를 대부분 수용한 '성장연합'을 제안했으나, SAF는 이를 최종 단계에서 거부했다. 더 나아가 SAF는 살트쉐바덴(Saltsjöbaden)협약 이후 견지해 오던 정치적 중립에서 벗어나 여론형성과 국가조직에 대한 로비에 집중하여 코포라티즘 정치경제 자체를 해체시키기 위한 노력에 집중하고 있다(Pestoff 2000; Stephens 2000; Hermansson et al. 1999, 37-38, 43-46; 안재흥 2001, 108).[4])

---

4) 1997년 이후 철강산업 등 주요 산업부문 노동조합연맹이 주도해 '산업협약'(Industrial Agreement)을 맺음으로써 스웨덴에서는 중재기관이 주요역할을 담당하는 새로운 산업관계 제도화가 시도되고 있다. Elvander 2002 참조.

아이러니컬하게도 네덜란드 코포라티즘은 1960년대 중반부터 침체되었으나 1980년대 초 이후 오히려 복원되고 있다. 네덜란드 사례는 스웨덴 사례만큼이나 변화의 변칙성이 두드러진다. 앞으로 논의하겠지만, 제2차 세계대전 직후 네덜란드는 국가개입과 노자 간 자율적 규제를 절충하여 강력한 코포라티즘 정치경제체제를 구축했으나, 1960년대 중반부터 노·사·정 대립으로 정체의 늪에서 벗어나지 못했다. 그러나 1982년에 네덜란드의 노동과 자본은 자율적 규제를 근간으로 하는 바세나르협약을 타결지었으며, 이로써 근 20여 년간 지속되어 온 코포라티즘의 정체에서 벗어났다. 노동은 노동시간 감축을 통한 고용기회 확대에 대한 대가로 자본이 제시한 임금억제, 임금·물가연동제 폐지 등을 수용했다. 1980년대 후반까지 자본은 스웨덴과 다르게 투자기지를 대거 해외로 이전하지도 않았다(<그림 1-1> 참조). 1993년에 노동과 자본은 바세나르협약에 대한 11년간의 경험을 토대로 '신진로협약'을 맺었다. 신진로협약은 국가개입 배제, 임금억제, 노동시간 단축을 통한 일감 나누기 등에서 그 내용이 바세나르협약과 비슷했지만, 임금억제와 재정정책을 연계하였고 임금협상의 분권화를 더욱 진전시켰다. 1996년에 노동과 자본은 비정규직 노동에 초점을 맞추어 노동의 '유연화와 안전'(flexibility and security)을 연계하는 협약을 맺기에 이른다(Visser and Hemerijck 1997, 70-81, 93-113; Visser 1998, 283-284; Slomp 2002, 238). 1983년에 스웨덴에서는 근 40여 년간 지켜 오던 '중앙화된 자율'의 노사관계가 와해된 반면, 1982년에 네덜란드에서는 그 반대로 스웨덴식의 자율적 노사관계가 복원된 것이다.

오스트리아는 스웨덴과 네덜란드의 경우와 달리 1980년대 이후에도 1960~70년대의 사회적 협의체제의 틀을 그대로 유지했다. 오스트리아 노사정관계의 특징인 노자 간 중앙집중화된 조정, 분권화된 단체협약, 국가감독 체계는 소득정책을 비롯한 전반적인 정책영역에서 변화를 겪지 않았다(Kittel 2000, 125). 오스트리아 정치경제는 1980년대 들어 세계화의 영향으로 변화를 겪고 있는 것도 사실이다. 그 대표적인 예로는 민영화(1986~87년), 국영기업의 구조조정, 자본통제 해제(1987년), 완전고용 우선정책 포기 및 긴축재정정책(1986년 사민-보수 연합정권) 등을 들 수 있다. 그러나 오스트리아 코포라티즘은 '조직화된 분권화'의 틀을 유지하되 산업부문 및 기업별 협상을 강화시켜 세계화에 유연하게 대응하고 있다. 예컨대 임금협상에서 철강산업 부문이 주도하는 산업부문 협상이 '임금·물가등가위원회'(the Parity Commission for Wages and Prices)를 대체하였으며, '기업 및 작업위원회' (Work Council)는 임금 및 노동시간 협상에서 선택의 폭을 넓힐 수 있게 되었다. 통화정책, 직업훈련, 노동시간, 지역경제 구조조정 등 공급측면에서는 오히려 코포라티즘이 더 강화되고 있다. 더구나 1992년에 '신사회협력자협정' 체결을 계기로 사회협력의 대상을 환경문제, 유럽통합, 경쟁력 강화로 넓혀 나가고 있다(Traxler 1995, 279-281; Hemerijck, Unger and Visser 2000, 200-202; Kittel 2000, 123-125; Heinisch 2000, 81, 87-92). 오스트리아 사회코포라티즘의 기초가 되는 위원회(Chamber)제도는 강제가입 조항 및 관료화로 비판받고 있지만, 1995~96년의 위원회별 국민투표가 보여주듯이 국민 다수는 이의 존속을 원하고 있으며, 사회적 협의체제도 여론으로부터 꾸준한 지지를 받고 있다(Tálos and Kittel 2002, 41-42).

3. 이론과 방법

시장의 세계화는 '무역경쟁의 심화, 생산의 다국적화, 그리고 금융시장 통합'(Garrett 1998, 791-793)의 제도적 메커니즘을 타고 시장이 국민경제를 이탈하여 초국가적 수준에서 기능적으로 통합되어 가고 있는 과정이다(안재흥 2000). 시장의 세계화가 정치경제 변화에 미치는 영향은 시장이 정치·사회제도와 상호 연계되어 형성·성장한 '정치·사회적 구조물'이라는 개념에서 접근될 수 있다(Granovetter 1992, 482; Fligstein 1996 참조). 시장경제는 역사적으로 국가가 사유재산제와, 이를 바탕으로 한 자유로운 거래를 법적으로 보장함으로써 정착될 수 있었고, 전근대의 사회·문화 공동체를 모태로 성장했기 때문에 "사회적 관계에 맞물린" 상태에서 출발했다. 시장의 세계화는 국내시장이 제도적으로 국가 및 사회에 맞물린 관계에서 이탈하는 것을 의미하며, 그 결과 국가·시장·사회 간에 형성된 기존의 제도적 관계는 변혁의 압박을 받게 된다.

시장의 세계화와 이에 따르는 정치·경제·사회의 변화는 21세기에 예고된 현상만은 아니다. 19세기 이후 서구의 정치경제사는 국가와 사회가 시장에 내재된 거대한 갈등의 소용돌이를 제도적으로 억제시키기 위해 지혜를 찾아 헤맨 역사이다. 변혁은 실업문제에서 시작된다. 시장이 국가 및 사회와의 제도적 관계에서 풀리게 되어(disembedded) 그 '자율적 조정'의 범위가 확대되면(Polanyi 1944), 기업은 생산성 및 노동 유연성의 제고로 대처하기 때문에 실업이 구조화된다.

1926년까지 선진자본주의 국가들은 제1차 세계대전 이후 단절된 금본위제도를 복원시켜 금융시장의 세계화체제를 구축했다. 그러나 금본위제 유지를 위한 균형예산의 제도화, 이에 따르는 디플레이션정책은 기업들로 하여금 생산합리화를 추진하도록 이끌었고, 따라서 유럽에서는 10% 이상의 고실업이 1920~30년대에 걸쳐 지속되었다. 고실업에 의한 정치불안의 압박을 이기지 못하고 서유럽국가들은 1931년부터 금융시장의 세계화체제에서 이탈하여 보호무역주의로 선회하였으며, 국가의 노동시장 개입은 파시즘과 사회민주주의로의 정치변동을 이끄는 계기가 되었다. 제2차 세계대전 이후 소위 '맞물린 자유주의'(embedded liberalism)의 국제정치경제 체제는 조정 가능한 고정환율제를 채택함으로써 금융 및 거래시장에서 국제화와 국가규제 간의 균형을 이루고자 했다. 국가는 자본이동의 통제 및 환율조절로 재정과 금융부문에서 독자적으로 정책을 펼 수 있는 여지를 확보하여 시장의 세계화가 국내 정치경제에 미치는 충격을 흡수할 수 있었다. 이러한 여지를 기반으로 국가는 국내수요 촉진과 사회복지정책을 연계하는 성장정책을 구사할 수 있었고, 노동과 자본은 임금억제와 고용안정을 교환하는 사회협약을 타결지을 수 있었다(안재흥 2000, 34-35). 이로써 양자는 민주주의 정치체제에서 공존할 수 있었다. 1971년 미국의 고정환율제 폐지선언과 정보기술혁명으로 국제화와 국가규제 간에 잡힌 균형이 급속히 전자로 기우는 현상, 즉 세계화는 시장의 풀림(disembeddedness) 영역을 획기적으로 확장시키고 있다. 19~20세기에 겪었던 제1의 정치·사회 대변혁에 이어 제2의 대변혁이 21세기에 예고되고 있었던 것이다. 과연 세계화시대에 노사정관계는 어떻게, 그리고 어느 정도 변화하고 있는가?

통시적 변이(通時的 變異, cross-temporal variation)는 어느 한 시점을 경계로 하여 변수들 간의 관계, 또는 담론이 오랜 시간을 두고 지속돼

오던 경로에서 이탈하여 다른 경로로 진입했을 때 발생한다(Bartolini 1993; Griffin 1992). 통시적 변이는 어떠한 현상이 기존의 역사경로에 의존하는 것이 아니라 이로부터 이탈하는 것을 방법론적으로 개념화한 것이다. 역사경로의존 방법은 시간과 공간에 따라서 발생하는 행위자들의 행위는 '궤적'을 만들어 내며, 이렇게 형성된 궤적은 제도로 작용하여 향후의 행위에 영향을 미친다는 시각을 제공하고 있다(Somers 1998, 768). '결정적 순간'에 발생한 사건의 결과가 이후에 발생하는 사건에 연쇄적으로 작용하며 특정한 패턴의 발생을 강화하는 '피드백 메커니즘'을 유발시킨다는 것이다(Pierson and Skocpol 2002, 699; Sewell 1996, 262-263; Mahoney 2000, 510). 역사경로의존 방법은 아이러니컬하게도 역사적 사건과 우연성을 행위의 설명요인에 포함시킴으로써 개념상 통시적 변이를 포괄한다. 어느 한 시점에서 역사경로가 형성되어 변수들 간의 관계가 그 이전과는 다른 경로를 따를 때 새로운 경로가 시작되는 것으로 간주하기 때문이다. 이 경우 이전 경로의 역사적 조건으로는 새로운 경로를 설명하지 못한다. 따라서 우연적으로 발생한 역사적 사건이 경로의 변화에 미치는 영향이 논의된다. 역사적 사건이 '역사적 전환점'을 기점으로 변수들 간의 '균형' 뿐만 아니라 이들이 작용하는 '논리'까지도 바꾼다는 것이다(Sewell 1996, 263; Abbot 1997; Abbot 1992; Griffin 1992). 요컨대 역사경로의존 방법은 새로운 경로가 이전의 경로에 의해서 설명되지 않기 때문에 역사저 사건이라는 우연성을 가정하는 것이다(Mahoney 2000; Pierson 2000 b; Thelen 1999; 안재홍 2005).

역사경로의존 방법은 그 모태가 되는 '서사'(narrative)방법에 의해 더욱 분석적으로 설명될 수 있다. 단토(Arthur C. Danto)에 의하면, t_0와 t_2 사이에 현상의 변화가 있었다면 그것은 t_1에서 발생한 사건에서 유발되었다는 것이다. 즉 설명은 시공간에 맞물려 세 시점의 현상이 연쇄적으로 연결되는 서사구조를 가진다는 것이다(Danto 1985, 233-38). 시간 단위 t_2에서 발생한 사건이 t_0에서 형성된 변수들의 특성과 t_1에서의 변화와 전혀 무관하고 t_2에서 발생한 외생변수에 의해서만 영향을 받았다고 한다면, 역사경로의존 방법 또는 통시적 변이의 개념은 적용될 수 없다(<그림 1-2> 참조). '수렴론'이 바로 이러한 가정에서 출발하는데, 각국 정치경제제도는 세계화의 영향에 의해 획일화——시장화·탈규제·분권화——된 체제로 이행한다는 것이다. 수렴론을 부정하는 자본주의 다양성 연구는 역사경로의존 방법에 충실하다.

〈그림 1-2〉 노사정관계의 변화모델

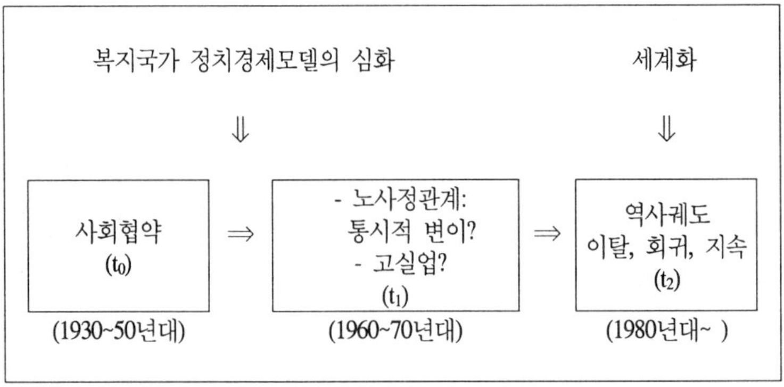

복지국가 정치경제모델의 심화		세계화
⇓		⇓
사회협약 (t_0) ⇒	- 노사정관계: 통시적 변이? - 고실업? (t_1) ⇒	역사궤도 이탈, 회귀, 지속 (t_2)
(1930~50년대)	(1960~70년대)	(1980년대~)

즉 기존 제도의 경로성 때문에 세계화라는 보편적 현상에 직면해 있음에도 각 나라의 정치경제제도는 다양성을 유지하고 있다는 점을 강조한다. 이들은 대개 독립변수를 세계화로, 국내 정치경제제도——권력자원, 정당체계 및 집권연합의 이념적 성향, 초계급연합, 국가구조에 내재된 '거부점'(veto-points) 등——를 매개변수로 잡고 복지국가의 재편 또는 코포라티즘의 지속 여부를 설명하고 있다(각주 1 참조).

그러나 스웨덴, 네덜란드, 오스트리아 정치경제제도의 비교는 기존 비교사례연구의 방법론적 틀을 뛰어넘을 것을 요구하고 있다. 스웨덴과 네덜란드의 경우 세계화로의 이행강도가 비슷했음에도(<표 1-1>의 (1) 참조) 노사정관계는 스웨덴의 경우에는 역사경로를 이탈하였고, 네덜란드의 경우에는 이탈에서 복귀했기 때문이다. 더구나 그 변화의 지향이 각각의 기존 제도가 제약하는 것과는 반대로 나타나고 있다. 세계화가 각 국가의 특수한 정치와 사회제도에 의해 굳어진 역사경로가 허용하는 범위에서 수용되고 있는 것이 아니라, 나라에 따라서는 이를 이탈하도록 압박하고 있는 것이다. 이는 스웨덴과 네덜란드의 노사정관계가 세계화 이전에 '통시적 변이'를 이미 겪었음을 의미한다. 그렇다면 분석의 초점은 두 나라가 겪은 통시적 변이가 세계화에의 대응에 어떤 영향을 주었는가 하는 문제로 옮겨져야 할 것이다. 이를 겪지 않은 오스트리아는 통시적 변이와 관련된 변수의 적실성을 점검해 볼 수 있는 역사례로 다룰 수 있을 것이다.5)

세계화 이전에 통시적 변이가 발생하였다면, 그 원인은 t_0에서 형성된 사회협약의 특성과 t_0에서 t_1 사이에 발생한 복지국가모델(임금협상제 및 노동시장, 사회정책레짐)의 심화가 역으로 이를 가능하게 한 노사정관계에 미친 영향에서 찾아야 할 것이다(<그림 1-2> 참조). 제2차 세계대전 이후 서구 코포라티즘과 복지국가는 노·사·정이 전간기(戰間期)에 정치·사회적 불안을 초래한 고실업을 제도적으로 방시하기 위한 사회협약을 맺음으로써 시작되었다. 그러나 이는 고실업을 전제로 한 것이기 때문에 이 문제가 해결된 시점인 1960년대부터 그 동안 복지국가모델에 내재되어 온 갈등이 표출되어 노사정관계는 변혁의 압박을 받기 시작했다. 따라서 이 글은 연구의 출발점을

---

5) 역사경로 '이탈'(departure)의 가능성을 논의한 최근의 연구로는 Ebbinghaus 2004 참조.

1960년대 이후의 변화로 잡는다. 이 점에서 이 글은 방법론적으로 세계화시대의 다양한 사회적 거버넌스를 다루고 있는 기존 연구와 다른 시각을 견지한다.

기존 연구는 1960~70년대에 전개된 사회코포라티즘의 제도 내적 다이내믹에서 세계화시대에 나타나고 있는 노사정관계의 다양성을 설명하고 있지 않다. 대신 세계화 이후 정치교환 맥락의 변화——인플레이션에서 실업으로 이슈의 전환, EU의 화폐통합으로 인한 경화(hard currency)정책, 인구 노령화, 노동과 자본 간 권력균형의 변화, 임금정책과 사회정책의 포괄적 연계 등——와 행위자 중심의 분석으로 사회적 거버넌스의 다양성을 설명해야 한다고 강조하고 있는 것이다. 아울러 노동과 자본의 조직화와 중범위 수준의 이익조정에 초점을 맞춰 온 사회코포라티즘에 내재된 이론적 한계성을 지적하기도 한다(Ebbinghaus 2004; Hassel 2003; Compston 2002; Molina and Rhodes 2002; Ebbinghaus and Hassel 2000). 그러나 이러한 시각은 현재, 즉 t_2의 시점에서 서유럽국가가 함께 겪고 있는 세계화에서 파생된 현상에 초점을 맞추고 있기 때문에 비슷한 수준의 코포라티즘 국가가 왜 역사경로와 관련해서 이탈·복귀·지속이란 다양성을 보이고 있는지를 논리적으로 설명해 낼 수 없다. 따라서 기존 연구는 행위자의 전략 또는 인식의 차이를 강조하고 있다.[6] 이 글은 이러한 연구와는 달리 과거로부터 축적된, 경로 내적 변화에서 세계화시대에 나타나고 있는 노사정관계의 다양성을 설명하고자 하는 것이다.

이 글은 다음의 변수를 중심으로 노사정관계의 통시적 변이를 다룬다. 첫째, 임금억제 및 자본투자 방식——사적 자본축적에 대한 국가개입, 국유화, 시장자율 등——이 노사정관계를 어떻게 변화시켰는

---

6) 이와 관련된 국내외 연구동향은 결론부분 참조

가이다. 본문에서는 고임금과 저임금의 폭을 양 방향에서 압축시킨 연대임금제가 노노갈등을 심화시켜 임금협상 체계를 다원화했으며, 사적 자본축적에 대한 국가개입은 노동이 국가 및 자본과의 관계를 변화시키는 계기가 되었다는 점이 논의될 것이다. 둘째, 각 국가가 실시한 노동시장정책의 특성 및 고실업 발생의 타이밍이다. 앞으로 논의될 내용을 요약하면, 국가가 적극적 노동시장정책을 통해서 실업을 해결한 경우(스웨덴), 노동은 실업의 압박을 받지 않았기 때문에 자본과의 대립구도를 세계화 이전까지 지속시킬 수 있었으나, 사회정책으로 실업자를 노동시장에서 이탈시켜 관리한 경우(네덜란드와 오스트리아)에는 노사정관계가 다르게 전개되었다. 실업이 사회정책으로 포용될 수 없을 정도로 심화되어 1970년대에 고실업의 압박을 받았던 네덜란드에서는 노동운동이 과거 복지국가의 제도화에서 그러했던 것처럼 세계화 이전에 자본과 협력적 관계의 복원을 시도했다. 오스트리아에서는 사회정책과 국영기업의 고용정책으로 실업률은 낮게 나타났으나 노동가능인구의 직업참여율 또한 현저히 낮았기 때문에 국가와 노동은 실업의 압박을 지속적으로 받았으며, 따라서 노사정관계의 급격한 변혁을 도모하지 않았다. 세계화 이전에 노동이 자본과 대립 또는 협력의 관계를 구축했는가에 따라서 그 이후 노동운동에 대한 자본의 대응은 스웨덴에서의 코포라티즘 해체와 네덜란드에서의 코포라티즘 복원이 보여주듯이 뚜렷한 차이를 보이게 된다.

4. 사례연구

1) 사례 1: 스웨덴 코포라티즘의 와해

스웨덴 노사정관계의 특징은 '중앙화된 자율'로 압축된다. 1938년 살트쉐바덴협약은 이를 제도화시킨 역사적 전환점이었다. LO와 SAF는 국가개입——입법화를 의미——을 배제하고 자율적으로 노사문제를 해결하며, 임금협상 체계를 두 조직으로 단일화 및 중앙 집중화하는 데 합의했다(Kjellberg 1998; 79; Johansson 1989, 12; 안재홍 2001, 113-114). 살트쉐바덴협약은 노동과 자본 간의 '정치적 교환'을 토대로 성사되었다. LO는 경제성장을 전제로 실업요인인 생산합리화를 자본의 요구대로 받아들였고, 자본은 사민당정부의 집권을 용인하고 정치적 중립을 지키기 위해 정당정치에 개입하지 않기로 하였다(Korpi 1983, 46-50).

사민당정부는 살트쉐바덴협약에 기초해 1950년대 중반부터 1970년대 초까지 렌모델(Rehn model)을 실천했다. 스웨덴모델이 여타 서유럽국가의 복지국가 정치경제모델에 비해 가장 두드러진 점은 LO가 고임금과 저임금 간의 폭을 양 방향에서 압축시키는 연대임금제를 실천에 옮긴 것이다. 당연히 성장산업 부문에서는 임금억제에 의한 과다한 이윤축적이, 저임금 중심의 노동집약적 산업부문에서는 임금상승에 의한 경영압박으로 생산합리화의 촉진 또는 대규모 실업이 예상되었다. 국가는 성장산업 부문에서 축적된 과대이윤이 재투자되도록 유인하여 고용을 창출하는 한편, 적극적 노동시장정책으로 저임금의 노동집약적 산업에서 발생한 실업자를 성장산업으로 이동시켜 실업문제를 해결한다는 것이었다(<표 1-1>의 (2) 참조). 렌모델은 또한 기업이윤을 축소시켜 임금상승 요인을 제거하여 인플레이션을 통제하되, 전략적 산업──주로 자본재산업──에 대한 사기업의 재투자를 유인하는 정책을 구사했다. 이를 위해 국가는 기업이윤 일부의 저축을 유도하는 투자기금제, 기업이 부담하는 일반보충연금제(ATP) 같은 공공저축을 도입하였고, 적립된 기금이 전략적 산업에 재투자되도록 신용시장을 통해 간접적으로 조율했다. 렌모델은 경제성장, 산업구조의 합리화, 완전고용, 물가안정을 동시에 실현시키려 하였으며, 실제로 1970년대까지 괄목할 만한 성과를 거두었다. 국가의 성장정책과 적극적 노동시장정책에 의해 1970년대에도 스웨덴의 실업률은 2% 미만에 머물렀다(Rehn 1988, 56-65, 69-70, 76-91; 안재흥 2001, 113-118; <표 1-1>의 (4) 참조).

아이러니컬하게도 스웨덴모델의 성공이 그 형성을 가능케 한 노사정관계를 변혁시키는 단초가 된다. 변화의 시작은 연대임금제에 대한 불만에서 시작되어 임금협상 구조의 복합화로 이어져 결국 노노갈등을 심화시키기에 이르렀다. 임금하락 폭이 상대적으로 심했으며 생산합리화로 작업여건이 열악해진 산업노동자들은 1969년부터 1970년대 중반까지 전국에 걸쳐 '비공인파업'(wildcat strike)을 일으켰다. 이들은 중앙임금협상제를 거부하고 파업권을 비롯한 권한이 LO에 집중된 사실을 비판하고 나섰다(Swenson 1989, 84-95; Kjellberg 1998, 81 table 3.1; Fulcher 1991, 204-206). 노노갈등은 공공부문이 급속히 팽창하자 더욱 악화되었다. 적극적 노동시장정책은 연대임금제의 실시로 발생하는 실업을 전략산업보다는 공공부문에 흡수시켰다. 1950~84년 기간에 총고용인구는 25% 증가했으나, 공공부문 종사자는 342%

가 증가했다(Bergström 1992, 13-14). 공공부문과 화이트칼라 노동자가 급속히 증가함에 따라 노동조합운동의 임금협상 체계가 분산·복합화되었다. 화이트칼라 노동조합인 TCO와 공공부문 전문직 노동조합인 SACO는 LO가 주도하는 임금협상 체제에서 이탈하여 별도로 다양한 임금협상 카르텔을 조직했다(Nilsson 1993, 248; Fulcher 1991, 204-225). 이와 같이 분산·복합화된 임금협상 체계는 1970년대에 '임금유동'을 둘러싼 갈등과 맞물려 노노——블루칼라 노조와 화이트칼라 노조, 사기업 노조와 공공부문 노조——간의 갈등을 더욱 심화시켰다(안재홍 2001, 129-133).

스웨덴모델은 노노갈등 문제와 더불어 소유의 집중이라는 보다 근본적인 문제에 부딪쳤다. 연대임금제 실시로 축적된 사기업의 이윤을 전략적 산업에 재투자하도록 유도하였기 때문에 결과적으로는 소유구조가 집중되었고, 기업은 따라서 대규모화되었다. 1975년에 0.15%의 거대주주가 전체 주식총액의 32.1%를, 3.0%의 주주가 주식총액의 66.3%를 소유할 정도로 자본의 소유가 집중되었다. 1987년과 1989년에 스웨덴은 유럽의 500대 기업을 네 번째로 많이 보유했으며, 인구요인을 감안하면 스위스 다음으로 2위를 차지했다. 전통적 산업의 근대화를 통한 기업집중화 현상은 곧 기업의 창업을 억제하고 중소기업의 독립성을 낮추는 결과를 가져왔다(SOU 1979, 9, 74, 81; 신정완 235-249; Pestoff 2000; 안재홍 2001, 130).

1960년대 후반부터 LO는 스웨덴모델에 내재된 갈등의 실마리를 푸는 과정에서 전후 스웨덴 노사정관계를 지지해 온 살트쉐바덴협약의 틀을 깨는 역사적 선택을 하게 된다. LO의 노선은 계급화와 정치화로 요약될 수 있다. 첫째, LO는 연대임금제를 더욱 강화하여 노동계급, 특히 블루칼라의 단결을 공고히 하고자 했다. LO는 1969년 단체협약부터 SAF에게 업종과 노동의 차별을 두지 않는 임금 균등화를 요구했다. 또한 LO는 공공부문과 화이트칼라 노조의 임금유동에 의한 임금인상을 겨냥하여, 임금유동에서 소외된 소속 노조를 위해 '소득보장' 조항을 SAF와의 단체협약에 삽입토록 했다. 그러나 LO의 이러한 전략은 노노갈등을 더욱 심화시켰다. LO의 조치에 반발하여 1970년대 중반부터 공공부문과 화이트칼라 노조들도 블루칼라 노조의 임금인상을 반영하는 임금보장 조항을 단체협약에 삽입했다. 노노갈등의 심화는 결국 1983년 수출산업 중심의 금속노조연맹이 스웨덴엔지니어링협회(VF)와 소위 '초계급연합'을 형성해 중앙임금협상에서 탈퇴하는 사태로 번졌다(Elvander 1988, 35, 45-47; Swenson 1989, 123-176; Nilsson 1993, 240; 안재홍 2001, 134).

둘째, LO는 입법화의 방법으로 스웨덴모델에 내재된 문제점을 해결하려 했다. 노동운동의 권력집중과 생산합리화에 의한 고용불안을 개선하기 위해 LO는 1971년 총회 이후 일련의 법안을 사민당과 협력하여 의회에서 통과시켰다. 이 중에서 LO와 SAF가 첨예하게 대립한 것은 노사공동결정법(1976)과 임노동자기금법이었다. 전자는 고용과 해고에 대한 사용자의 권한을 제한하는 것이며, 후자는 소유집중의 문제를 근본적으로 해결하기 위한 것이었다. 노사공동결정법은 사용자들의 거센 반발을 유발하지는 않았다. 이는 최종 입법단계에서 법안이 사용자에게 '협상할 의무;'를 부과는 했지만, '합의를 이끌어 내야 할 의무'를 요구하지 않는 선에서 마무리됐기 때문이다(Pontusson 1992, 269-271; Schiller 1988, 87-90). 그러나 임노동자기금법안은 달랐다. LO는 1976년 이 법안을 제안하면서 기업이윤의 20%를 신규발행 주식의 형태로 LO가 관장하는 기금에 적립할 것을 요구하였다. 이는 자본주의의 핵심을 찌르는 것이었으므로 1976년 이후 사용자들의 조직적이고도 격렬한 반발을 불러일으켰다(신정완 1999, 4-5장; 안재홍 2001, 135-136).

LO의 계급화·정치화 공세에 직면하여 SAF는 1970년대 중반부터 살트쉐바덴협약에 회의를 던지기 시작했으며, 1980년대 들어 해외 직접투자를 통한 세계화, 임금협상제의 분권화, 코포라티즘 해체를 위한 정치세력화 전략을 선택했다. 1975년부터 SAF 내에서는 임금협상 체계의 분권화로 LO의 정치력을 무력화해야 한다는 주장이 제기되었으나, 1976년에 보수당정권이 등장하여 이슈화되지 않았다. 그러나 1980년의 대규모 직장폐쇄 조치가 보수당정권하에서도 실패하자 SAF는 노선을 수정했다. 1983년에 SAF는 VF가 중앙임금협상에서 이탈하는 것을 용인했다. 1980년부터 스웨덴 기업들은 투자기지와 활동거점을 대거 해외로 이전했다. 이후 해외 직접투자는 급등하여 7년간 5배나 증가했으며, 1990년대 전반에 스웨덴 기업들은 세계에서 가장 많이 유럽 기업을 인수했다(<그림 1-1> 참조). 앞에서 언급했듯이 SAF는 정치세력화를 통해 코포라티즘을 해체함으로써 그 동안 이를 기반으로 정치력을 행사해 온 LO에게 타격을 가하고 있다(De Geer 1989, 124, 134; Stephens 2000; Pestoff 2000; 안재흥 2001, 139-141).

2) 사례 2: 네덜란드 코포라티즘의 회생

　　전간기에 네덜란드는 이전의 종교(캘빈주의 대 가톨릭주의)적 사회균열이 계급갈등에 의해 더욱 세분되어 사회의 '횡적 블록화와 종적 통합(pillarization)' 현상이 고착되었다. 그러나 캘빈주의, 가톨릭주의, 사회주의 블록은 1930년대에 고실업을 경험하면서 자유시장경제를 '집합적'(corporate) 경제원칙에 순응하는 규제된 체제로 변혁시킬 필요성과, 노사관계를 공법으로 규제하여 단체협약이 산업 전반을 포괄해야 할 필요성에 공감했다(Windmuller 1969, 286-287; Hemerijck 2002,

225-226). 이와 같은 역사적 경험을 바탕으로[7] 제2차 세계대전 이후 네덜란드는 강력한 코포라티즘 정치경제를 구축하여 임금억제와 단체협약의 포괄적 적용을 실천에 옮겼다. 1945년 제정된 '노동관계에 대한 개정 특별법'은 단체협약에 대한 국가개입을 강조했다. 특별법은 사회복지부장관에 의해 임명되는 '정부중재위원회'에 "단체협약의 조건을 수용하거나 거부"하고 단체협약을 "산업 전체에 적용시킬 수 있는 권한"을 부여했다. 그러나 노동운동과 사용자연합은 국가의 일방적 개입에 반대하였으며, 같은 해에 사회주의 블록노조인 NVV, 가톨릭주의 블록노조인 NKV, 캘빈주의 블록노조인 CNV와 사용자연합들은 '노동협회'(STAR: Stichting van de Arbeid)를 설립하고, 이를 중심으로 산업관계를 자율적으로 규제할 것을 주장했다. 결국 네덜란드 노·사·정은 국가개입과 노자 간 자율규제를 절충하는 방식으로 중앙임금협상제의 기틀을 잡았다.[8] 그 결과 낮은 노조조직률, 다원화된 산업구조, 그리고 종교 및 이념갈등에도 불구하고[9] 단체협상

---

[7] 나치독일 치하에서 노동조합과 사용자대표들은 은밀한 회합을 통해 전후에는 전간기와 같은 분권화된 단체협약 체제를 배제하기로 합의하였으며, 런던의 망명정부는 노사관계에 대한 국가개입을 제도화시킬 법안의 초안을 잡았다(Windmuller 1969, 286-287).

[8] 사회복지부장관은 정부중재위원회를 임명하고 감독하도록 했다. 그러나 정부중재위원회는 중요한 사안에 대해 노동협회의 자문을 받도록 규정했다. 정부중재위원회는 노동협회와 상의한 후 임금에 대한 일반지침을 제시하고, 모든 단체협약은 반드시 정부중재위원회를 경유하여 노동협회의 임금위원회에 회부되도록 했다. 임금위원회는 단체협약의 일반지침 위배 여부를 심사하며, 필요하면 당사자들을 초빙하여 청문회를 개최하고 그 결과를 정부중재위원회에 송부하여 허락을 추천한다는 것이다(Windmuller 1969, 273-279; van Empel 1997, 9).

[9] 노조조직률은 1947~50년에 약 30~34% 정도였다. 기업구조는 중소기업과 대기업으로 양분되었다. 예컨대 1953년에 가족중심 소유의 50인 미

이 포괄적으로 적용될 수 있었다. 예컨대 단체협약을 적용받은 임금노동자의 비율이 1940년에는 15%였으나 1962년에는 70%까지 상승했다. 임금억제 정책도 1960년대 초까지 성공적으로 수행되었다. 예컨대 1951년에는 임금이 5% 인하되었으며, 1960년에 네덜란드 노동자 의임금은 독일이나 벨기에보다 약 20~25% 낮았다(van Empel 1997, 13; Windmuller 1969, 73, 270-275; van Empel 1997, 8-9, 13; Visser 1998, 276; Hemerijck 2002, 227; Visser and Hemerijck 1997, 92-93).

네덜란드 임금억제 코포라티즘은 실업문제 해결을 전제로 제도화되었기 때문에 완전고용이 거의 성취된 1960년대 초부터 시련에 부딪친다. 무엇보다도 노·사·정은 임금억제 방식을 놓고 대립했다. 서막은 1959년 자유당의 연합정권 참여에서 시작되었다. 자유당의 요구대로 신정부는 임금억제 제도의 점진적 분권화를 주장했다. 사용자연합뿐만 아니라 친 사민주의 성향의 NVV도 내부압력에 굴복하여 완전고용을 위한 과거의 제도에 집착할 필요가 없다는 이유로 임금억제의 분권화를 주장하기에 이르렀다. 국가는 통제수단을 강화하려고 했으나, 노동조합운동과 사용자연합, 그리고 내부의 거센 반발에 부딪혔다. 1963년의 '1945년 특별법 개정법'에 의하면, 임금인상은 사회경제위원회의 논의와 중앙기획국의 거시경제 예측을 토대로 결정되도록 했다. 그러나 노동협회는 단체협약을 규제하려 들지 않았다. 노동운동과 사용자연합 모두 국가가 주도하는 단체협약 체제, 즉 공법에 의한 노사관계 규제이념에 반대했기 때문이다. 1968년부터 NVV와 NKV는 국가가 노사관계에 개입하여 임금동결을 명령할 수 있는 권한을 갖는 '신임급법' 제정에 반대하고, 사회경제위원회와

만 기업이 전체 기업의 69%, 총고용의 16%를 차지했으나, 3%의 대기업(500인 이상 고용-)이 총고용의 45%를 담당했다(Windmuller 1969, 183, 237, 380).

노동협회에서 탈퇴하기도 했다. 1970년에 제정된 신임금법은 국가에 단체협약을 일시적으로 중단시킬 권한을 부여했으나, 국가개입은 극히 적어서 실제 임금협상은 노사 간 자율적 규제에 의해 진행되었다(Windmuller 1969, 301-302; Visser and Hemerijck 1997, 94; Hemerijck et al. 2000, 210; Wolinetz 1989, 83-84; Visser 1998, 275).

더구나 노동시장에서는 노동공급 부족으로 기업이 웃돈을 얹어주는 소위 '지하임금'이 성행했으며, 임금유동이 단체협상에 도입되었다. 실질임금은 급속히 상승하여 1963년에 9%, 1964년에 15%, 1965년에는 10.7%까지 상승하여 1960년대 말에는 독일 및 벨기에의 임금수준에 도달했다. 1967년에는 물가인상이 자동적으로 임금인상에 반영되도록 하는 단체협약이 도입되었다. 1970년대 들어 노동조합운동, 특히 FNV——NVV와 NKV가 1976년에 통합된 조직임——는 더욱 투쟁적이었다. FNV 내 권력의 축이 가입 노조연맹들로 옮겨졌고, 이들은 하부 단위노조의 임금인상 요구를 대변해야 했기 때문이다. 그 결과, 노동쟁의——주로 불법 파업——가 1960년대보다 두 배나 증가했다(Visser and Hemerijck 1997, 92-98; Windmuller 1969, 279-313; Hemerijck et al. 2000, 210-212; Wolinetz 1989, 87).

임금억제와 임금격차의 축소에서 네덜란드 코포라티즘은 스웨덴 모델과 비슷한 양상을 보였으나, 실업문제에 대한 접근은 근본적으로 달랐다. 1960~70년대에 네덜란드의 임금격차는 상당히 축소되었다. 1974년에 들어선 사회당 연립정권은 사회복지 수혜와 임금을, 그리고 공공부문 임금과 사기업 임금을 연계시켰고, 노동시장에서의 임금인상이 최저임금에도 반영되도록 했다. 그러나 네덜란드는 임금정책을 적극적 노동시장정책 대신 사회정책과 병행하여 실시했다. 1960~70년대에 중앙임금협상제의 와해로 나타난 저임금산업의 급격한 고임금화는 노동집약적 산업에서 실업을 양산했다. 그러나 네덜란드는 실업문제를 스웨덴에서처럼 적극적 노동시장정책으로 해결하기보다는 바로 실업보험, 조기은퇴, 장애프로그램으로 흡수시켰다. <표 1-1>에서 보듯이, 1974~79년에 네덜란드는 서유럽국가 중에서 GDP 대비 이전지급——소득상실 집단에 대한 소득보장을 위한 현금지급——비율이 가장 높았으며, 노동가능인구의 직업참여율은 가장 낮았다. 특히 기민당이 주도하는 연합정권은 물가와 환율안정을 중시하는 금융정책을 취하였기 때문에 실업문제를 산업 및 노동시장정책으로 해결하기보다는 노동시장에 맡겼다. 결국 스웨덴은 국가의 시장개입 및 노동시장정책을 통하여 1980년대 말까지 실업을 억제시킬 수 있었으나, 네덜란드에서는 1970년대 후반에 실업이 심각한 문제로 부각되었다. 1973~83년에 네덜란드의 실업률은 평균 9.9%를 기록한 반면, 스웨덴은 2.7%에 머물렀다(Braun 1987; Wolinetz 1989, 88; Hemerijck et al. 2000, 212; Huber and Stephens 2001a, 169).

아이러니컬하게도 다른 사민주의 복지국가보다 일찍 발생한 고실업은 네덜란드가 세계화의 물결에 휩싸이기 이전에 노사정관계를 재정립하여 코포라티즘 정치경제를 복원시키는 계기가 되었다. 네덜란드 노동운동은 1960년대 후반부터 1970년대 초반까지 노동시장 여건의 호전으로 임금협상에서는 투쟁의 수위를 높였다. 그러나 FNV는 사민주의 진보주의 블록과 가톨릭의 보수주의 블록을 모두 포용해야 했기 때문에 스웨덴에서처럼 자본이 민감하게 반응하는 노사공동결정법, 이윤분배, 투자개입 등의 이슈에는 집중할 수 없었다. 실업문제가 심각해진 1977년부터 FNV는 그 대신 임금억제와 노동시간 단축에 관심을 보이기 시작했다. 특히 FNV의 최대 가입 노조연맹인 일반산업노조연맹(IB)이 급격한 노조원 감소를 이유로 들어 분배에서 직업 우선 정책으로 선회할 것을 주장한 것이 중요하게 작용했다. 실제 실업률이 12%로 치솟은 1979년에 FNV는 노동협회에서 중앙임금협약의 초안을 마련하기도 했으나, 일부 가입 노조연맹의 반대로 이를 철회한 바 있다. 1982년에 들어선 루버스(Ruud Lubbers) 수상이 이끄는 기민당과 자유당 연합정권은 노동시간 단축을 통한 일감 나누기, 임금억제, 복지예산 삭감, 기업이윤의 제고, 임금과 복지의 물가연동제 폐지 등을 노동과 자본에 요구했다. 사용자연합들은 중앙임금협상제의 복원에 관심을 보이지 않았으나, 루버스정권이 노사관계에 대한 국가개입을 시사하자 입장을 바꾸었다. 1982년에 노동조합과 사용자연합은 노동협회에서 노사 간 자율적 규제를 골자로 하는 바세나르협약에 서명하기에 이르렀다(Hemerijck et al 2000, 214-216; Visser 1998, 288-289; Visser and Hemerijck 1997, 100-101; Wolinetz 1989, 88). 이로써 네덜란드는 근 20년간의 침체된 코포라티즘을 마감하고 '대응적 코포라티즘'의 시대로 접어들었다.

3) 사례 3: 오스트리아 코포라티즘의 지속

코포라티즘 정치경제제도와 관련해서 오스트리아는 과거로부터 긍정적 요소와 부정적 요소를 모두 물려받았다. 오스트리아에서 사회협력의 전통은 오래되었으며, 그 근원은 오스트리아 사민당의 개혁주의, 가톨릭 코포라티즘, 그리고 합스부르크제국의 다민족 포용정책까지 거슬러 올라간다. 사민당 개혁주의와 가톨릭 코포라티즘은 공통적으로 사회계급과 국가에 의해 규제되는 자본주의를 지향했다(Lewis 2002, 22-26). 1920년대 초에는 자본·노동·농민계급의 모든 구성원이 의무적으로 일종의 민관(民官)조직인 '위원회'(Chamber)에 가입하는 제도가 정착되었고, 이들 위원회는 국가의 경제사회정책 형성과정에서 자문을 받을 권리를 가지고 정부 법안에 의견을 제기할 수 있게 되었다. 사회의 기능적 이익을 대표하는 이들 위원회는 의회와 양립하여 정치대표 체제의 한 축을 이루었던 것이다. 그러나 위원회 외곽에서 노동과 자본은 조직적·이념적으로 분열되었고, 노사정협의를 위한 시도는 첨예한 갈등으로 실패를 거듭했다. 오스트리아는 1934년에는 내전을, 이후 1938년까지는 파시즘을, 그리고 독일 치하에서는 국민적 민족사회주의를 표방한 괴뢰정권을 겪어야 했다. 제2차 세계대전 이후 오스트리아는 사회협력의 걸림돌이 되었던 사회집단(Lager)의 균열 및 조직적 분열을 엘리트 간 합의의 제도화와 노동조합의 포괄적 조직화를 통해 극복함으로써 강력한 코포라티즘 제도를 구축했다. 종교와 이념의 구분 없이 노동조합운동은 14개 산업별 노동조합연맹으로 재편되고 '오스트리아노동조합총연맹'(ÖGB)이 1945년에 창설되었다. 1947년에 노·사·정은 경제재건과 인플레이션 문제를 다루기 위해 노동위원회, 연방경제위원회(BWK, 1992년부터 WKÖ), 농업위원회, 그리고 ÖGB가 참여하는 공동경제위원회를 설립했다. 공동경제위원회는 1951년에 국가가 참여하는 경제이사회로, 그리고 1957년에는 임금물가등가위원회로 발전했다(Traxler 1998, 240-241; Markovits 1996, 7-8 and 15-16; Tálos and Kittel 1996, 31; Tomandl and Fuerboeck 1986, 16-17).

오스트리아 정치경제체제는 서유럽에서 가장 강력하고 안정된 코포라티즘을 유지했음에도 임금노동자 사이의 임금격차는 가장 심하다는 이중성을 지니고 있었다. ÖGB와 노동위원회는 제2차 세계대전 이후 줄곧 고용안정과 경제성장에 우선순위를 두었으며, 따라서 임금억제 정책을 고수했다.[10] 1950년대에 오스트리아 노동조합 간 임

---

10) 노동조합운동은 초기에 임금차별화 문제로 내분을 겪었다. 1949년 제3차 단체협약과 1950년 제4차 단체협약에서 이 문제가 쟁점화되어 노동쟁의가 빈발했다. 그러나 노동조합운동은 이를 계기로 1950년에 공산

금격차는 서유럽에서 가장 적었다. 그러나 1960년대와 1970년대에 임금격차의 확대가 가장 빠르게 진행되어 1979년에는 가장 심한 것으로 밝혀졌다(Pollan 1997, 57-58). 임금억제와 동시에 임금차별화가 실행될 수 있었던 이유는, 첫째, '조직화된 분권화'를 지향하는 오스트리아의 단체임금협상 제도에 있다. 오스트리아 임금협상제에는 중앙임금협상이 없다. 대신 중간 단위의 협약위원회 및 기업별노조가 자율적으로 단체협약을 수행하되, ÖGB와 임금물가등가위원회가 이를 조율하고 있다(Tálos and Kittel 1996, 35). 실제로 단체협약은 국영기업 노동조합이 이끄는 몇몇 대규모 공동협약위원회가 주도하며, 여타 노동조합은 이에 준하여 임금인상의 최저수준을 결정한다. 물론 이 과정에서 ÖGB와 임금물가등가위원회 내에 임금소위원회가 개별적 임금협상을 조율하지만 직접 제재를 가할 법적 권한은 가지고 있지 않았다. 단체협약은 임금인상의 최저수준을 정하기 때문에 개별 기업은 성과에 따라 별도로 임금을 인상할 수 있었다. 따라서 임금유동이 허용되어 노동조합별 임금격차가 심하게 나타난 것이다(Pollan 1997, 50-51; Guger 1992, 46).

둘째, 임금격차가 용인된 것은 오스트리아 노동운동의 조직적 특성에 연유한다. 오스트리아 노동계급은 사민주의 집단과 가톨릭 집단으로 뚜렷이 구분되나, 노동조합운동은 이들을 단일 조합에 포용하고 있다. 14개의 노동조합연맹도 공공부문 노동조합, 사부문 노동조합, 화이트컬러 노동조합으로 구분되어 있으나 모두 ÖGB에 소속되어 있다. ÖGB는 설립 당시부터 정치적 중립을 표방하였다.[11] 사회

주의자들을 추방하여 상부조직의 힘을 강화시켰으며, 그 결과 기존 정책노선, 즉 임금억제와 노·사·정 타협을 더욱 공고히 할 수 있었다 (Tálos and Kittel 1996, 39-40; Kindley 1997, 54; Lewis 2002, 30-31).

11) ÖGB가 정치적 중립을 표방한 것은 노동운동과 정당 간에 협력적 관

주의와 가톨릭주의 이념은 공통적으로 공공의 개입에 의한 사회구성원의 복지를 지향했지만, 연대임금 같은 복지의 평등화에서는 이념적 지향이 달랐다. ÖGB, 좁게는 이를 이끄는 사회주의 집단은 다원성을 포용하여 조직의 내적 통합을 이루어야 하기 때문에 이념적 지향을 급진화할 공간을 확보할 수 없었다. 같은 노동조합에 소속된 사회주의와 가톨릭 집단은 각각 사회당(SPÖ)과 보수당(ÖVP)에 연계되어 있기 때문에 정당정치는 노동조합운동에 영향을 주었다. 사회당과 보수당은 제2차 세계대전 이후 줄곧 21년 동안이나 연립정권을 구성하여 집권했다. 따라서 사회당 내에서는 온건파의 입지가 강화되었으며, 이는 노동조합운동의 정치적 성향에도 영향을 미쳤다. 요컨대 오스트리아 노동운동은 경제성장을 위한 노동임금 억제와 이를 통한 실업문제 해결에서는 쉽게 사회적 합의를 이룰 수 있었지만, 개별 노동조합 간 임금폭을 제도적으로 축소하는 임금의 연대화에는 기여하지 못했다. 대신 사회복지 지출——주로 이전지금——의 확대로 임금차별화 문제를 보완해 왔던 것이다(Kunkel and Pontusson 1998, 10-13; Karlhofer 1997; 124; Kitschelt 1994; Katzenstein 1984, 37-38; Traxler 1995, 273; <표 1-1> 참조).

임금 및 복지정책과 관련해서 오스트리아 정치경제의 또 다른 특징은 주요 산업 및 금융기관이 국유화되어 있다는 점이다. 1946~47년에 ÖGB뿐만 아니라 사용자의 이익을 대표하는 BWK도 소련이 과거 오스트리아 내의 독일 자산을 전쟁보상 차원에서 요구하자, 이에 공동 대응하는 과정에서 이들——광산, 철강, 기계, 화학, 전기산업의

계가 없다는 것을 의미하지 않는다. ÖGB 내의 '사회주의노동조합집단'과 '기독교노동조합집단'은 각각 사민당, 보수당과 강력한 연계를 유지하고 있다. 대략 '작업위원회'(Work Council) 선거에서 전자가 60~75%, 후자가 15~20% 정도 득표한다(Kunkel and Pontusson 1998, 11).

주요기업 및 금융기관——을 공동주식회사(joint stock company) 형태로 국유화하는 데 찬성했다. 오스트리아 공기업은 1978년 기준으로 전체 고용의 13.7%, 제조업분야로 좁혀 보면 20%를 차지했다. 1969년을 기준으로 연방정부가 이들 공동주식회사의 지분에서 45%를, 지방정부는 12%를, 국영은행이 10%를 소유한 반면, 다국적기업과 사기업은 각각 13%를 소유했다. 국유화는 노동조합운동에 의해 주도되었기 때문에 자본과 노동 간 힘의 균형을 후자로 기울게 했다. 오스트리아에는 다국적기업의 본부가 없을 정도로 사적 자본은 중소기업을 중심으로 구성되어 있다. 중소기업은 분산되어 있기 때문에 BWK를 통해서 통합된 의견을 낼 수 있었다. 반면 노동조합운동은 대규모 국영기업을 중심으로 형성된 포괄적 노동조합 조직에 의해 주도되었고, ÖGB와 노동위원회는 코포라티즘의 네트워크를 통해서 사회·경제정책 전반에 참여했다. 이처럼 국정을 주도하고 포괄적·조직으로 성장한 노동조합운동은 조합원을 상대로 경제성장과 고용증대를 전제로 하는 임금억제의 중요성을 설득하는 한편, 임금억제에 대한 보상을 위해 단체협약에서 사회복지 개혁을 다룰 수 있었다(Pollan 1997, 52-53; Katzenstein 1984, 39, 50; Traxler 1995, 272-273; Lewis 2002, 30).

   1970년대에 스웨덴과 네덜란드 노동조합운동은 변화를 위한 정치적 선택을 단행한 반면, 오스트리아 노동조합운동은 그러지 않았다. 이는 앞에서 언급한 바 있는 노동조합운동의 구조적 특성과 함께 사회당정부의 정책 및 오스트리아 노동시장의 특성에도 기인했다. 사민당정부는 1970년대에 소위 '오스트리아 케인즈모델'을 추진하여 자본과 노동을 사회적 협의의 틀 속에서 묶을 수 있었다. 오스트리아 케인즈모델의 핵심은 소득정책을 위한 사회적 협력, 경제성장과 고용창출을 위한 확대 재정정책, 인플레이션 억제를 위한 경화(硬貨)정책, 그리고 완전고용 등으로 요약된다. 사민당정부는 전형적인 케인즈정책 외에 경화를 유지함으로써 환율 및 물가를 안정시키기 위해 오스트리아 '실링'(schilling)의 환율을 독일 마르크화에 고정시켰다. 경화정책, 낮은 이자율 정책 및 임금억제 정책은 인플레이션을 억제하는 동시에 미래에 대한 불확실성을 줄임으로써 오스트리아 자본의 투자를 이끌어 내는 데 기여했다.

노동시장은 비록 실업률은 낮았으나 실업의 압박에서 벗어나지 못했다. 1970년대에도 오스트리아의 실업률은 2% 미만에 머물렀다. 실업률이 낮게 잡힌 것은 국영기업의 고용축적, 조기은퇴, 여성의 높은 가사종사율 때문이었다. 스칸디나비아 국가와 비교하면 오스트리아의 GDP 대비 전체 사회보장 지출비율이 낮았다. 그러나 노동가능인구의 직업참여율이 낮았기 때문에 미취업 인구에 지급되는 이전지급의 비율은 상대적으로 높았다(<표 1-1>의 (4)와 (6) 참조). 오스트리아에서도 네덜란드처럼 국가는 적극적 노동시장정책 대신 사회정책으로 실업문제에 접근했던 것이다. 그 결과 1970년대에 오스트리아 노동운동은 임금억제(1976년에는 임금 2% 인하), 국영기업의 '고용축적'(labor hoarding), 노동시간 단축(1975년에 주당 노동시간 40시간으로 단축), 외국인 노동자 유입억제(1973~78년에 외국인 노동자 수 20% 감소) 등 실업문제에 매달렸으며, 이를 위해 협력적 노사정관계를 고수했다(Guger and Polt 1994, 142-152; Hemerijck et al. 2000, 195-198; Guger 1994, 43-44; Huber and Stephen 2001a, 96 Table 4.2, 278). 요컨대 오스트리아 노·사·정은 노동가능인구의 직업참여율이 낮고 이전지급 비용의 비율이 높았기 때문에 낮은 실업률에도 불구하고 고용증대를 위한 사회적 협의에 주력하였으며, 따라서 과거로부터의 이탈을 심각하게 고려하지 않았던 것이다.

5. 맺음말

1) 세계화시대 노·사·정 정치경제 변화의 비교

 이 글은 세계화시대에 노사정관계가 기존 제도가 제약하는 것과 다른 방향으로 변화된 것은 그 이전에 통시적 변이를 겪었기 때문이라는 가설에 기초하여 스웨덴, 네덜란드, 오스트리아의 사례를 분석했다. 서구 복지국가 정치경제모델은 전간기에 정치·사회적 불안의 원인으로 작용했던 실업문제를 임금억제, 경제성장, 사회정책을 결합시켜 해결해 나가는 가운데 그 틀이 잡혔다. 정책의 결합은 선 임금억제, 후 사회적 보상 및 고용증대를 축으로 한 노동과 자본 간의 사회적 협의, 그리고 이를 보장하는 코포라티즘 정치경제체제를 구축하는 방식으로 진전되었다. 고실업을 전제로 하여 구축된 정치경제모델이기에 완전고용에 근접한 1960년대부터 세 나라의 노사정관계는 내부로부터 변화의 압박을 받게 되었다. 요컨대 이 글은 1960~70년대에 진전된 복지국가 정치경제모델의 심화가 역으로 이를 가능하게 한 노사정관계에 어떠한 변화를 일으켰는가를 분석함으로써 세계화 이후 나타나고 있는 노사정관계 변화의 다양성을 설명하고자 했다.
 이 글의 분석을 요약하면 다음과 같다. 첫째, 임금억제 방식과 노동조합운동의 이념적 균열이 복지국가 정치경제모델에 내재된 갈등이 어떠한 방식으로 전개되는가에 주요한 영향을 미쳤다(<표 1-2> 참조). 고임금 집단의 임금하락을 유도하는 스웨덴의 연대임금제는 공공저축을 매개로 한 자본축적과 산업구조의 재편을 동시에 가능하게 했다. 그러나 이는 LO 내부 및 노노갈등을 심화시키는 한편, 사기업의 거대화와 소유구조의 집중화를 초래했다. 결국 LO는 내부갈등과 자본주의의 벽을 동시에 뛰어넘기 위해 계급화·정치화의 노선을 선택하게 된다. 오스트리아와 1976년 이후 네덜란드의 경우 노동조합운동은 그 구조적 특성상 스웨덴 방식의 연대임금제와 계급화 전략을 취할 수 없었다. 노동조합운동이 기독교의 보수주의와 사회주의 이념을 모두 포용해야 했기 때문이다. 더구나 노동조합운동은 연합정권이 제도화된 정당정치와 밀접히 연계되어 있었기 때문에

〈표 1-2〉 스웨덴, 네덜란드, 오스트리아의 노사정관계 비교

	스웨덴	네덜란드	오스트리아
세계화시대 노·사·정 정치경제의 변화	▶코포라티즘에서 이익집단 다원주의로 전환	▶'침체된 코포라티즘'에서 '대응적 코포라티즘'으로 전환	▶코포라티즘 지속 ▶공급측면 코포라티즘
임금억제	- 연대임금 ▶저임금의 고임금화 ▶고임금의 저임금화	- 연대임금 ▶저임금의 고임금화	▶임금차별화
노동계급 균열 및 노동조합 구조	▶종교갈등 없음 ▶블루칼라·화이트칼라·공공부문 노조로 분리	▶사회주의·가톨릭주의·캘빈주의 균열 ▶노동조합: 1976년 NVV와 NKV 통합	▶사회주의·가톨릭주의 균열 ▶노동조합: 포괄적
임금협상 구조	▶중앙집중화에서 분산·복합화	▶탈조직화된 분권화에서 조직화된 분권화	▶조직화된 분권화
자본축적	▶연대임금제 ▶국가 개입: 공공저축	▶시장 중심	▶주요산업의 국유화
적극적 노동시장정책	- 강함 ▶산업구조 재편	- 미약 ▶사회보장에 흡수	- 미약 ▶국영기업 노동축적 ▶사회보장에 흡수
정치적 선택	▶계급화·정치화	▶대립에서 사회협력으로 전환	▶사회협력 지속
실업의 타이밍	▶세계화 이후	▶세계화 이전	▶저실업 ▶고용압박 지속

온건파의 입지가 강화되었다. 더구나 오스트리아의 경우 노동조합운동은 주요산업의 국유화로 인해 포괄적 조직으로 성장하였으며, 국정 전반을 주도하였기 때문에 임금억제를 통한 고용안정에 대한 내부의 합의를 이끌어 낼 수 있었으며 사회정책으로 임금차별화의 문제를 보완할 수 있었다.

둘째, 복지국가 정치경제모델의 심화과정에서 국가의 정책적 선택이 노동과 자본의 관계에 주요한 영향을 미쳤다. 실업을 적극적 노동시장정책으로 해결한 경우와 사회정책으로 노동시장 밖에서 관리한 경우는 1970년대에 노자관계에서 다른 양상을 보였다. 실업률이 낮을 경우 단체협상에서 노동자는 사용자보다 "유리한 위치를 점유하여 파업으로 치달을 의지를 가지는" 반면, 실업이 악화되면 노동자는 쉽게 대체될 수 있기 때문에 파업에 참여하길 꺼린다(Franzosi 1995, 31). 적극적 노동시장정책으로 낮은 실업률이 유지된 스웨덴의 경우 노동운동은 세계화 이전까지 자본에 대해 강경노선을 견지할 수 있었으나, 1970년대에 고실업에 지친 네덜란드 노동운동은 자본과 사회적 협력을 모색하게 되었다. 국가의 사회정책으로 노동시장 외부자(outsiders)――조기은퇴자, 산업장애자, 실업보험 수혜자 등――가 증가한(Lindbeck and Snower 1988) 오스트리아의 경우 노동운동은 노동시장에서의 실업률이 낮게 잡혔더라도 실업의 압박을 받았으며, 따라서 임금억제와 고용증대를 위한 사회적 협의의 틀을 벗어나지 않았다.

마지막으로 고실업이 발생한 타이밍이 세계화 이후에 스웨덴과 네덜란드 노·사·정 정치경제 체제의 명암을 결정지었다. 1960년대의 완전고용이 노동운동에게 변화의 불을 지피게 했다면, 1980년대 이후 전개된 세계화는 자본에게 변화에 주체적으로 대응할 수 있는 여유를 주었다. 네덜란드처럼 세계화 이전에 고실업사회로 회귀한 경우 노동은 자본과 협력의 틀을 재건시킬 수 있는 공간을 확보했다. 세계화시대에 자본은 코포라티즘의 노사정관계를 깨고 해외로 이탈하는 대신 이를 경제의 공급측면, 즉 생산환경을 개선하는 기제로 삼아 노동과 협력적 관계를 유지하고자 했다. 그러나 스웨덴처럼 세계화 이전에 줄곧 완전고용을 유지한 경우 노동의 급진화는 지속되었고, 자본은 세계화 이후에 실업률이 치솟자 그 힘을 마음껏 휘두르며 코포라티즘의 노사정관계를 와해시키기 위한 정치세력화에 주력했던 것이다.

2) 한국 노사정관계 연구에 주는 이론적 함의

노사관계 관련 우리 학계의 연구는 최근 들어 한국의 노사정관계를 협의의 관점에서 다루기 시작했다. 그 이유는 크게 보아 두 가지일 것이다. 첫째, 세계화 이후에 사회코포라티즘이 미약하거나 정체되었던 서유럽국가들에서 사회협약이 속속 타결된 바 있기 때문이다. 이러한 현상은 사회코포라티즘의 제도적 기반이 취약한 한국에서 협의모델이 제도화될 가능성을 탐구하는 근거를 제공하고 있는 셈이다.[12] 이론적으로 이들 연구는 협의와 사회코포라티즘을 개념적으로 구분하자는 주장에 기초한다. 즉 거시적 수준에서 전개되는 노·사·정 간 정책의 공동결정을 의미하는 '정책협의'와, 이익의 중

---

12) 한국 노사정관계 연구동향에 대한 평가는 노중기 2003; 신정완 2004 참조. 협의의 관점에서 한국 노사정관계에 접근하고 있는 연구로는 임상훈 외 2004, 제7장; 김동원 2003; 유범상 2003a; 2003b; 임상훈 외 2002; 윤진호 2001; 최영기·유범상 2001; 김호진·임혁백 외 2000; 최영기 외 1999 등 참조.

앙집중화 및 이익대표의 독점에 기초하여 이루어지는 이익집단과 정부 사이의 '이익중재'(interest intermediation)는 개념적으로 구분돼야 한다는 것이다. 더 나아가 후자가 반드시 전자의 필요조건은 아니며 이익집단 내부의 정치와, 행위자의 전략적 선택과 인식이 협의의 성공에 주요한 영향을 미친다는 점을 강조한다(Lehmbruch 1982; Lehmbruch 1984; Compston 2002; Molina and Rhodes 2003; Baccaro 2003; Regini 2003).

둘째, 1987년 민주화 이후의 노동운동에서 나타나고 있는 변화에 주목하고 있기 때문이다. 특히 1996년 5월에 발족된 노동법개정위원회를 주요한 전환점으로 삼는다. 비록 협의의 절차를 거친 입법화에는 실패하였으나, 노동법개정위원회는 그 동안 법외단체로 간주하여 배제의 대상이었던 민주노총을 참여시켰으며 노·사·정(정부는 공익위원을 통한 간접적 개입) 모두 합의의 방식을 통한 노동법개정을 시도했다. 이후 일련의 사회적 협의가 시도 내지는 성사되었다. 예컨대 외환위기 극복을 위해 소집된 제1기 노사정위원회는 1998년 2월 6일에 90개 합의사항에 이르는 사회협약을 도출하였으며, 그 내용도 노동문제에서 사회정책과 재벌개혁까지 포괄적인 이슈를 담아 냈다. 노사정위원회의 법률적 위상도 제고되었다. 제1기에는 법적 근거가 없는 정치적 합의기구로 출발했으나, 제2기에는 대통령령에 따른 대통령 자문기구로, 제3기에는 법률에 의한 대통령 자문기구로 격상되기에 이르렀다(최영기 외 1999; 임상훈 외 2002 참조).

그러나 한국 노사정관계의 변화를 서구식 분석틀에 담아 내기 위해서는 몇 가지 이론적 과제가 해결되어야 할 것이다. 첫째, 발전주의 국가에서 기원하는 관료제적 국가의 이익단체(주로 노동조합운동) 배제전통이 민주화·세계화 이후 노사정관계의 형성에 어떻게 작용하였으며 변화의 가능성은 있는가이다. 서구의 경우 국가 형성기에

틀이 잡힌 노사정관계는 현재까지도 영향을 미치고 있다(Crouch 1993; Berger 2002 참조). 앞에서도 다루었듯이 스웨덴과 네덜란드의 경우에는 국가 배제적 노사관계의 전통이 산업관계의 근간을 이루어 왔으며, 이로부터 이탈하거나(스웨덴) 그 반대로 복귀하려는(네덜란드) 시도는 노사정관계에 결정적 영향을 미친 바 있다. 한국의 경우 발전주의 국가의 해체냐 지속이냐 하는 이분법적 사고를 넘어서 국가의 발전주의 속성에서 어떠한 측면이 변하고 있으며, 이는 향후 노사정관계에 어떻게 작용할 것인가라는 시각을 견지해야 할 것이다. 한국의 국가는 시장과의 관계에서 제3공화국에서는 '형성'자로서, 제5공화국에서는 '순응'자로서, 그리고 김대중정부 이후에는 신자유주의적 시장으로의 변환을 이끈 구조조정자로서 그 역할에서 변화를 겪은 것은 사실이다(임상훈 외 2004, 제2장; 조영철 1998). 그러나 국가주도의 사회 '변형역량'(transformative capacity) 자체가 약화된 것으로는 볼 수 없다. 또한 국가의 시장개입 여부가 '국가의 약함'을 구분짓는 잣대가 되지도 않는다(Crouch 1983, 298; Weiss 2000, 28). 사실 정부는 1987년 민주화 이후부터 3기에 걸친 노사정위원회의 운영과정에서 의제 형성 및 입법화 과정을 배타적으로 주도했다. 더구나 민족주의와 경제발전 간의 결합을 지향하는 발전주의국가의 목표는 아직도 살아 움직이고 있다(Johnson 1999, 52; Weiss 2000, 39). 경제위기 극복과정에서 일반 대중들은 IMF레짐에 적대적이었고 국가주도형 전략에 전폭적인 지지를 보여주었으며, 민주노총까지도 제1기 노사정위원회 구성을 적극 주장한 바 있다. 한국의 노사정관계가 협의적 관계로 전환될 가능성은 발전주의국가의 해체 자체에 있다기보다는 국가의 노동조합 배제전통이 어떠한 역사적 시점을 계기로 하여 어떠한 방식으로 변화될 것인가에서 찾아야 할 것이다(Collier and Collier 1991 참조). 이 점에서 한국의 국가는 현재 변화의 와중에 있다고 볼 수 있다. 예컨대 정부는 공공정책 협의의 매개체인 노사정위원회에 대해서 찬성과 반대라는 양면성을 보이고 있고, 또 부처에 따라 의견이 다르며, 따라서 갈등이 존재하기 때문이다(하민철·윤견수 2004).

둘째, 협의적 노사정관계로의 전환이 기존 정치체제와 제도적 친화성을 가지는가이다. 노·사(·정)관계는 정치체제의 한 부분을 차지한다. 선호의 강도가 주요하게 작용하기 때문에 합의적 의사결정 구조를 가지는 노사관계는 수의 논리가 지배하는 의회민주주의와 상호 배타적일 수 있으며, 이 때문에 퇴행적 정치체제가 발생할 수 있음은 전간기 파시즘의 등장에서 잘 나타나고 있다. 제2차 세계대전 이후 정착된 주요한 특징은 의회주의와 코포라티즘 간의 제도적 공존이다(Jessop 1979). 특히 정치체제 내 행정부·정당 차원에서 '다수제모델'(majoritarian model)보다는 '합의모델'(consensus model)이 사회 코포라티즘과 제도적 친화성을 갖는다(Lijphart and Crepaz 1991; Lijphart 1999 참조). 합의모델은 네덜란드나 오스트리아에서처럼 '횡적 블록화와 종적 통합'이 심한 사회적 균열구조를 갖는 나라에서 소수세력을 배제시키는 것이 아니라 비례대표 선거제와 연립정부 구성을 통해 의회와 정부로 합류(incorporation)시키는 정치체제에서 제도화된다. 이러한 제도에서 정치행위자들은 수에 의한 지배가 아니라 협상에 의한 타협을 지향한다(Scharpf 1997). 합의모델의 제도화는 행정부·의회 축에만 국한되지 않는다. 앞에서 다루었듯이 오스트리아의 경우 보수당과 사민당 간의 연립정부가 오래 지속되었으며, 다당제의 네덜란드의 경우 다수당과 소수당의 연합이 제도화되어 있다. 노동조합 조직도 종교적·이념적 갈등을 모두 포용하고 있다. 따라서 두 나라에서는 1970년대에 노동은 자본과의 대립에서 극단적인 입장을 취하지 않았던 것이다. 이러한 관점에서 보면 정당명부식 비례대표제가 도입된 2004년 17대 총선을 계기로 민주노동당이 의회에 진출한 것과, 노사개혁위원회와 노사정위원회에 민주노총——참여와 탈퇴를 반복하고 있지만——이 참여하게 된 것은 한국정치가 합의모델로 이행하는 장정에서 남긴 역사적인 사건으로 기록될 것이다. 그러나 전간기 네덜란드와 오스트리아의 사례가 보여주듯이, 사회적 소수가 '거부행위자'(veto player)로서 제도적 위치를 확보하는 것이 곧 합의모델의 제도화로 이어지지는 않는다. 서구 강소국의 경우 과거의 극단적 이념대립에 대한 집단적 기억과 반성, 세계시장에서 처한 작은 국가로서의 입지가 아우러져서 다양한 사회세력이 타협 지향의 합의 틀에서 이탈하지 않는 제도가 구축될 수 있었다. 우리의 경우 민족·이념·지역이라는 이질적인 축을 중심으로 전개되고 있는 대립을 묶어 다양한 사회세력이 공존할 수 있는 체제를 구축하는 것은 아직 미완의 과제이며, 정치의 장은 그 시험대가 될 것이다.

　마지막으로 노사정관계가 어떠한 역사적 맥락 속에서 변화하고 있는가이다. 우리의 경우 노동운동의 정치체제 진입, 사회적 협의체제의 형성, 그리고 복지국가로의 이행이라는 점에서는 서구의 과거를, 세계화로 인한 공급측면의 국가주도형 구조조정이라는 측면에서는 서구의 현재를 압축·중첩하여 겪고 있다. 따라서 분석의 틀도 통시적 측면과 횡단면적 측면을 모두 고려해야 할 것이다. 통시적 관점에서 보면 복지국가로의 이행은 선 임금억제와 후 사회적 보상 및 고용증대를 매개로 한 정치적 교환의 산물이다. 이러한 정치적 교환은 역사적으로 사회코포라티즘의 조건——이익집단의 중앙화·집중화, 좌파 또는 기독교 보수당정권의 등장 등——을 갖춘 나라에서 제도화되었다. 그러나 앞에서 다루었듯이 임금억제의 방식과, 노동시장정책을 포함한 사회정책에 따라서 노사정관계는 다양한 변화를 세계화 이전에 이미 겪게 된다. 세계화의 상황에서 정치적 교환은 다르다. 금융시장의 세계화로 인해 정부는 긴축적인 화폐주의 정책을 취할 수밖에 없으며, 따라서 노동은 고실업과 임금억제 중 양자택일을 해야 하는 수세적 처지에 몰리고 있는 것이며, 그런 만큼 정부는 노동과의 관계에서 주도적 역할을 행사할 수 있게 되었다. 더구나 실업은 집단적으로 미치는 '공공악재'(collective bad)가 아니라 그 영향이 개인적으로 미치며, 노동조합운동은 따라서 노동시장 내부자와 외부자 간의 갈등에 휘말리게 된다(Hassel 2003; 안재흥 2003 참조). 코포라티즘의 제도적 여건이 미약한 나라에서 사회협약이 타결되고 있는 것은 세계화 이후 변화된 환경의 영향이 반영된 것으로 볼 수 있다. 우리의 경우 노동과 정부·자본은 각기 사회적 협의의 장을 다르게 해석하고 있다. 정부·자본은 자유주의 시장경제로의 변환을 위한 구조조정의 장으로 삼으려 하고 있는 반면, 노동은 고용조건과 복지여건의 개선을 위한 장으로 삼고 있기 때문이다. 동상이몽에 빠진 노·사·정에 의해 공적 영역이 공유되고는 있으나, 그 행로가 어떠한 방향으로 잡힐 것인가는 단순히 행위자들의 전략적 선택의 문제가 아니다. 노동조합운동은 조직의 중앙화·집중화를 통해서 자율적으로 임금억제 메커니즘을 구축하는 동시에 정치체제에서는 거부행위자로서의 제도적 위상을 정립하여 합의모델로의 이행을 촉진시켜야 하며, 이를 기반으로 하여 세계화에 대한 대처에서는 전략적 유연성을 발휘해야 할 것이다.

참고문헌

강명세. 1999. "사회협약이론." 강명세 편, 『경제위기와 사회협약』, 성남: 세종 연구소
김동원. 2003. "짧은 성공과 긴 좌절: 한국 노사정위원회에 대한 이론적 분석과 정책적 시사점." 『산업관계연구』 제13권 2호.
김호진·임혁백 외. 2000. 『사회합의제도와 참여민주주의』. 서울: 나남.
노중기. 2003. "노사정위원회 5년, 평가와 전망." 『동향과 전망』 제56호(봄호).
신정완. 1999. 『임노동자기금논쟁을 통해 본 스웨덴 사민주주의의 딜레마』. 서울대학교 박사학위 논문.
신정완. 2004. "1987-97년 기간의 한국 거시 노사관계 변동에 대한 게임이론적 분석." 『산업노동연구』 제10권 제1호.
안재홍. 2000. "지구화와 정치변동: 이론적 접근." 오기평 역. 『지구화와 정치변화』. 서울: 오름.
안재홍. 2001. "스웨덴모델의 형성과 쇠퇴: 노동운동을 중심으로 한 통시적 비교." 『국가전략』 제7권 1호.
안재홍. 2002. "세계화와 노·사·정 대응의 정치경제: 스웨덴, 네덜란드, 오스트리아 사례의 비교." 『한국정치학회보』 제36집 3호.
안재홍. 2003. "실업과 사회협력의 정치: 전간기 스웨덴 노동조합의 패널데이터 분석." 『한국정치학회보』 제37집 3호.
안재홍. 2005. "수(數)와 이야기." 『한국정치학회보』 제39집 3호 (게재 예정).
유범상. 2003a. "외환위기 이후 노동정치와 사회적 대화: 등장, 전개, 해석." 『동향과 전망』 제56호(봄호).
유범상. 2003b. "사회적 합의." 이원덕 편. 『한국의 노동 1897-2002』. 서울: 한국노동연구원.
윤진호. 2001. "노사정 3자합의체제에 관한 실증적 연구." 『사회경제평론』 제17호.

임상훈 외. 2002. 『노사정위원회 활동평가 및 발전방안에 관한 연구』. 서울: 한국노동연구원.
임상훈 외. 2004. 『한국형 노사관계 모델의 탐색』. 서울: 한국노동연구원.
정병기. 2005. "서유럽 코포라티즘의 성격과 전환: 통치전략성과 정치체제성." 한국정치학회 편. 『세계화 시대 '노사정'의 공존전략: 서유럽 강소국과 한국』. 서울: 백산서당.
조영철. 1998. "국가후퇴와 한국 경제발전모델의 전환." 이병천·김균 편. 『위기, 그리고 대전환』. 서울: 당대.
최영기 외. 1999. 『한국의 노사관계와 노동정치(I). '87년 이후 사회적 합의를 중심으로』. 서울: 노동연구원.
최영기·유범상. 2001. "사회협의시스템과 노사관계의 갈등조정: 한국에서의 사회적 협의 경험을 중심으로." 『한국행정연구』 제9권 제4호.
하민철·윤건수. 2004. "행위자들의 양면적 상황설정과 딜레마 그리고 제도화: 노사정위원회의 제도화 과정을 중심으로." 『한국행정학보』 제38권 제4호.
Abbott, Andrew. 1997. "On the Concept of Turning Point." *Comparative Social Research* 16.
Abbott, Andrew. 1992. "From Causes to Events: Notes on Narrative Positivism." *Sociological Methods and Research* 20.
Baccaro, Lucio. 2003. "What Is Alive and What Is Dead in the Theory of Corporatism." *British Journal of Industrial Relations* 41, No. 4.
Bartolini, Stefano. 1993. "On Time and Comparative Research." *Journal of Theoretical Politics* 5, No. 2.
Berger, Stefan. 2002. "Social Partnership 1880-1989: The Deep Historical Roots of Diverse Strategies." Stefan Berger and Hugh Compston, eds. *Policy Concertation and Social Partnership in Western Europe*. New York: Berghahn Books.
Bergström, Villy. 1992. *Aspects of the "Sweden Model" and Its Breakdown*. Stockholm: FIEF.
Braun, Dietmar. 1987. "Political Immobilism and Labor Market Performance: The Dutch Road to Mass Unemployment." *Journal of Public Policy* 7.

Collier Ruth Berins and David Collier. 1991. *Shaping the Political Arena*. Princeton: Princeton University Press.

Compston. Hugh. 2002. "The Strange Persistence of Policy Concertation." Stefan Berger and Hugh Compston, eds. *Policy Concertation and Social Partnership in Western Europe*. New York: Berghahn Books.

Crouch, Colin. 1993. *Industrial Relations and European State Traditions*. Oxford: Clarendon Press.

Danto, Arthur. 1985. *Narratives and Knowledge*. New York: Columbia University Press.

De Geer, Hans. 1992. *I vänstervind och högervåg*. Stockholm: Allmänna förlag.

Ebbinghaus, Bernhard. 2004. "Reforming Welfare States and Social Partnership in Europe: Variations in Social Governance and Institutional Change." Paper presented at ISA 19th Annual Conference, Paris.

Ebbinghaus, Bernhard and Anke Hassel. 2000. "Striking Deals: Concertation in the Reform of Continental European Welfare State." *Journal of European Public Policy* 7, No. 1.

Elvander, Nils. 1988. *Den svenska modellen*. Stockholm: Almänna fölarget.

Elvander, Nils. 2002. "The New Swedish Regime for Collective Bargaining and Conflict Resolution: A Comparative Perspective." *European Journal of Industrial Relations* 8, No. 2.

Fajertag, Guiseppe and Philippe Pochet, eds. 1997. *Social Pacts in Europe*. Brussels: ETUI.

Fajertag, Guiseppe and Philippe Pochet, eds. 2000. *Social Pacts in Europe: New Dynamics*. Brussels: ETUI.

Fligstein, Neil. 1996. "Market as Politics: A Political-Cultural Approach to Market Institutions." *American Sociological Review* 61, No. 4.

Franzosi, Roberto. 1995. *The Puzzle of Strikes*. Cambridge: Cambridge University Press.

Fulcher, James. 1991. *Labour Movements, Employers and the State*. Clarendon Press.

Garrett, Geoffrey. 1998. *Partisan Politics in the Global Economy*. Cambridge: Cambridge University Press.

Garrett, Geoffrey. 1998. "Global Markets and National Politics: Collision Course or Virtuous Circle?." *International Organization* 52, No. 4.

Griffin, Larry J. 1992. "Temporality, Events, and Explanation in Historical Sociology. An Introduction." *Sociological Methods & Research* 20, No. 4.

Guger, Alois and Wolfgang Polt. 1994. "Corporatism and Income Policy in AustriaExperiences and Perspectives." Ronald Dore et al., *The Return to Incomes Policy*. London: Pinter.

Hall, Peter A. and David Soskice, eds. 2001a. *Varieties of Capitalism*. Oxford: Oxford University Press.

Hall, Peter A. and David Soskice, eds. 2001b. "An Introduction to Varieties of Capitalism." Peter A. Hall and David Soskice, eds. 2001a. *Varieties of Capitalism*. Oxford: Oxford University Press.

Hassel, Anke. 2003. "The Politics of Social Pacts." *British Journal of Industrial Relations* 41, No. 4.

Heinisch, Reinhard. 2000. "Coping with Economic Integration: Corporatist Strategies in Germany and Austria in the 1990s." *West European Politics* 23, No. 3.

Hemerijck, Anton. 2002. "The Netherlands in Historical Perspective: The Rise and Fall of Dutch Policy Concertation." Stefan Berger and Hugh Compston, eds. *Policy Concertation and Social Partnership in Western Europe*. New York: Berghan Books.

Hemerijck, Anton et al. 2000. "How Small Countries Negotiate Change Twenty-Five Years of Policy Adjustment in Austria, the Netherlands, and Belgium." F. Scharpf and V. Schmidt, eds. *Welfare and Work in the Open Economy. Diverse responses to common challenges*, Vol. II. Oxford.

Hermansson, Jörgen et al. 1999. *Avkorporativisering och lobbyism*. SOU 1999: 121.

Hollingsworth, Rogers J. and Robert Boyer, eds. 1997. *Contemporary Capitalism*. Cambridge: Cambridge University Press.

Huber, Evelyne and John D. Stephens. 2001a. *Development and Crisis of the Welfare State*. Chicago: University of Chicago Press.

Huber, Evelyne and John D. Stephens. 2001b. "Welfare State and Production Regimes in the Era of Retrenchment." P. Pierson, ed. *The New Politics of the Welfare*

State. Oxford.

Iversen, Torben et al. 2000. *Unions, Employers, and Central Banks.* Cambridge: Cambridge University Press.

Janoski, Thomas. "Direct State Intervention in the Labor Market: The Explanation of Active Labor Market Policy from 1950 to 1988 in Social Democratic, Conservative, and Liberal Regimes." T. Janoski and Alexander M. Hicks, eds. *The Comparative Political Economy of the Welfare State.* Cambridge: Cambridge University Press.

Jessop, Bob. 1979. "Corporatism, Parliamentarism, and Social Democracy." Phillipe Schmitter and Gerhard Lehmbruch, eds. *Trend Toward Corporatist Intermediation.* Beverly Hills: SAGE.

Johnson, Chalmers. 1982. "The Developmental State: Odyssey of a Concept." Meredith Woo-Cumings, ed. *The Developmental State.* Ithaca: Cornell University Press.

Johansson, Anders L. 1989. *Tillväxt och klass samarbete.* Stockholm: Tiden.

Karlhofer, Ferdinand. 1996. "The Present and Future State of Social Partnership." Günter Bischof and Anton Pelinka, eds. *Austro-Corporatism: Past, Present, Future.* New Brunswick, NJ: Transaction Publishers.

Katzenstein, Peter. 1985. *Small States and World Markets.* Ithaca: Cornell Univ. Press.

Katzenstein, Peter. 1984. *Corporatism and Change.* Ithaca: Cornell University Press.

Kenworthy, Lane. 2001. "Wage-Setting Measures. A Survey and Assessment." *World Politics* 54(October).

Kindley, Randall W. "The Evolution of Austria's Neo-Corporatist Institutions." Günter Bischof and Anton Pelinka, eds. *Austro-Corporatism: Past, Present, Future.* New Brunswick, NJ: Transaction Publishers.

Kittel, Bernhard. 2000. "Deaustrification? The Policy-Area-Sepecific Evolution of Austrian Social Partnership." *West European Politics* 23, No. 1.

Kitschelt, Herbert. 1994. "Austrian and Swedish Social Democrats in Crisis." *Comparative Political Studies* 27, No. 1.

Kitschelt, Herbert et al. 1999a. *Continuity and Change in Contemporary Capitalism.* Cambridge: Cambridge University Press.

Kitschelt, Herbert et al. 1999b. "Convergence and Divergence in Advanced Capitalist Democracies." Herbert Kitschelt et al. 1999a. *Continuity and Change in Contemporary Capitalism*. Cambridge: Cambridge University Press.

Kjellberg, Anders. 1998. "Sweden: Restoring the Model?" Anthony Ferner and Richard Hyman, eds. *Changing Industrial Relations in Europe*. Oxford: Blackwell.

Korpi, Walter. 1983. *The Democratic Class Struggle*. London: Routledge & Kegan Paul.

Kunkel, Christoph and Jonas Pontusson. 1998. "Corporatism versus Social Democracy: Divergent Fortunes of the Austrian and Swedish Labour Movements." *West European Politics* 21, No. 2.

Lehmbruch, Gerhard. 1979. "Introduction: Neo-Corporatism in Comparative Perspective." Lehmbruch and Philippe C. Schmitter, eds. *Patterns of Corporatist Policy-Making*. London: SAGE.

Lehmbruch, Gerhard. 1984. "Concertation and the Structure of Corporatist Networks." John H. Goldthorpe, ed. *Order and Conflict in Contemporary Capitalism*. Oxford: Clarendon Press.

Lewis, Jill. 2002. "Austria in Historical Perspective: From Civil War to SocialPartnership." Stefan Berger and Hugh Compston, eds. *Policy Concertation and Social Partnership in Western Europe*. New York: Berghahn Books.

Lindbeck, Assar and Dennis J. Snower. 1988. *The Insider-Outsider Theory ofEmployment and Unemployment*. Cambridge, MA: The MIT Press.

Mahoney, James. 2000. "Path Dependence in Historical Sociology." *Theory and Society* 29.

Markovits, Andrei S. 1996. "Austrian Corporatism in Comparative Perspective." Günter Bischof and Anton Pelinka, eds. *Austro-Corporatism: Past, Present, Future*. New Brunswick, NJ: Transaction Publishers.

Molina, Oscar and Martin Rhodes. 2002. "Corporatism: the Past, Present, and Future of a Concept." *Annual Review of Political Science* 5.

Nilsson, C. 1993. "The Swedish Model: Labor-Markets Institutions and Contracts." J.

Hartog et al., eds. *Labour Market Contracts and Institutions: A Cross-National Comparison*. North-Holland: Elsevier Science Publisher.

OECD. 2000. *OECD Historical Statistics 1970-1999*. Paris: OECD.

OECD. 2001. *Social Expenditure Database (SOCX), 1980-2001*. Paris: OECD.

Pestoff, Victor. 2000. "Globalization, Business Interest Associations and Swedish Exceptionalism in the 21st Century?" mimeo.

Pierson, Paul. 2004. *Politics in Time*. Princeton: Princeton University Press.

Pierson, Paul. 2000. "Not Just What, but When: Timing and Sequence in Political Processes." *Studies in American Political Development* 14 (Spring).

Pierson, Paul and Theda Skocpol. 2002. "Historical Institutionalism in Contemporary Political Science." Ira Katznelson and Helen V. Milner, eds. *Political Science. State of the Discipline*. New York: W. W. Norton & Company.

Polanyi, Karl. 1944. *The Great Transformation*. Boston: Beacon.

Pollan, Wolfgang. 1997. "Political Exchange in Austria's Collective Bargaining System: the Role of the Nationalized Industries." Magnus Sverke, ed. *The Future of Trade Unionism*. Aldershot: Ashgate.

Pontusson, Jonas. 1992. *The Limits of Social Democracy*. Ithaca: Cornell University Press.

Przeworski, Adam and Henry Teune. 1970. *The Logic of Comparative Social Inquiry*. New York: Wiley-Interscience.

Regini, Marino. 2000. "Between Deregulation and Social Pacts: The Responses of European Economies to Globalization." *Politics & Society* 28, No. 1.

Regini, Marino. 2003. "Tripartite Concertation and Varieties of Capitalism." *European Journal of Industrial Relations* 9, No. 3.

Rehn, Gösta. 1988. *Full sysselsättning utan inflation*. Stockholm: Tiden.

Rhodes, Martin. 2001. "The Political Economy of Social Pacts: Competitive Corporatism and European Welfare Reform." P. Pierson, ed. *The New Politics of the Welfare State*. Oxford.

Scharpf, Fritz W. 1997. *Games Real Actors Play*. Boulder: Westview Press.

Scharpf, Fritz W and Vivien A. Schmidt, eds. 2000. *Welfare and Work in the Open Economy*. Oxford: Oxford University Press.

Schiller, Bernt. 1988. *Det Förörande 70-talet: SAF och medbestämmandet 1965-1982*. Stockholm: Arbetsmiljöfonden: Allmänna Förlaget.

Schmitter, Philippe C. 1982. "Interest Intermediation and Regime Governability in Contemporary Western Europe and North America." Suzanne Berger, ed. *Organizing Interests in Western Europe*. Cambridge: Cambridge University Press.

Sewell Jr., William H. 1996. "Three Temporalities: Toward an Eventful Sociology." Terrence J. McDonald, ed. *The Historic Turn in the Human Sciences*. Ann Arbor: University of Michigan.

Somers, Margaret R. 1992. "Narrativity, Narrative Identity, and Social Action: Rethinking English Working-Class Formation." *Social Science History* 16.

Soskice, David. 1999. "Divergent Production Regimes: Coordinated and Uncoordinated Market Economies in the 1980s and 1990s." Herbert Kitschelt et al. 1999a. *Continuity and Change in Contemporary Capitalism*. Cambridge: Cambridge University Press.

SOU. 1979. *Löntagarna och kapitaltillväxten* 2, No. 9.

Stephens, John D. "Is Swedish Corporatism Dead? Thoughts on Its Supposed Demise in the Light of the Abortive 'Alliance for Growth' in 1998." mimeo.

Swenson. Peter. 1989. *Fair Shares*. Cornell University Press.

Tálos, Emmerich and Bernhard Kittel. 1996. "Roots of Austro-Corporatism: Institutional Preconditions and Cooperation Before and After 1945." Günter Bischof and Anton Pelinka, eds. *Austro-Corporatism: Past, Present, Future*. New Brunswick, NJ: Transaction Publishers.

Tálos, Emmerich and Bernhard Kittel. 2002. "Austria in the 1990s: The Routine of Social Partnership in Question?." Stefan Berger and Hugh Compston, eds. *Policy Concertation and Social Partnership in Western Europe*. New York: Berghahn Books.

Thelen, Kathleen. 1999. "Historical Institutionalism in Comparative Politics." *Annual Review of Political Science* 2.

Tomandl, Theodor and Karl Fuerboeck. 1986. *Social Partnership. The Austrian System of Industrial Relations and Social Insurance*. Ithaca: Cornell University Press.

Traxler, Franz Traxler. 1999. "The State in Industrial Relations: A Cross-National Analysis of Developments and Socioeconomic Effects." *European Journal of Political Research* 36.

Traxler, Franz Traxler. 1998. "Austria: Still the Country of Corporatism." Anthony Ferner and Richard Hyman, eds. *Changing Industrial Relations in Europe*. Oxford: Blackwell.

Traxler, Franz Traxler. 1995. "From Demand-Side to Supply-Side Corporatism? Austria's Labour Relations and Public Policy." Colin Crouch and Franz Traxler, eds. *Organised Industrial Relations in Europe: What Future?* Aldershot: Avebury.

van Empel, Frank. 1997. *The Dutch Model*. Hague: Labour Foundation.

Visser, Jelle. 1998. "The Netherlands: The Return of Responsive Corporatism." Anthony Ferner and Richard Hyman, eds. *Changing Industrial Relations in Europe*. Oxford: Blackwell.

Visser, Jelle and Anton Hemerijck. 1997. *A Dutch Miracle*. Amsterdam: Amsterdam University Press.

Weiss, Linda. 2000. "Developmental States in Transition: Adapting, Dismantling, Innovating, not 'Normalizing'." *The Pacific Review* 13, No. 1.

Windmuller, John P. 1969. *Labor Relations in the Netherlands*. Ithaca: Cornell University Press.

Wolinetz, Steven B. 1989. "Socio-Economic Bargaining in the Netherlands: Redefining the Post-War Policy Coalition." *West European Politics* 12, No. 1.

제2장 서유럽 코포라티즘의 성격과 전환: 통치전략성과 정치체제성*

정병기

1. 머리말

코포라티즘(corporatism)[1]은 1970~80년대 사회과학의 주요 논쟁 대

---

* 이 글은 『한국정치학회보』 제38집 5호에 실린 글을 일부 수정한 것입니다.

1) 코포라티즘은 20여 년 전에 '조합주의'란 용어로 우리나라에 번역·소개되었고(한배호 1983, 211-215), 최근에는 '사회적 합의주의'라는 용어로도 쓰이고 있다. 그러나 '조합주의'라는 용어는 노동조합주의(trade unionism)나 생디칼리즘(syndicalism)과 혼동되는 난점을 보인다. 뿐만 아니라 '조합'이라는 말은 계약에 기초한 근대사회의 다원주의적 이익대표 개념에 더 가깝기 때문에 코포라티즘이 함축하고 있는 유기체적이고 공동체적인 의미를 제대로 표현하지 못한다. '사회적 합의주의' (social concertation)라는 용어도 협의(consultation)와 교섭(bargaining)을 통한 정치적 교환(political exchange)의 개념인 'concertation'(협주에 더 가

상이 된 이후 오늘날까지 그 형태와 강도를 달리할 뿐 지속적으로 논의 주제가 되어 왔으나 여전히 모호하고도 논쟁적인 개념이다. 그러나 코포라티즘이 명칭은 비록 달라도 역사적 배경에 따라 일정하게 변화해 왔다는 데는 이의가 없다.

국가코포라티즘이 전간기(戰間期)의 나치즘과 파시즘 등 독재정치의 사회통제 메커니즘을 의미하는 것이었다면, 안정된 의회민주주의적 부르주아 지배체제에서 피억압계급을 체제에 통합시키는 방식으로서 사회갈등을 평화적 방법으로 해소하려는 형태가 '사회코포라티즘'2)이다. 또한 1980년대 이후 신자유주의 정치가 대두하고 세계화가 진척됨에 따라 코포라티즘은 위기와 전환을 동시에 겪으면서 '공급조절 코포라티즘'(supply-side corporatism)이라는 또 다른 변형으로 나타나고 있으며, 이를 둘러싸고 논란은 더욱 거세어지고 있다.

국가코포라티즘에서 수요조절 (사회)코포라티즘을 거쳐 공급조절 (사회)코포라티즘으로 이어지는 이러한 전환은 기존의 코포라티즘 논의로는 설명될 수 없는 현상이다. 기존의 논의는 국가코포라티즘

까움)을 '합의'로 번역함으로써 최종적 도달지점인 '합의'(consensus)와 혼동될 염려가 있을 뿐 아니라 코포라티즘적 협상의 핵심요소인 정치적 교환의 의미를 충분히 살리지 못하며 국가와 관련된 논의가 배제된다는 점에서 적절치 못하다(Potobsky 1994, 20, 23). 따라서 적절한 번역어가 없다면 한국국제정치학회의 한 결정처럼(최장집 1983, 365와 1988, 11-12 참조) 코포라티즘이라는 영어 표현을 그대로 사용하고자 한다.

2) 렘부르흐(Lehmbruch)는 국가코포라티즘을 권위주의적 코포라티즘으로, 사회코포라티즘을 자유주의적 코포라티즘 혹은 네오 코포라티즘으로 불렀으며, 사회코포라티즘은 또한 민주적 코포라티즘으로 불리기도 한다. 그러나 국가의 역할변화에 더 관심을 두고자 하는 이 글에서는 슈미터(Schmitter)의 논의를 따라 국가코포라티즘과 사회코포라티즘이라는 용어를 사용한다.

에서 사회코포라티즘으로의 전환에만 초점을 맞추어 사회코포라티즘의 형성과 성격을 규명하는 데 치우친 까닭이다. 물론 최근 등장한 공급조절 코포라티즘에 관한 논의는 적지 않은 설득력을 갖고 있다. 그러나 최근의 논의조차도 신자유주의적 세계화와의 관련성을 밝히는 데 주안점을 두었을 뿐 코포라티즘의 역사적 전환 전체를 체계적으로 설명하는 데까지는 이르지 못하고 있다.

따라서 이 글은 코포라티즘의 전환과정을 토대로 하여 코포라티즘에 관한 새로운 포괄적 개념정의와 분석틀을 통해 역사적 변형태들의 전제와 성격을 밝힌 후, 현대에 가장 논쟁이 되는 사회코포라티즘의 전환요인에 대해 분석하고자 한다. 이 글은 우선 2절에서 코포라티즘의 등장배경과 지속성 및 성격과 관련된 기존 이론을 비판적으로 고찰함으로써 새로운 개념과 분석틀을 마련하고, 각국 코포라티즘 정치의 성격 고찰을 통해 증명해 나갈 가설적 정리를 세우는 것으로 시작한다. 이어 3절에서는 이 정리를 바탕으로 주요 코포라티즘 정치의 전환과정과 성격에 대해 서술한 후, 4절에서 스웨덴, 네덜란드, 노르웨이, 독일의 사회코포라티즘의 전환을 다룬다.

선택된 국가는 전통적으로 적어도 중간수준 이상의 수요조절 코포라티즘 국가이(였)거나,[3] 사회코포라티즘의 전환을 경험한 나라이

---

[3] 코포라티즘 논의의 대표적 학자인 슈미터와 렘부르흐의 경우에도 분류방식의 차이로 인해 일정한 견해차를 보인다. 위의 네 나라 중에서 특히 네덜란드에 대해 렘부르흐는 오스트리아, 스웨덴, 노르웨이와 함께 강성 코포라티즘 국가로 분류한 반면, 슈미터는 이 3개국 외에도 덴마크와 핀란드 다음의 6번째 코포라티즘 국가로 순위를 매겼다. 슈미터는 조직의 중앙집중도와 대표체계의 독점성을 결합하여 사회코포라티즘의 발전 정도를 측정한 반면, 렘부르흐는 협약의 정도에 따라 강성 코포라티즘, 중성 코포라티즘, 약성 코포라티즘, 노동 없는 협약 및 다원주의 그룹으로 분류하였다(강명세 1999, 15 참조).

다. 또한 이들 국가는 코포라티즘 정치의 역사적 전환의 한가운데 있는 국가로서 각기 색다른 전환과정을 겪어 왔다. 따라서 이들 국가는 코포라티즘 정치의 성격과 전환과정을 설명하는 데 매우 유용한 사례로서 비교 가능성이 충분하다고 할 수 있다.

2. 코포라티즘 이론 논의와 새로운 분석틀

1) 코포라티즘 이론 논의

코포라티즘은 그 명칭과 개념에 대한 이견에도 불구하고, 사회적 권리와 의무를 전제로 자율적 직능집단들(corporations)의 정책결정 참여를 통해 안정된 사회질서를 유지하고자 했던 중세 장원제도에서 연원하였으며, 이후 이탈리아 파시즘정권에 의해 유일정당의 전일적 정책조정과 사회적 지배를 정당화하기 위해 '국가코포라티즘' 형태로 도입되었다는 데는 이견이 없다(Hancock 1989, 3; 이호근 2002, 101).[4] 반면 국가코포라티즘 논의와 달리 사회코포라티즘의 등장배경과

---

[4] 슈미터에 따르면 마노일레스코(Mihaïl Manoïlesco)가 '순수 코포라티즘'(corporatisme pur)과 '종속 코포라티'즘(corporatisme subordonné) 구분을 통해 처음으로 코포라티즘 개념을 사용하였다. 전자는 국가의 정당성과 효율성이 위계적으로 조직된 단일하고 비경쟁적인 대표체인 직능집단(corporations)에 우선적 혹은 배타적으로 의존하는 형태라면, 후자는 직능집단들이 국가에 의해 창출되고 국가의 보조적이며 종속적인 기구로 유지되지만 국가의 정통성과 효율성은 이 직능집단과는 다른 형태의 대표와 개입형태에 기반하는 형태이다(Schmitter 1979, 20).

관련해서는 최근의 변화에 대한 분석과 맞물려 여전히 이견이 속출하고 있다. 대별하면 중앙집권화되고 강력한 노동자들의 투쟁에서 기원을 찾는 사민주의적 관점(Korpi 1983; Esping-Andersen 1985), 총자본의 장기적 이해를 위한 국가의 사회통합적 노동통제 전략의 일환으로 도입되었다는 마르크스주의적 관점(Panitch 1986a), 단일화된 노동세력과의 중앙집권화된 협상체계를 추구해야 할 이유가 있었던 고용주들에 의해 적극 촉진되었다는 최근의 입장이 있다(Thelen 1995; Fulcher 1991).

그러나 이들 관점은 모두 비역사적이고 일면적이라 할 수 있다. 코포라티즘은 노동자들의 투쟁의 산물이기도 하지만 국가와 자본의 사회통합 전략의 일환이기도 하다는 야누스적 성격을 가진다는 점을 인정해야 한다. 따라서 코포라티즘은 어디까지나 노자 간 역관계의 산물로 보아야 마땅하다. 곧 노자간 이해관계를 둘러싼 역관계가 일정하게 균형을 이루고 있을 때 코포라티즘은 가능하며, 어느 일방이 균형을 깨트릴 정도로 강할 때는 불가능하기 때문이다. 구체적으로 보더라도 나라와 시기에 따라 노동자의 요구라는 측면이 강하기도 하고 국가의 전략적 도구라는 점이나 사용자의 요구라는 측면이 강하게 나타나기도 한다.

또한 사회코포라티즘의 연원 및 등장배경과 관련해 자본주의사회, 특히 현대 산업사회에서는 사회·경제적 기능을 중심으로 형성된 사회단체의 중요성이 커지고 사민주의 정치가 대두한 것이 중요하다. 이 점은 사회코포라티즘의 연원과 관련된 이견에도 불구하고 대체로 동의되는 점이기도 하다.5) 특히 사회와 경제에 대한 국가개

---

5) 사민주의적인 정치적 조건을 강조한 연구는 헤디(Heady)에 의해 처음 시도되었다. 1970년 헤디는 미국과 유럽 12개 국가의 국가 임금정책을 비교·분석한 결과, 좌파정부의 집권과 노동자조직의 중앙집권화가 정

입이 증대됨으로써 이들 사회단체는 이해관계를 반영하고 표출하는 데 그치지 않고 국가기구와 함께 공공정책 형성에까지 참여하게 되었다(Cawson 1986, 11-12 참조). 자본주의에서는 경제적 생산이 핵심적 이해관계로 등장하게 됨에 따라 노동단체와 자본단체가 대표적인 코포라티즘적 사회단체가 된 것이다(Cawson 1986, 12 참조).

코포라티즘의 지속성과 관련해서는 사민주의적 관점의 계급정치론이 수긍할 만하다. 코포라티즘적 사회협약은 임금과 노동조건 및 고용안정성을 극대화하려는 노동 측과 이윤을 최대화하려는 자본 측의 대립관계에서 임금·노동조건 및 고용의 안정성에 대한 예측을 더욱 가능하게 한다. 때문에 조직화되고 중앙집권화된 강력한 노조가 존재하고 노동 측의 정치적 대표인 사민주의 정당이 집권했을 때 협약의 가능성이 그만큼 높아진다는 것이다(조홍식 1999, 64-65).

규모를 강조하는 두 입장도 코포라티즘의 지속성을 설명한다. 세계시장의 압력에 의해 작고 개방된 경제를 가지고 있는 나라의 경우, 세계시장의 변화에 노출된 불안정성에 대응하기 위해 국가, 노동, 자본의 엘리트들이 상호 협력관계를 강화할 수밖에 없다는 세계시장론이 그 하나이다(강명세 2000, 86-87; Katzenstein 1984; Cameron 1978). 그리고 노동운동이 다양하고 많은 수의 노동자들을 대표해야 하는 큰 나라에서는 사회협약에서 합의된 내용을 실천하기 위해서는 대단히 높은 비용을 치러야 한다는 국가규모론이 다른 하나이다(강명세 2000, 86-87; Crouch 1979; Regini 1984).

경제의 개방성 정도는 세계화와 관련해 중요한 요인이 될 수 있다. 그러나 경제규모이든 지리적 규모이든 규모론의 경우는 노조의 집중화 정도를 볼 때 설득력이 떨어진다. 국가의 규모보다는 단일 통

책 성공의 필수조건이라고 주장하였다(Heady 1970; 강명세 1999, 20; 정진영 1999, 94-95 참조).

합노조인가 아니면 복수의 정파노조인가에 따라 코포라티즘적 사회협약의 성립 가능성이 좌우된다고 할 수 있다. 최근 스웨덴 같은 경우 노조의 분열로 인해 코포라티즘 기제가 위기에 봉착한 사실이 그 증거가 된다. 따라서 코포라티즘 정치의 지속과 위기 혹은 변화를 설명하는 요인으로는 우선 세계화에 노출된 개방성의 정도와 사민주의 정당의 집권과 정체성의 변화, 그리고 노동과 자본의 역관계 변화가 중요하다고 할 수 있다.

코포라티즘의 개념과 성격에 관한 논의도 대단히 분분하다. 이에 관한 논의는 특히 코포라티즘의 본질과 더욱 밀접히 관련되므로 논의지형이 더욱 복잡하다: 경제체제나 구조로 보는 입장, 이해관계 조정(interest intermediation)체계로 보는 입장, 사회·정치적 과정으로 보는 관점, 그리고 구조주의적으로 본다는 점에서는 첫 번째와 동일하나 구체적으로 다소 차이를 보이는 기타 구조주의적 관점으로 나눌 수 있다.

먼저 경제체제나 구조로 보는 입장은 코포라티즘을 사민주의 정부가 노동조합운동을 자본주의 국가에 순치시키는 수단으로 도입한 기제(Panitch 1977; 1980a; 1980b; 1986a; 1986b), 국민의 경제적 기능을 토대로 구성된 사회단체(corporations) 속에 대표와 개입이 제도적으로 융합된 국가형태(Jessop 1979; 1990), 혹은 사적 소유에 기반하나 공적 통제가 작동하는 체제로서 자본주의와는 다른 경제체제(Winkler 1976; 1977)로 본다.

두 번째 관점으로는 코포라티즘과 다원주의를 대상으로 놓고 산업자본주의 국가에서의 통치 가능성에 관한 이론틀을 가지고 조직론적으로 개념화함으로써, 특히 사회코포라티즘을 구조기능주의적 관점에서 이해관계 조정기제로 보거나(Schmitter; 1977; 1979; 1983), 이와 유사한 입장에서 '조직 내적·외적 네트워크'로 보아 투입 면의 이해관계 대표유형이자 국가정책의 형성과 집행에도 참여하는 제도화된 정책형성으로 보는(Lehmbruch 1977; 1979; 1982; 1984) 입장이 있다.

한편 코슨(Cawson)으로 대표되는 세 번째 관점에서 코포라티즘은 기능적 이해관계를 독점적으로 대변하는 단체들이 조직원들의 이해관계 대표와 공공정책 집행을 결합하는 역할을 수행하는 가운데 국가기구와 공공정책 산출에 관해 정치적 교환을 하는 특수한 사회·정치적 과정으로 이해된다(Cawson 1986, 38).

마지막으로 기타 구조주의적 입장은 자본주의 체제의 정치적 하부구조 중의 하나로 파악하거나(Kastendiek 1981), 포드주의적 축적양식과 연결하여 케인즈주의 양식이 사라지고 포스트포드주의로 이행하는 과정으로 파악하는가 하면(Hirsch and Roth 1986), 수렴이론의 입장에서 다원주의적 민주주의를 대체한 것(Harrison 1980), 혹은 자본주의와 사회주의 간의 제3의 체제적 대안으로 보거나(Wiarda 1997), 적절한 위기관리 방식으로 본다(Esser et al. 1979).

이와 같이 다양한 여러 입장 중에서도 코포라티즘 정의에 대한 공통의 이론적 핵심은 비구조주의의 경우 "국가기구의 적극적 중재가 이루어지는 가운데, 사회집단들의 독점적·기능적 이해관계 대변조직들이 이해관계 대변과 국가 정책집행을 연결하는 고리로서 노·사·정 3자의 정치적 교환에 참여하는 사회·정치적 과정"이며, 구조주의의 경우는 새로운 정치사회체제에 적합한 새로운 사회운영원리라는 것이다.6) 그러나 이 '사회·정치적 과정'은 코포라티즘이

---

6) 이때 사회집단은 물론 사안에 따라 의약집단이나 종교집단 등 다양한 사회집단을 포괄하는 의미이다. 그러나 산업자본주의 국가에서 노사의 대표조직은 다원주의자들이 비차별적으로 등치시키는 사회 내의 무수한 다른 조직들과는 상이한 핵심적 이해관계 대변조직이라고 보아야 한다. 노사 대표조직은 자본주의 국가에서 가장 중요한 경제적 요소인

집권당의 통치전략이나 사회집단 간의 교환과정에 그치는 것이 아니라, 때에 따라서는 구조화된 정치체제로도 기능한다고 보아야 한다. 그렇지만 자본주의와 사회주의라는 생산양식(Produktionsweise)의 수준까지 체제적 성격을 확대하는 것도 집권당의 통치전략적 성격이라는 측면을 간과하는 다른 극단의 오류를 범하는 것이 된다. 따라서 코포라티즘은 사회정치적 과정으로서 통치전략적 성격과 사회운영 원리로서 체제적 성격을 동시에 갖는 것으로 보아야 한다.

이와 같은 논의에 따라 코포라티즘의 개념을 더 포괄적으로 규정하면, "노사 간 힘의 일정한 균형상태에서 국가기구의 적극적 중재가 이루어지는 가운데, 독점적·기능적 사회단체들이 자본주의 질서의 유지에 합의하고 이해관계 대표(정책 형성)와 공공정책 집행에 참여하는 노·사·정 3자간 정치적 협상과 교환이 사회갈등 해결의 핵심수단으로 제도화되거나 적어도 장기적으로 기능하는 사회·정치적 운영의 원리와 과정"이라고 할 수 있다.

2) 코포라티즘의 새로운 분석틀과 가설적 정리

상술한 바와 같이 이 글의 코포라티즘 규정은 구조적 제약을 인정하는 정치과정 모델에 입각하고 있다. 이를 그림으로 표시한 것이 <그림 2-1>의 분석틀이다. 코포라티즘은 우선 자본의 이동과 흐름, 생산방식과 계급구조 및 사회균열(social cleavage)구조 혹은 권력 작동방식 같은 정치·사회·경제적 배경에 조응하는 방식이라는 점에서

자본과 노동을 대표하는데, 특히 코포라티즘적 체제에서는 독점적으로 대표하고 통제할 뿐만 아니라 국가와 정부정책의 정치적 정당성의 확보에도 직접적으로 관여하는 조직이기 때문이다.

출발한다. 특히 최근 공급조절 코포라티즘의 등장과 관련하여 세계화의 진척과 그에 따른 생산방식과 계급구조의 변화가 중요한 배경적 요인으로 작용하였다. 각국의 사회균열구조와 그와 관련된 권력작동방식도 초기 코포라티즘 정치의 생성과 변화에 영향을 미쳤다고 할 수 있다. 코포라티즘은 대부분 다원적 사회균열구조를 가진 경우(네덜란드와 노르웨이)에 강력하게 나타났으며, 단원적 사회균열구조를 가진 경우(독일)는 상대적으로 약하게 나타났다. 그러나 4개국 모두 중간수준 이상의 코포라티즘 정치가 이루어졌던 것은 다수결 민주주의가 아니라 협의 민주주의라는 권력작동방식에 기인한다고 할 수 있다.

코포라티즘 정치에 구체적이고 직접적으로 영향을 미친 요인은 정당정치적 요인과 구조적 요인으로 나누어 볼 수 있다. 정당정치적 요인은 주도정당의 이데올로기적 성격과 지지율, 그리고 주도정당으로서 사민주의 정당들의 정체성 변화로 대표된다. 주도정당의 이데올로기적 성격은 전체주의적 국가정당인가 사민주의 국민정당인가의 문제이며, 정당정체성은 코포라티즘 주도정당으로서 사민주의 정당이 케인즈주의적 전통 사민주의 국민정당을 유지하고 있는가, 아니면 슘페터적 현대 경제정당으로 변화하였는가와 관련된다. 그리고 구조적 요인은 자본과 노동의 계급 역관계와 코포라티즘 기제의 지속성 및 제도화 수준과 관련된다. 이때 정당정치적 요인에 의해 규정되는 코포라티즘 정치의 성격을 통치전략적 성격이라 칭하고, 구조적 요인에 의해 규정되는 코포라티즘 정치의 성격을 정치체제적 성격이라고 규정한다.

〈그림 2-1〉 코포라티즘 정치의 분석틀

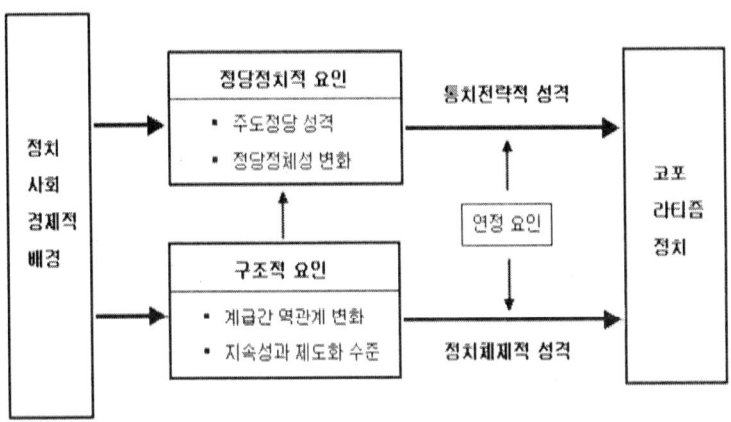

　구조적 요인의 변화는 물론 정당정치적 요인에도 영향을 미친다. 주도정당의 성격과 정체성이 구조적 요인에 반응하는 방식과 연관된다는 의미이다. 그러나 이와 같은 간접적인 영향보다 코포라티즘 정치에 직접 미치는 영향이 더 중요하다. 예를 들면 계급 간 역관계의 일정한 균형이 이루어진 상태에서 사민주의 정당이 집권하여 코포라티즘 기제를 선택한 후, 이 기제가 제도화되거나 적어도 오랜 지속성을 갖춘다면 코포라티즘적 통치전략을 선호하지 않는 정당이 집권하더라도 코포라티즘 정치는 일정하게 유지된다. 다시 말해 구조적 요인이 충분히 변화하지 않는다면 집권당의 성격과 정당정체성이 변화하더라도 코포라티즘의 헤게니 변화기 쉽게 일어나지 않는다는 것이다. 심지어 코포라티즘이 발달하지 않은 국가에서 사민주의 세력이 집권한 경우보다는 보수세력이 집권하더라도 코포라티즘 체제가 발달한 국가에서 사회협약을 통한 소득분배 및 재분배 상황이 더 공정하다는 연구결과도 있다(조흥식 1999, 74).
　두 가지 주요요인 외에 연정요인도 미약하나마 코포라티즘 정치의 작동에 영향을 미친다. 연정요인은 단독정부인가 연립정부인가의 문제뿐 아니라 연립정부일 때 연립 내의 사민주의 정당의 주도성 여부와 연립의 이데올로기적 성격(좌파연립, 중도·좌파연립 혹은 좌·우 연립)에 따른 문제이다. 그러나 이 요인은 다른 요인에 비해 영향력이 작다고 판단되어 다른 요인의 설명력이 부족할 때에 한해 보조적으로 활용할 것이다.

이와 같은 분석틀에 따라 코포라티즘 정치의 성격과 전환에 대해 가설적으로 정리해 보면 다음과 같다.

코포라티즘은 집권당이 선택한 통치전략이자 구조적 요인에 의해 직접 결정된 정치체제이기도 하다. 이때 통치전략적 성격은 정치·사회·경제적 배경의 변화에 따른 집권당 배출과 이 집권당의 정당정체성 변화를 중심으로 하는 정당정치적 요인(구조적 요인에 의해서도 영향받음)에 의해 결정되는 집권당의 정책적 선택과 관련된다. 그리고 정치체제적 성격은 계급 간 역관계와 코포라티즘 기제의 제도화 및 지속성을 중심으로 하는 구조적 요인에 의해 직접 결정되어 집권당의 선택과 관계없이 상대적으로 장기간 지속되는 정치적 운영원리 및 과정과 관계된다.

국가코포라티즘은 전체주의적 국가정당의 통치전략이자 파시즘 체제의 운영원리와 과정이라면, 수요조절 (사회)코포라티즘은 친근로자적 전통 사민주의 국민정당의 통치전략이자 케인즈주의 복지국가 체제의 운영원리와 과정이며, 공급조절 (사회)코포라티즘은 슘페터적 경제정당으로서 현대 사민주의 국민정당의 통치전략이자 신자유주의 국가체제의 운영원리와 과정이다.

3. 코포라티즘의 전환과 주요조건 및 성격

1) 국가코포라티즘에서 사회코포라티즘으로

전간기 나치즘과 파시즘 등 독재정치의 사회통제 메커니즘을 의미하는 국가코포라티즘은 의회민주주의 체계에서 더 이상 기능할 수 없게 되었다. 국가코포라티즘은 부르주아가 약해지거나 분열되어 자유민주주의 지배질서에서는 비특권계층의 합법적 요구에 대응할 수 없기 때문에 국가가 억압적 방식으로 지배계급을 대신해 온 것이었다.

반면 제2차대전 이후 유럽의 자본은 파시즘 경험의 실패와 새로운 노동투쟁의 압력 속에서 노동과 화해를 모색하였다. 즉 "투쟁을 겪고서 개혁하기보다는 우월한 입장에 있으면서 양보를 통해 개혁을 추구하는 것이 항상 더 안전하며," "협력이 전체적으로 볼 때 강력한 상대와의 장기적인 투쟁보다 더 낫다"는 입장으로 선회한 것이다(Wells 1991, 181). 그에 따라 안정된 의회민주주의적 부르주아 지배체제에서 피억압계급을 체제에 통합시키는 방식으로서 사회갈등을 평화적 방법으로 해소하려는 사회코포라티즘이 등장하게 되었다.

따라서 사회코포라티즘은 강력하나 전체주의적이지 않은 국가, 그리고 대개 수와 기능이 한정되고 구조화된(총체적으로 통제되지도, 완전히 자유롭지도 않은) 이해관계집단(사회단체)이 존재하고, 이 이해관계집단이 국가의 일부로 기능하는 것을 전제로 한다(Wiarda 1997,

7). 이를 좀더 구체적으로 보면, 사회코포라티즘의 주요 당사자인 노동과 자본 간에 타협을 통해 장기적 이익을 고려하는 정치적 교환(Pizzorno 1978)이 이루어지기 위해서는 다음과 같은 조건이 필요하다고 할 수 있다(김인춘 2002, 175-176 참조): 첫째, 단위노조와 기업 및 노동과 자본을 통제할 수 있을 만큼 노사 양측에 권위 있고 중앙집권화된 포괄적인 정상조직이 존재해야 한다. 둘째, 협상이 가능할 수 있을 만큼 노동의 정상조직과 자본의 정상조직 간에 일정한 힘의 균형이 이루어져야 한다. 셋째, 양자의 협약을 중립적 입장에서 중재하고 협약 준수를 보장하며 협약에 따르는 단기적 희생을 복지 및 사회안전망 등 사회정책을 통해 보상해 줄 수 있는 국가의 상대적 자율성이 보장되어야 한다. 넷째, 그러한 구체적인 국가행위가 이루어지기 위한 조건으로 친근로자적 국민정당이 집권해야 한다.7) 그리고 마지막으로 양보와 타협의 문화가 정착한 합의 민주주의의가 발전해 있어야 한다.

---

7) 노동자 계급정당(class party)은 자본주의를 극복하고자 하므로 대개 코포라티즘적 합의체계를 거부한다. 반면 국민정당(Volkspartei)은 ① 당원과 지지자의 사회구조적 성격이 사회 전체의 계층구조와 상당할 정도로 일치하고, ② 수평적·수직적 당조직 구조에서 사회의 이해관계 다원성이 실질적으로 보장되고 이해관계의 균형과 갈등의 해소가 민주적으로 규정되고 운영되며, ③ 당의 정책은 국민 일반의 공동선을 실현하는 것을 목적으로 한다고 표방하는 정당이다(Mintzel 1984, 24 참조). 다시 말해 국민정당은 계급화해와 국민통합에 기여하는 정당으로서 자본주의 질서를 부정하지 않는다. 따라서 국민정당화된 사민주의 정당은 친근로자적이라고 하더라도 이미 계급정당성을 탈각했으므로, 자본 측도 이 정당의 중재적 역할을 수용한다고 할 수 있다.

2) 수요조절 코포라티즘에서 공급조절 코포라티즘으로

1970년대 중후반에 시작되어 1980년대부터 본격화된 자본시장의 자유화와 자본이동의 증대, 생산방식의 변화와 산업구조의 변화 및 이에 따른 계급구조의 변화 등은 코포라티즘의 또 다른 전환을 가져왔는데, 그 결과가 공급조절 코포라티즘(supply-side corporatism)이다.[8] 이에 따라 기존의 사회코포라티즘은 완전고용, 노사관계 안정, 사회복지의 확대를 주요의제로 삼았다는 점에서 '수요조절 코포라티즘'(demand-side corporatism)이라고 불리게 되었다. 물론 이 전환은 국가코포라티즘에 대한 사회코포라티즘의 핵심적 전제를 유지하고 있으므로 두 유형 모두 사회코포라티즘 형태라고 할 수 있다. 그러나 신자유주의에 대한 조응이라는 점에서 공급조절 코포라티즘은 그 구체적인 성격을 달리한다.

수요조절 코포라티즘의 성공은 경제성장과 물가안정, 고용과 임금인상 자제가 제도적 보장과 사회적 힘의 균형을 통해 합의되고 달성될 수 있어야 가능하다. 그런데 1980년대 이후 세계화와 그에 따른 사회경제구조의 변화(제조업 약화와 서비스업 증대, 기업별 단협 증가, 노동자계급의 분화, 특히 사무직노동자층의 증가로 사무직노조와 각종 자율노조 분리, 린생산방식과 외주 등의 생산합리화, 국제적 상호의존의 증

---

[8] 공급측면에서의 정부개입을 강조하면서 코포라티즘 모델을 언급한 예는 이미 1985년 카첸슈타인(Katzenstein)의 연구에서 볼 수 있다. 이후 1990년대 중반에 트렉슬러(Traxler) 등의 오스트리아 연구에서 공급조절 코포라티즘 논의가 본격화되었다. 그러나 코포라티즘의 종언을 주장하는 입장의 대부분은 공급조절 코포라티즘을 인정하지 않는다.

대)에 의해 수요조절 코포라티즘의 성공조건이 와해되기 시작했다.

반면 공급조절 코포라티즘은 노동시장의 유연성 확보, 생산성증대, 그리고 사회복지 지출통제를 통해 국제경쟁력을 강조하는 한편, 노동시장 열패자에 대한 보호 및 재취업 기회의 제공, 불공정해고의 제한, 그리고 경제성장 과실에 대한 공정한 분배 등의 이슈를 주요 내용으로 하는 것으로서(김용철 2000, 5), 신자유주의적 구조조정과 양립 가능한 것으로 이야기되고 있다.

〈표 2-1〉 수요조절 코포라티즘과 공급조절 코포라티즘

	수요조절 코포라티즘	공급조절 코포라티즘
주도정당의 유형과 성격	친근로자적 국민정당 (케인즈주의적 사민주의 정당)	현대적 경제정당 (슘페터주의적 사민주의 정당: '제3의 길')
노동시장 조직	중앙집중화	조직화된 분산화
협의의 수준	거시적 (중앙 수준)	중위적 (산별/부문별 수준)
협의의 내용	재정팽창, 공공고용 확대, 국유화, 사회보장망 확대	직업교육, 재교육, 고용증대, 소득보전, 노동시장 유연화
국가의 역할	크고 강력한 개입국가	작으나 강력한 국가

출처: Traxler 1995; 김용철 2000, 4를 참조하여 보완.

<표 2-1>에서 보는 바와 같이 수요조절 코포라티즘이 케인즈주의 경제정책에 입각한 친근로자적 국민정당인 케인즈주의적 사민주의 정당의 선택이라면, 공급조절 코포라티즘은 이 사민주의 정당이 '제3의 길'로 포장한 현대적 경제정당, 즉 슘페터주의적 사민주의 국민정당으로 변화한 이후의 선택이다. 따라서 수요조절 코포라티즘은 노동과 자본이 모두 중앙집중화된 조직을 통해 재정팽창, 공공고용

확대, 국유화, 사회보장망 확대를 두고 전국 차원의 거시적 협의를 하며 이해관계를 상호 교환해 가는 형태라면, 공급조절 코포라티즘은 노동과 자본의 조직이 소산별이나 기업 수준으로까지 분산화된 조직을 통해 직업교육, 재교육, 고용증대, 소득보전 및 노동시장 유연화를 두고 산별 혹은 부문별로 중위적 협의를 하며 이해관계를 상호 교환해 가는 형태이다. 이때 제3의 행위자인 국가의 역할은 수요조절 코포라티즘에서 개입의 범위가 넓고 집행 면에서 강력한 효과성을 갖춘 반면, 공급조절 코포라티즘에서는 개입의 범위가 축소되지만 집행 면에서는 여전히 강력한 효과성을 갖추고 있다.

4. 서유럽 사회코포라티즘의 전환: 네덜란드, 독일, 스웨덴, 노르웨이를 중심으로

사회코포라티즘의 전환은 1980년대 세계화의 영향이다. 그러나 세계화의 절대적 수치보다는 속도에 의해 더 크게 영향을 받았다.[9] <표 2-2>에서 보는 바와 같이 절대적 수치나 속도 면에서 모두 높은

---

[9] 김인춘(2002)은 스웨덴, 덴마크, 노르웨이의 예를 들어 경우에 따라 세계화의 영향과 코포라티즘의 위기는 유의미한 관계가 없다고 주장한다. 그러나 스웨덴, 네덜란드, 오스트리아의 사례를 고찰한 안재흥의 연구(2002)는 세계화의 영향을 받아 코포라티즘 정치가 변해 갔음을 증명하였다. 그러나 이 연구도 세계화의 영향을 인정하는 수준에 그쳤을 뿐, 코포라티즘의 변형이 세계화 자체뿐 아니라 그 진행속도와도 관계가 있음을 보지는 못했다.

⟨표 2-2⟩ 세계화 의수준(1980년대)과 코포라티즘의 유형

	네덜란드	독일	스웨덴	노르웨이
절대치[1]	110	61	64	83
속도[2]	19	16	14	-4
코포라티즘의 변화	공급조절 강성 코포라티즘	공급조절 약성 코포라티즘	코포라티즘의 위기	수요조절 코포라티즘 (약화 전망)

1)=(수출+수입)/GDP(%): 1980~90. 2)=(수출+수입)/GDP(%): 1980~90 평균-1966~79 평균.

출처: 안재홍 2002, 400에서 발췌.

세계화 수준을 보이는 네덜란드의 경우는 공급조절 코포라티즘으로 전환해 간 것에 이견의 여지가 없으나, 독일의 경우는 절대적 수치가 가장 낮은 국가임에도 속도 면에서는 네덜란드 다음으로 높았고, 결국 공급조절 코포라티즘으로 전환해 갔다. 반면 노르웨이의 경우에는 유럽연합에도 가입하지 않음으로써 1980년대에는 역내 세계화의 영향권으로부터도 떨어져 있었으므로 세계화는 오히려 감소했고 수요조절 코포라티즘을 유지하고 있는 것으로 알려져 있다. 스웨덴의 경우는 상대적으로 낮은 세계화의 수준에서 코포라티즘의 위기를 맞이하고 있다.

그러나 이러한 단순비교만으로는 강성과 약성의 원인 및 코포라티즘의 위기라는 결과를 설명할 수 없다. 세계화에 의한 구조적 요인의 변화와 그에 대한 정당정치적 대응의 양상을 구체적으로 살펴볼 필요가 있다.

1) 정당정치적 요인: 사민주의 집권당의 통치전략적 성격

네 나라 모두 전통적 수요조절 코포라티즘 국가였으며, 독일을 제외하고는 모두 강력한 코포라티즘 정치가 작동하던 국가였다. 이들 국가는 모두 협의 민주주의 체제에서 범정당 합의정치의 경험을 가지고 있으며, 다차원적 사회균열구조를 가진 경우에 집권당은 통합의 역할로 자신을 인식했다는 공통적인 배경을 가지고 있다.

노·사·정 3자의 정치적 교환으로 이야기될 수 있는 코포라티즘의 성립기는 모두 사민주의 정당이 집권했던 시기이다(<표 2-3> 참조). 네덜란드 코포라티즘의 기원은 물론 나치 독일의 점령기간에 노사 대표가 전후 경제재건을 위한 파트너 관계 형성에 합의하고 1945년 노동재단을 설립한 것이다. 그러나 이러한 양자협의 기제가 3자 협의체적 산업관계로 제도화하기 시작한 것은 1948년에 집권한 노동당(PvdA)정부의 본격적인 개입과 지원으로 확대되어 네덜란드 코포라티즘의 핵심 기제인 '사회경제평의회'가 설립된 1950년이다(Wilthagen 1998).

독일의 경우도 대연정 성립 1년 후인 1967년에 연방의회가 가격안정, 완전고용, 외부재정 균형, 적절한 경제성장을 국가정책의 4대 경제목표로 설정하고 정부로 하여금 5개년 재정계획을 세우도록 하고, 협주행동(Konzertierte Aktion) 도입을 규정한 시기다(Hancock 1989, 104).

스웨덴에서는 1938년에 합의된 양자협약인 살트쉐바덴(Saltsjöbaden)협약 이후 코포라티즘의 맹아기가 시작되었으나(안재흥 2004, 434), '렌-마이드너모델'(Rehn-Meidner Modell)로 대표되는 스웨덴모델의 구축은 사민당의 안정적 집권기를 거쳐 1950년대 말에 와서야 가능했다(강명세 2004; 김인춘 2004).

〈표 2-3〉 정당정치적 요인과 코포라티즘의 변화

나라	주도정당 성격	정당정체성 변화	코포라티즘의 주요 변화
네덜란드	노동당(PvdA): 50년대, 70년대 중반, 94년 이후 주도정당(단독정부 경험 없음) ▶연정 주도: 48~58, 73~77, 94~2002 ▶비집권기: 58~65, 66~73, 77~81, 82~89, 2002~현재	다차원적 사회균열구조에서 통합의 역할로 정체성을 인식하여, 노사관계에 개입하고자 적극 시도. 94년 이후 '제3의 길' 선택	▶50~58: 전통적 수요조절 코포라티즘 ▶60~70년대: 대립과 투쟁 ▶82~94: 정부 공격에 대한 방어적 노사타협 ▶94~2002: 공급조절 코포라티즘
독일	사민당: 자민당 및 녹색당과 연정 구성하며, 대연정도 경험 ▶비집권기: 49~66, 83~98 ▶대연정기: 66~69 ▶연정 주도: 69~83, 98~현재	의회주의적 계급정당으로 창당되어, 59년 친근로자적 국민정당으로 변했고, 98년 이후 현대적 경제정당화	▶66~74: '협주행동'(수요조절 코포라티즘) ▶75~98: 코포라티즘 종언론 ▶98년 이후 '일자리를 위한 동맹'을 통해 공급조절 코포라티즘 시도
스웨덴	사민당(SAP): 20년대 온건당(MSP) 약화 이후 비경쟁적 제1당 유지. 중도당(CP)과 온건당(M)이 제2당 각축. ▶연정주도: 82~91, 94~현재 ▶비집권기: 76~82, 91~94	80년대 사민당 정책 실패로 신자유주의화 시작	▶76년 이후 (중도당, 온건당 주도) 코포라티즘 해체 시작 ▶코포라티즘적 대안 부재와 위기
노르웨이	노동당(DNA): 90년대에 일정한 하락세를 보이나 비경쟁적 제1당을 지속. 그러나 2001년 선거에서 24.3%로 급락. ▶노동당에 대해 다른 4개 중도, 우파 정당이 연립하여 대립 ▶비집권기: 63, 65~71, 72~73, 81~86, 89~90, 97~2000, 2001~현재	신자유주의 혹은 제3의 길로의 정체성 변화가 상대적으로 미약	▶전반적으로 전통적 수요조절 코포라티즘 유지 ▶97~2000년에는 수요조절 코포라티즘에 대한 공격이 가시화되지는 않았으나, 2001년 이후에는 가시화될 전망이 없지 않음

출처: Ismayr 1999와 Hartmann 1984의 각 나라 부분. http://www.sweden.gov.se/systemofgov/governments/overview.htm(검색일: 2004년 4월 8일), http://www.electionworld.org/norway.htm(검색일: 2004년 4월 8일), http://www.electionworld.org/netherlands.htm(검색일: 2004년 4월 8일).

노르웨이의 경우는 1935년에 산업평화협약이 이루어지고 노동당 (DNA)이 집권하게 되면서 노사관계 안정, 경제구조 조정을 위한 경제·통화정책을 실시해 왔으며, 국가가 민간부문에 개입하여 신용규모와 이자율을 정하고 직접 임금과 투자를 규제하는 이른바 '신용사회주의'(credit socialism) 모델을 발전시켜 왔다(김인춘 2002, 189). 또한 1960년대 말 이후에 신용사회주의 모델이 자본분배 권한의 지나친 집중이라는 문제가 생겼음에도 1970년대에는 오히려 가장 강력한 케인즈주의가 시행되었다. 노동당이 지속적으로 비경쟁적 제1당을 유지해 온 것이 주요한 요인이었다고 할 수 있다.

특히 노르웨이와 스웨덴의 사민주의 정당은 다른 두 나라에 비해 훨씬 높은 지지율을 유지하고 있었다는 점이 강력한 코포라티즘 정치의 유지를 가능하게 했다. 네덜란드의 경우에는 슈미터의 분류를 따를 때 코포라티즘 순위 6위에 해당하는 것이 노동당의 단독정부 경험이 없다는 사실과 무관하지 않은 것이다(Schmitter 1981 참조). 독일의 경우도 수요조절 코포라티즘 시절 사민당이 연정을 주도했던 기간은 1969년 이후 10여 년에 불과했고, 주도 시절에도 자민당과 연립함으로써 협의회 수준의 협주행동조차 1972년 이후 형식화되었다가 1974년에는 사용자 측의 탈퇴로 완전히 해체되었다.

그러나 이후 코포라티즘 정치의 변화는 정당의 정체성 변화에 따라 매우 달리 나타났다. 네덜란드 사회코포라티즘의 변화는 물론 중도·우파정부의 공세에 대한 노자의 공동대응에서 비롯된 것이다. 그러나 1982년 노동재단의 결정을 통한 '바세나르협약'(Wassenar Accord)의 맥락을 이어 간 일련의 3자협약은 공급조절 코포라티즘의 성격을 띠고 있으며, 1994년 네덜란드 노동당의 이른바 '제3의 길' 선언으로 추인되는 의미를 가지고 있었다. 1993년 임금자제와 단체교섭의 분권화를 촉진한 신진로협약(Een Nieuwe Koers Accord), 1996년 노동시장의 유연성을 강화함과 동시에 파트타임 노동자 등 비정규직 노동자의 사회보장 체계 강화를 가져온 '유연화와 보장에 관한 협약'(Flexibiliteit en Zekerheid Accord) 및 그 후 일련의 '유연안정성'(flexicurity)에 관한 협약과 법령들이 대표적이다(Wilthagen 1998 참조). 그 이후에도 1997년 제출되어 1999년 1월부터 발효된 유연성과 안정성에 관한 법(Wet Flexibiliteit en Zekerheid), 2000년 노동시장조정법(Wet Aanpaasing Arbeidsduur: 파트타임노동 보호법) 및 2002년 11월 '2003년 노사간 고용조건 정책'으로 대표된다. 이러한 일련의 조치는 노동시장 유연화 진전에 대해 파트타임 노동자의 사회안전망을 확충하는 것이었다(전창환 2003 참조). '유연안정성'에 관한 이러한 협약과 조치는 이미 전단계에 시작되고 강화된 노동비용 감축과 유연화 및 그 결과를 기정사실로 인정하는 가운데 그 부작용을 흡수하는 형태였다.

1970년대 후반 이후 1998년까지 독일은 코포라티즘 종언론의 시기였다. 종언론을 종식시킨 것은 전통적 사회코포라티즘의 새로운 등장이 아니었다. 1998년 사민당의 집권과 적녹연정의 성립은 한때 기존 사회코포라티즘의 재시도를 예측하게 하기도 했다. 그러나 '제3의 길'과 '신중도'로 포장된 사회조절 정책은 이미 수요조절 정책을 벗어난 지 오래였다. 사회코포라티즘은 이제 수요조절 코포라티즘으로 치부되면서, 슘페터식 공급조절 코포라티즘으로 대체되기 시작했다. 적녹연정이 추구하는 '일자리를 위한 동맹'은 경제정책에서 탈규제, 민영화, 조세인하를 중심으로 하고, 사회정책에서 재정적자 해소와 복지제도의 효율화와 감축을 추진하는 정책의 맥락에서 나온 것이다. 국가와 기업의 경쟁력 제고를 강조하는 탈규제 정책을 대폭 수용한 점이 경제정책의 구체적인 내용이라면, 이른바 '근로를 촉진하는 국가'를 추구하며 실업을 해소한다는 명분 아래 열악한 일자리조차 복지혜택의 조건으로 강제하는 것이 사회정책의 실상이다(김수행

외 2003, 187-207 참조). 이와 같이 '개혁, 정의, 지속가능한 발전'을 목표로 '노동시장 개혁과 경제회생'에 중점을 둔다는 2기 적녹연정의 정책기조도 1기의 사회경제 정책을 지속하고 있으며, 특히 재정정책과 관련해서는 긴축정책을 한층 강화한 것으로 보인다.

스웨덴 사민당(SAP)도 1976년 총선결과 약 반세기 만에 실각한 후 선거전략 중심의 포괄정당(catch-all party)으로 변해 갔다. 또한 사민당은 신자유주의적 세계화를 심각하게 인식한 나머지 케인즈주의를 포기하였다. 이에 따라 사민당은 1980년대에 재집권에 성공한 후 환율 저평가를 통해 국내위기를 타개할 수도 있었으나, 자본이동이 급속해짐에 따라 이 환율정책조차 효력을 발휘할 수 없게 되었다. 특히 국제금융의 세계화 속에서 스웨덴은 금융시장 자유화를 실시하였고, 이로 인해 스웨덴모델을 지탱해 주던 저금리 신용정책 역시 사용할 수 없게 되었다. 즉 신자유주의적 세계화를 수용함에 따라 환율안정과 재정·통화정책의 자율성이 동시에 추구될 수 없게 되는 '3위일체 불가능성'의 질곡에 빠지게 된 것이다(강명세 2004; Obsfeld 2000 참조). 이러한 정책적 실패로 사민당은 1991년에 다시 실각하게 되었고 집권한 보수연정은 1994년에 스웨덴모델이 특징으로 했던 코포라티즘 정치에 종지부를 찍는 법안을 통과시키기에 이르렀다. 비록 보수연정 역시 세계화에 노출된 스웨덴 경제를 살려내지 못해 같은 해 선거에서 사민당이 재집권하게 되지만, 이미 스웨덴 코포라티즘은 붕괴의 위기를 맞고 있었다.

반면 노르웨이 노동당은 신자유주의 혹은 '제3의 길'로의 정체성 변화가 미약하다. 노르웨이 노동당도 물론 1990년 집권기에는 노조와의 관계가 약화되고 중간계층의 지지율이 높아지는 경향을 보이며, 노사정협약의 성격도 일부 변화하고 있는 것이 사실이다. 그러나 노르웨이는 1992년에 산업혁신의 증진을 목표로 3자협정을 통해 '가치창출포럼'(Forum for the Creation of Values)과 '산업혁신포럼'(Forum for Industrial Innovation)을 설립하였으며, 1996년에 노동법위원회를 통해 노조총연맹의 권한을 강화하여 노사관계와 단협체계를 더욱 중앙화하는 방향으로 나아갔다(김인춘 2002, 192-193).

2) 구조적 요인: 장기적·지속적인 정치체제적 성격

사민주의 정당이 집권하지 않은 상황에서도 코포라티즘 정치가 일정하게 혹은 장기적으로 유지될 수 있는 것은 코포라티즘 기제의 제도화 수준과 지속성 여부 및 계급 간 역관계에 따라 규정되는 구조적 요인에 기인한다.

우선 노르웨이의 경우를 보면, 수차례에 걸친 중도·우파정권의 등장에도 불구하고 다소 약화되기는 했지만 수요조절 코포라티즘이 유지되고 있는데, 이것은 무엇보다 과거 신용사회주의 시절 이후 코포라티즘적 기제가 제도화된 경험에 기인한다. 이것은 또한 사민주의적 단일 통합노조인 LO가 집중화된 강력한 힘을 토대로 자본과 힘의 일정한 균형을 유지하면서 사회협약을 지속하고 있기 때문이기도 하다(<표 2-4> 참조). 특히 중도·우파정권이 등장한 2년 후인 1999년에 이루어진 협약들도 '연대대안'(Solidarity Alternative)이라는 이름으로 소득정책에 대한 노사정 간의 협조를 통해 임금자제와 고용창출을 가져왔으며, 2000년에도 각종 3자위원회를 통해 중앙임금합의를 계속해 왔다(김인춘 2002, 194).

〈표 2-4〉 구조적 요인과 코포라티즘의 변화

나라	계급간 역관계	제도화와 협약의 지속성	코포라티즘의 변화
네덜란드	▸사민주의·가톨릭 통합노조(FNV)와 개신교 정파노조(CNV): FNV 주도 ▸세계화 이후 자본 강화, 노조 양보	▸사회경제평의회 제도화 수준 높음 ▸그러나 양자협약에 기반	수요조절 강성 코포라티즘 → 공급조절 강성 코포라티즘
독일	▸사민주의적 단일 통합노조(DGB) ▸총연맹 약화 ▸산별노조에 권한집중	▸제도화되지 못한 협주활동 경험 ▸종언론 시기 이후에도 협의회 수준의 대화	(국가코포라티즘) → 수요조절 중성 코포라티즘 → 공급조절 약성 코포라티즘
스웨덴	▸60년대 후반 노노갈등 시작 ▸LO(일반노총), SACO(전문직노조), TCO(사무직노조)의 분립	▸렌-마이드너모델이 지속적으로 기능 ▸그러나 제도화수준은 높지 않음	수요조절 강성 코포라티즘 → 코포라티즘적 대안 부재
노르웨이	▸사민주의적 단일 통합노조(LO) ▸강력하고 중앙화된 노조	▸신용사회주의의 제도화 경험 ▸사회협약의 지속성	수요조절 강성 코포라티즘 → 수요조절 코포라티즘(약화 전망)

네덜란드의 경우도 사회경제평의회를 통해 높은 제도화 수준을 보이고 있다는 점이 중요하다. 노조는 사민주의·가톨릭 정파노조 (FNV)와 개신교 노조(CNV)가 분립해 있지만, 전자가 주도하는 가운데 협력을 통해 자본과 힘의 균형을 유지하고 있다. 그러나 네덜란드에서는 제도화의 수준은 높지만 노르웨이와 달리 기본적으로 노동재단을 중심으로 노사 간 양자협약에 기반을 두고 있는 상태에서[10] 1980년대에 세계화의 영향에 크게 노출됨으로써 자본의 강화와 노조의 양보가 생겨났다. 그 결과 코포라티즘적 기제는 사회코포라티즘

---

10) 이러한 전통이 1982년에 등장한 중도-우파 연정이 노사간 자율교섭의 영역을 침해하는 구조조정을 시도함에 따라 노자간 자율적 협상을 선택하는 바세나르 협정 체결의 배경이 된 것이다.

의 성격을 강력하게 유지하면서도 자본 측의 힘이 상대적으로 크게 작용하는 공급조절 코포라티즘으로 변해 간 것이다(Wilthagen 1998).

스웨덴의 코포라티즘 정치도 오랜 협약의 지속성에 힘입어 사민당이 실권한 1976년 이후 1994년까지 일정하게 유지될 수 있었다. 그러나 1960년대 후반에 이미 일반노총인 LO가 전문직노조 SACO와 사무직노조 TCO와 갈등함으로써 노조의 약화를 초래하고 사민당마저 실각하게 되자, 코포라티즘 체제에 대한 우파정부의 해체공세가 시작되었다. 그것은 급기야 사민당의 정책실패와 정체성 변화와도 맞물려 다른 대안이 부재한 채 코포라티즘 자체의 위기를 초래했다.

독일의 경우 구조적 요인은 더욱 열악하다. 1960년대 말에 시작된 협주행동도 경제장관이 주도하는 협의회 수준의 자문회의에 불과하여, 독일의 코포라티즘 정치는 제도화의 경험을 갖지 못했다. 따라서 당시 경제장관(Karl Schiller)이 물러나자 협주행동은 곧 형식화되고 말았다. 더욱이 사민주의적 단일 통합노조가 존재한다고 하나 노총의 권한은 단체협상권도 보장되지 않은 매우 약한 상태이고, 모든 권한이 산별노조에 집중되어 있을 뿐만 아니라 산별노조도 정치적 사안에 대한 협상권을 갖지 못한 상황이다. 따라서 적녹연정이 코포라티즘을 다시 시도한다고는 하지만, 그것은 전국 단위의 정책적 의사결정 수준이나 제도화된 기제가 아니라 비정치적 사안에 대해 산별 이하 차원에서 교환이 이루어지는 약성 공급조절 코포라티즘의 형태를 띠고 있다(정병기 2003 참조).

5. 맺음말

　구조적 제약을 인정하는 정치과정 모델에 입각해서 볼 때, 코포라티즘은 국가기구의 적극적 중재가 이루어지는 가운데 자본주의 질서유지를 부정하지 않는 노·사·정 3자의 정치적 협상과 교환이 사회갈등 해결의 핵심수단으로 제도화되거나 적어도 장기적으로 기능하는 사회·정치적 운영의 원리와 과정이다. 이 원리와 과정은 사회경제구조의 변화를 배경으로 통치전략적 성격과 정치체제적 성격에 따라 그 유형을 달리해 왔다. 국가 코포라티즘이 전체주의적 국가정당의 통치전략이자 파시즘적 체제의 운영원리와 과정이라면, 수요조절 (사회)코포라티즘은 친근로자적 전통 사민주의 국민정당의 통치전략이자 케인즈주의 복지국가 체제의 운영원리와 과정이며, 공급조절 (사회)코포라티즘은 슘페터적 경제정당으로서 현대사민주의 국민정당의 통치전략이자 신자유주의 국가체제의 운영원리와 과정이다.
　네덜란드와 독일에서 국가코포라티즘과 수요조절 코포라티즘의 경험은 달랐지만, 세계화에 따른 사회경제구조의 신자유주의적 재편을 배경으로 등장한 공급조절 코포라티즘은 양국에서 공통적으로 나타났다. 국가코포라티즘의 경험 없이 수요조절 코포라티즘이 강력했던 네덜란드와, 국가코포라티즘을 경험했고 그에 따른 부정적 효과도 일정하게 영향을 미쳐 수요조절 코포라티즘이 약하게 현상했던 독일에서 세계화의 영향이 심화되자, 사회코포라티즘의 성격이 동일한 방향으로 변형된 것이다. 1990년대에 양국 사민주의 정당은 모두 '제3의 길'을 선택했고 자본의 상대적 강화를 경험했다. 그러나 독일의 경우는 네덜란드에 비해 노조의 역량이 제도적 보장의 미비로 인해 더욱 약하고 코포라티즘 기제의 제도화 수준도 낮아 코포라티즘 정치는 상대적으로 약하게 현상했다.

스웨덴과 노르웨이의 코포라티즘은 정반대의 길을 걸었다. 복지국가로 잘 알려진 스웨덴 코포라티즘 모델은 노조의 분열로 인한 노동 측의 약화와 사민당의 포괄정당화 및 정책실패로 인해 대안이 부재한 채 코포라티즘 자체가 폐기의 위기를 맞고 있다. 반면 노르웨이는 강력한 노조와 노동당의 일정한 정체성 유지 및 코포라티즘 기제의 지속성으로 인해 수요조절 코포라티즘이 존속될 수 있었다. 1980년대 세계화에 대한 노출 정도도 노르웨이는 오히려 이전에 비해 감소함으로써 외풍으로부터 어느 정도 자유로울 수 있었던 것으로 보인다.

전체적으로 비교해 보면, 1980년대 세계화의 속도가 빨랐던 국가인 네덜란드와 독일이 공급조절 코포라티즘으로 전환했고, 상대적으로 가장 완만했던 국가인 노르웨이는 수요조절 코포라티즘을 유지했으며, 중간 정도인 스웨덴의 경우는 코포라티즘의 위기를 맞았다. 그러나 세계화에 대한 대응을 좀더 상세히 보면, 정당정체성 변화라는 정당정치적 요인에 의해 네덜란드와 독일은 공급조절 코포라티즘으로 변해 갔으나, 구조적 요인의 차이에 따라 전자는 강성 코포라티즘을 유지한 반면 후자는 약성 코포라티즘을 노정했다.[11] 이와 달

---

11) Ruyssevelt와 Visser는 네덜란드의 경우에도 자본이 강화되고 국가의 개입이 약화되면서 코포라티즘이 약화되고 있다고 한다. 그러나 이것은 어디까지나 네덜란드 내에서 코포라티즘을 시계열적으로 비교한 결과이다. 다른 국가들과 비교했을 때 네덜란드 코포라티즘은 여전히 강성이라고 할 수 있다. Ruyssevelt and Visser 1996, 205-264.

리 스웨덴은 노조 약화에 따른 노자 간 역관계 변화라는 구조적 요인과 정당정체성 변화와 세계화에 대한 코포라티즘적 대처의 실패라는 정당정치적 요인에 의해 코포라티즘의 위기를 맞은 반면, 노르웨이는 중도·우파정부에 의해 일정한 약화가 예상되기도 하지만, 노자 간 역관계와 코포라티즘 기제의 지속적 운용이라는 구조적 요인과 정당정체성 유지라는 정당정치적 요인에 따라 수요조절 코포라티즘을 유지할 수 있었다.

참고문헌

강명세. 1999. "사회협약의 이론." 강명세 편. 『경제위기와 사회협약』, 9-50. 성남: 세종연구소
강명세. 2000. "민주주의와 사회합의주의." 김호진 외 편.『사회합의제도와 참여민주주의』, 73-97. 서울: 나남.
강명세. 2004. "스웨덴 정치경제모델의 특징과 변화." 유럽정치연구회 편. 『유럽정치』, 435-452. 서울: 백산서당.
김수행·안삼환·정병기·홍태영. 2003. 『제3의 길과 신자유주의: 영국, 독일, 프랑스를 중심으로』. 서울: 서울대학교출판부.
김용철. 2000. "신자유주의와 코포라티즘의 관리기제: 네덜란드의 경험과 한국의 노사정협의체제." 2000년도 한국정치학회 연례학술회의 발표논문.
김인춘. 2002. "세계화 시대 북유럽 조합주의의 변화와 혁신: 스웨덴, 덴마크, 노르웨이 비교분석."『경제와 사회』제53권(봄), 174-200.
김인춘. 2004. "스웨덴 사민주의의 마지막 보루 '복지국가'." 유럽정치연구회 편.『유럽정치』, 453-475. 서울: 백산서당.
안재흥. 2002. "세계화와 노·사·정 대응의 정치체계: 스웨덴, 네덜란드, 오스트리아 사례의 비교."『한국정치학회보』제36집 3호,

397-418.
안재홍. 2004. "근대로의 이행과 스웨덴 정치." 유럽정치연구회 편.『유럽 정치』, 413-434. 서울: 백산서당.
이호근. 2002. "변화하는 유럽의 조합주의와 유럽사회정책레짐의 발전." 2002년 한국정치학회 연말학술대회 발표논문.
전창환. 2003. "네덜란드 사회경제모델과 네덜란드 연금제도."『경제학 연구』제51집 2호(한국경제학회), 209-237.
정병기. 2003. "독일 적녹연정의 '아젠다 2010'과 신자유주의 정치."『현장에서 미래를』제93호(한국노동이론정책연구소), 57-68.
정진영. 1999. "라틴아메리카의 경제위기와 사회협약: 이론적 매력과 현실적 제약." 강명세 편.『경제위기와 사회협약』, 87-123. 성남: 세종연구소
조홍식. 1999. "경제위기와 사회협약: 서유럽 사례." 강명세 편.『경제위기와 사회협약』, 51-85. 성남: 세종연구소
최장집. 1983. "한국 노동조합 연구의 정치학적 접근: '코포라티즘(Corporatism)'의 적용을 중심으로."『국제정치논총』제23집(한국국제정치학회), 363-383.
최장집. 1988.『한국의 노동운동과 국가』. 서울: 열음사.
한배호. 1983.『비교정치론』, 개정판. 서울: 법문사.
Cameron, David. 1978. "The Expansion of the Public Economy: A Comparative Analysis." *American Political Science Review* 72, 1243-1261.
Cawson, Alan. 1986. *Corporatism and Political Theory*. Oxford and New York: B. Blackwell.
Crouch, Colin. 1979. *The Politics of Industrial Relations*. Manchester: Manchester University Press.
Esping-Andersen, Gøsta. 1985. "Power and Distributional Regimes." *Politics and Society* 14, 223-256.
Esser, Josef, Wolfgang Fach, Gerd Gierszewski and Werner Väth. 1979. "Krisenregulierung - Mechanismen und Voraussetzung: am Beispiel der saarländischen Stahlindustrie." *Leviathan* 7, No. 1, 79-96.
Fulcher, James. 1991. *Labour Movements, Employers, and the State: Conflict and*

Co-operation in Britain and Sweden. Oxford: Clarendon Press.

Hancock, M. Donald. 1989. *West Germany: The Politics of Democratic Corporatism.* Chatham. NY: Chatham House Publishers, Inc.

Harrison, Reginald J. 1980. *Pluralism and Corporatism. The Political Evolution of Modern Democracies.* London etc.: George Allen & Unwin.

Hartmann, Jügen. 1984. *Politische Profile der westeuropäischen Industriegesellschaften: Ein vergleichendes Handbuch.* Frankfurt a. M./New York: Campus.

Heady, Bruce W. 1970. "Trade Unions and National Wage Policies." *Journal of Politics* 32, 407-439.

Hirsch, Joachim & Roland Roth. 1986. *Das Neue Gesicht des Kapitalimus. Vom Fordismus zum Post-Fordismus.* Hamburg: VSA.

Ismayr, Wolfgang, ed. 1999. *Die politischen Systeme Westeuropas*, 2. ed. Opladen: Leske + Budrich.

Jessop, Bob. 1979. "Corporatism, Parliamentarism and Social Democracy." Philippe C. Schmitter & Gerhard Lehmbruch, eds. *Trends Toward Corporatist Intermediation*, 185-212. Beverly Hills & London: Sage.

Jessop, Bob. 1990. *State Theory: Putting the Capitalist State in its Place.* Cambridge: Polity.

Kastendiek, Hans. 1981. "Die Selbstblockierung der Korporatismus-Diskussion. Teilproblematisierungen der gesellschaftlichen Politikorganisation und gesellschaftliche Entproblematisierung korporativer Strukturen und Strategien." Ulrich von Alemann, ed. *Neokorporatismus*, 92-116. Frankfurt a. M. & New York: Campus.

Katzenstein, Peter J. 1984. *Corporatism and Change: Austria, Switzerland, and the Politics of Industry.* Ithaca, NY: Cornell University Press.

Katzenstein, Peter J. 1985. *Small States in World Markets.* Ithaca: Cornell University Press.

Koalitionsvertrag von Oktober 2002: Erneuerung, Gerechtigkeit, Nachhaltigkeit für ein wirtschaftlich starkes, soziales und ökologisches Deutschland. Für eine lebendige Demokratie.

Korpi, Walter. 1983. *The Democratic Class Struggle.* London: Routledge.

Lehmbruch, Gerhard. 1977. "Liberal Corporatism and Party Government." *Comparative Political Studies* 10, No. 1, 91-126.

Lehmbruch, Gerhard. 1979. "Concluding Remarks: Problems for Furure Research on Corporatist Intermediation and Policy Making." Philippe C. Schmitter and Gerhard Lehmbruch, eds. *Trends Toward Corporatist Intermediation*, 299-309. Beverly Hills and London: Sage Publications.

Lehmbruch, Gerhard. 1982. "Introduction: Neo-Corporatism in Comparative Perspective." Gerhard Lehmbruch & Philippe C. Schmitter, eds. *Patterns of Corporatist Policy-Making*, 1-28. London: Sage Publications.

Lehmbruch, Gerhard. 1984. "Concertation and the Structure of Corporatist Networks." John H. Goldthorpe, ed. *Order and Conflict in Contemporary Capitalism*, 60-80. Oxford: Clarendon Press.

Mintzel, Alf. 1984. *Die Volkspartei: Typus und Wirklichkeit. Ein Lehrbuch.* Opladen: Westdeutscher Verlag.

Obsfeld, Maurice. 2000. "International Macroeconomics: Beyond Mundell-Fleming Modell." A paper represented at the First Annual Research Conference of International Monetary Fund, November 9-10, Washington D.C. http://emlab.berkeley.edu/users/obstfeld/ftp/mundell-fleming/mundell-fleming.pdf.

Panitch, Leo. 1977. "The Development of Corporatism in Liberal Democracies." *Comparative Political Studies* 10, No. 1, 61-90.

Panitch, Leo. 1980a. "The State and the Future of Corporatism." *Capital & Class*, No. 11, 121-137.

Panitch, Leo. 1980b. "Recent Theorizations of Corporatism: Reflections on a Growth Industry." *British Journal of Sociology* 31, No. 2, 159-187.

Panitch, Leo. 1986a. *Working Class Politics in Crisis. Essays on Labor and the State*. London: Verso.

Panitch, Leo. 1986b. "The Tripartite Experience." Keith Banting, ed. *The State and Economic Interests*, 37-119. Toronto, Buffalo and London: University of Toronto Press.

Pizzorno, Allessandro. 1978. "Political Exchange and Collective Identity in Industrial

Conflict." Colin Crouch & Allessandro Pizzorno, eds. *The Resurgence of Class Conflict in Western Europe since 1968*, Vol. 2, 277-298. London & Delhi etc: Macmillan.

Potobsky, Geraldo von. 1994. "사회적 합의(Concertation): 이론과 경향." 국민경제사회협의회 · 한국노동연구원 편.『사회적 합의와 노사관계』, 9-25. 서울: 국민경제사회협의회.

Regini, Mario. 1984. "The Conditions for Political Exchange: How Concertation Emerged and Collapsed in Italy and Great Britain." John H. Goldthorpe, ed. *Order and Conflict in Contemporary Capitalism*, 124-142. Oxford: Clarendon.

Ruyssevelt, Joris Van and Jelle Visser. 1996. "Weak Corporatism Going Different Ways? Industrial Relations in the Netherlands and Belgium." Joris Van Ruyssevelt and Jelle Visser, eds. *Industrial Relations in Europe: Traditions and Transitions*, 205-264. London etc.: Sage Publications.

Schmitter, Philippe C. 1977. "Modes of Interest Intermediation and Models of Societal Change in Western Europe." *Comparative Political Studies* 10, No. 1, 7-38.

Schmitter, Philippe C. 1979. "Still the Century of Corporatism." Philippe C. Schmitter & Gerhard Lehmbruch, eds. *Trends Toward Corporatist Intermediation*, 7-52. Beverly Hills & London: Sage Publications.

Schmitter, Philippe C. 1983. "Democratic Theory and Neocorporatist Practice." *Social Research* 50, No. 4, 885-928.

Thelen, Kathleen 저. 이태홍 역. 1995. "유럽노동정치의 새로운 분석틀." 안승국 · 이태홍 · 홍원표 편역.『민주주의론 강의 2: 위기와 전환의 유럽정치』, 333-366. 서울: 인간사랑.

Traxler, Franz. 1995. "From Demand-side to Supply-side Corporatism? Austria's Labor Relations and Public Policy." Colin Crouch and Franz Traxler, eds. *Organized Industrial Relations in Europe: What Future*, 3-20. Aldershot etc.: Avebury.

Wells, David 저. 정병찬 역. 1991.『마르크스주의와 현대국가』. 서울: 문우사.

Wiarda, Howard J. 1997. *Corporatism and Comparative Politics: The Other Great "Ism"*. Armonk: M. E. Sharpe.

Wilthagen, Ton. 1998. *Flexicurity: A New Paradigm for Labour Market Policy Reform?*. WZB Discussion Paper FS I 98-202.

Winkler, Jack. T. 1976. "Corporatism." *Archives Europeénes des Sociologie* 17, No. 1, 100-136.

Winkler, Jack. T. 1977. "The Corporatist Economy: Theory and Administration." Richard Scase, ed. *Industrial Society: Class, Cleavage and Control*, 43-58. London etc: Unwin Hyman.

http://www.electionworld.org/netherlands.htm(검색일: 2004년 4월 8일).
http://www.electionworld.org/norway.htm(검색일: 2004년 4월 8일).
http://www.sweden.gov.se/systemofgov/governments/overview.htm(검색일: 2004년 4월 8일).

제2부

서유럽 강소국의 노사정 공존전략

제3장 세기 전환기의 스웨덴의 권력과 민주주의

Jörgen Hermansson

1. 머 리 말

 이 글은 스웨덴 민주주의가 집산주의 양식에서 개인주의 양식으로 막 변하기 시작했다는 관점——종종 모호한 용어로 진술된——에서 출발한다. 이와 같이 가정된 스웨덴 정치체제 전환의 핵심은 시민들의 정치적 동원뿐만 아니라 엘리트 차원의 권력구조상 노동운동의 역할과 다른 대중운동의 쇠퇴로 이야기된다.
 이러한 스웨덴 민주주의의 변화나 전환에 대해 이해하려면 적어도 다음 세 가지 중요한 문제를 탐구해야 한다.
 1) 이러한 변화를 어떻게 특징짓고 관찰할 것인가?
 2) 그 변화를 어떻게 설명할 것인가?
 3) 그 변화를 어떻게 평가할 것인가? 즉 변화에 대해 규범적으로 유효한 함의는 무엇인가?
 이 글은 주로 첫 번째 의문을 오직 권력구조와 관련해서 다루게 될 것이며, 내용은 스웨덴 코포라티즘이 쇠퇴해 온 것이 실제로 사실이라는 것이다. 그러한 결론의 중요성을 파악하기 위해서는 (정당과 밀접하게 연계된 몇몇) 대중운동이 시민 장악력을 상실했다는 것을 고려해야 한다. 정치참여는 쇠퇴하고 있는데, 그것은 조직과 집단행동을 전제하는 참여형태일 경우에 특히 그러하다. 시민들은 선언과 직접 접촉 같은 더 개인주의적인 참여형태를 선호하는 경향이 있으며, 스웨덴 민주주의는 더 이상 특별한 것으로 보이지 않는다.

스웨덴 정치의 이러한 전환을 설명할 때, 유일하고 단순한 원인을 주장하는 것은 어리석은 일이다. 그러나 이 글은 스웨덴 정치행위자 자체에 기인하는 설명에 초점을 둘 것이다. 엘리트 차원의 변화와 시민참여의 변화 모두 정치체제의 효율성을 향상시키기 위해 취해진 정치적 결정의 의도하지 않은 결과이다. 마지막으로 이러한 변화의 평가와 관련해 스웨덴 정치는 세기의 전환을 통해 권력균형의 중요한 변화를 겪었다고 가정한다.

2. 스웨덴 코포라티즘은 쇠퇴하고 있는가?

스웨덴 정치체제는 이전에 의회주의와 코포라티즘의 혼합으로 정확하게 묘사될 수 있었다. 당시 내각은 의회 정당에 기반하고 있었으며, 특히 노동자, 사용자, 농민의 조직은 각 이해관계 영역에서 정책 방향을 결정하는 데 막강한 영향력을 가지고 있었다. 그러나 이제는 종종 구 '스웨덴모델'의 일부인 코포라티즘이 사장되었다고 얘기되고 있다. 코포라티즘은 더 이상 스웨덴 정치체제의 가장 핵심적인 동학을 담을 수 없는 개념이라는 주장이다. 스웨덴 정치에 대한 이러한 새로운 '진실'은 『스웨덴의 권력과 민주주의 연구』에 의해 처음 시작되었다. 그 후 이 주제는 "관료에 의해 지배되는 국가에서 코포라티즘을 거쳐 정당지배로"라는 제목하에 특히 라이프 레윈(Lief Lewin)——'장악력의 상실'을 이러한 변화의 은유로서 사용한——과 요르겐 헤르만손(Jörgen Hermannsson)에 의해 반복되었다(SOU 1990, 44; Lewin 1992; Hermansson 1993; Micheletti 1994; Rothstein 1992 참조).

그러나 코포라티즘의 쇠퇴라는 주장은 대개 예상에 근거한 것으로 보인다. 그 경험적 근거는 매우 약해서 과학적 연구를 위한 기본적 기준을 충족시킬 수 없다. 『스웨덴의 권력과 민주주의 연구』의 주장도 취약한 경험과 증거에 기반한 주장이다. 레윈은 보다 체계적인 접근을 하고 있지만, 그의 연구도 다른 목적에 따라 수집된 경험적 자료를 한데 모아 이용함으로써 어려움을 겪고 있다. 레윈은 정부기관의 위원회에서 이익집단 대표를 공식적으로 폐지하는 결정을 자기주장의 결정적 근거로 제시한다. 그러나 그는 남아 있는 위원회 구성원이 진정으로 대표하는 이익이 무엇인지를 한 걸음 더 나아가 문제삼고 조사하는 데 실패하고 있다. 결국 레윈과 헤르만손의 연구는 정책결정의 예비적 단계에 국한——정부위원회에서 수집한 경험적 자료를 통해——되어 있으며, 게다가 특히 상충하는 정치적 이슈에 관한 약 백여 개의 정책과정 선택에 기반하고 있는데, 그것은 편향된 결과를 초래하는 듯한 선택이었다.

이 장의 주요 목적은 기존 연구의 공백을 메우고, 이를 통해 코포라티즘 종말의 명제를 실질적으로 검증하는 것이다. 이 글은 스웨덴 코포라티즘에 어떤 일이 일어났는가 하는 암묵적인 질문에 대해 과학적으로 탁월한 해답을 제공하고자 한다. 두 번째 목적은 각 부문 간에 존재하는 코포라티즘의 편차에 대한 이전의 발견과 관련된다.

오랫동안 코포라티즘의 중요성에 대한 결론은 어떤 특정 부문, 특히 노동시장과 농업상황에 기반한 것이었다. 여기에서는 운수정책에 초점을 둘 것이고, 일정 정도는 교육부문에 대해서도 주목할 것이다. 이들 부문의 비교와 더 일반적인 유형을 통해 코포라티즘의 편차에 대한 지식을 풍부하게 하고자 한다. 스웨덴 코포라티즘 발전에 대한 기술적(descriptive) 질문에 답하면서, 결국은 스웨덴 정치에서 그 결과로 나타나는 권력구조에 대해 일정한 결론을 이끌어 내고자 하는 것이다.

3. 코포라티즘의 의미

오랜 시간을 거쳐 발전해 온 코포라티즘에 대한 과학적 진술은 물론 실질적 사회변화라는 광범위한 맥락에 따라 달라진다. 그러나 분석 역시 코포라티즘 현상이 어떻게 정의되고 관찰되는지에 따라 달라진다. 이러한 연구의 결과는 경험적 실재가 아니라 연구의 기준을 형성하는 정의에 따라 결정될 수도 있다.

그러나 그러한 장치가 아무리 의미 있다고 하더라도, 스웨덴 코포라티즘의 경우 연구대상의 정의가 과연 차이가 있는지 의문을 갖지 않을 수 없다. 코포라티즘이 국가마다 어떻게 다른지에 대한 기존의 경험적 연구는 스웨덴을 목록의 정상에 올려놓았는데, 이것은 코포라티즘이 어떻게 정의되고 관찰되는지와 사실상 무관하다. 제시된 정의와 관찰은 매우 많고 게다가 상이하기 때문에 더욱 흥미롭다. 어떤 경우에는 제시된 정의가 부적절하기까지 하며, 코포라티즘은 정의상 그 결과뿐만 아니라 전제와도 뒤섞여 있다.[1] 결론이 고찰방식과 무관하게 똑같다는 사실은 경험적 조건에 대해 흥미로운 사실을 말해 준다. 서구 산업국가의 몇 가지 특성이 제2차 세계대전 이후 사실 같이 변화해 왔지만, 그럼에도 불구하고 경험적 상관관계가 경험적 실재에 대한 개념화와 관찰방식에 영향을 주는 것은 아니다.

연구의 출발점은 코포라티즘이 공공정책 결정을 조절하는 특수한 방식을 함축한다는 것이다. 코포라티즘은 조직된 이해관계가 공공업무의 정책결정과정에 참여하는 제도화된 조절양식이다. 이것이 우리가 제시할 수 있는 가장 특징적인 정의는 아니다. 그러나 이러한 공식화가 다른 연구자에 비해 코포라티즘에 대해 현대적인 연구를 수행한 필립 슈미터(Phillippe Schmitter 1974, 1977, 1982)가 도입한 또 다른 모호한 개념의 핵심을 포착한다고 생각한다. 이는 이러한 정의가 이미 1930년대 말에 스웨덴 정치학자 군나 헥셔(Gunnar Heckscher)가 수용한 '자유코포라티즘'(free corporatism)의 의미와 관련된다는 주장이기도 하다(Heckscher 1936. Heckscher 1944, 1946도 참조). 여기에서 정의된 것처럼 코포라티즘이 가장 명확하게 표출하는 것은 조직된 이해관계가 의회 내의 공식 정책결정에 직접 참여할 때, 즉 정책결정 코포라티즘(decision-corporatism)이라고 부르고자 하는 업무집행 상태이다. 이와 같이 상이한 유형으로 나타나는 코포라티즘은 개념적으로 '이익집단의 권력' 및 '정치적 동의의 존재' 같은 현상과 구별되는 것이다. 그러한 개념외 원칙은 코포라티즘과 권력의 상관관계 및 코포라티즘과 동의의 상관관계에 대한 경험적 검증을 가능하게 한다.

---

[1] Cawson (1986)와 Williamson (1989)은 가장 빈번하게 사용되는 정의 중에서 일부를 조사했다. 코포라티즘의 초기연구에 대한 광범위한 비판은 개념화와 조작화의 문제를 강조하는 Lewin (1992, 49-57)과 Hermansson (1993, 33-41)에 제시되어 있다.

이러한 설명 지점들과는 별도로 코포라티즘의 대안과 관련된 주장을 반복하려는 이유가 있다. 코포라티즘이 아니라면, 어떤 정치체제인가? 출발점으로서 위의 정의를 활용하면 두 가지 대안적 정치체제를 정의할 수 있다(예를 들어 Hermansson 1993, 1장). 조직된 이해관계가 적극적으로 참여하지만, 이 참여가 공식적 혹은 비공식적으로 규제되지 않는 체제를 상상할 수 있다. 이 부문의 문헌을 고려한다면, 업무집행 질서는 이익집단 다원주의 혹은 단순히 다원주의로 정의될 수 있을 것이다. 세 번째 모델은 조직된 이익집단이 공공정책 결정과정에서 단순히 배제되는 경우이다. 이때 그 정치체제는 실제 헌법상으로 확정된 형태로서, 테오도르 로위(Theodore Lowi)가 제기한, 이른바 사법적 민주주의(juridical democracy)의 특징을 갖는다(Truman 1960; Lowi 1969를 참조).

4. 정책결정 코포라티즘

협의의 헌법적 시각에서 보면, 스웨덴 코포라티즘은 100년 더 이전에 폐지되었다. 코포라티즘은 헌법적으로 확립되고 체계적으로 적용된 이익집단의 대변 형태로서, 1866년 헌법개정을 통해 사장되었다. 그 이후 그와 같은 질서는 공식적으로 스웨덴 정치체제에 속하지 않는다.

그러나 이것이 헌법적 정책결정 코포라티즘의 부활에 대한 요구가 없었다는 것을 의미하지는 않는다. 보수정치 세력은 특히 스웨덴의 민주주의 돌파시기에 그러한 발상에 자양분을 제공했다(Söderlind

1961, 146). 보통선거권이 도입될 때, 코포라티즘은 대중적으로 선출된 하원과 균형을 맞추기 위한 상원 구성의 이상적 형태로서, 정치적 결정의 질을 보장하는 데 기여하는 것으로 주장되었다. 다시 말해 코포라티즘은 좌파세력에 의해 제기된 민주주의에 대한 유의미한 대안으로 보였다. 이러한 발상은 스웨덴 역사와 전통에 근거를 둔 보수집단 일부에 의해 형성되기는 했지만, 당시 유럽 도처에서 진행되던 논쟁에 의해 촉진되었다는 것이 명백한 사실이다(Rexius 1917, 258; Tingsten 1933, 77 이하와 Elvander 1957, 29 이하 참조). 그러나 이러한 발상이 스웨덴에서 보수주의자 사이에서조차 가장 많은 지지를 얻었던 것은 아니다.

정책결정 코포라티즘이 스웨덴에서 존재했는가 아닌가 하는 질문에 대한 대답은 더 현실적인 관점을 적용하고, 이익집단 대표들이 조직적인 방식으로 의회 내 정책결정에서 역할을 수행했는지를 확인한다면 더 정확해질 것이다.

조직된 이익집단은 특정 정당 내, 특히 사민당과 중도당(the Center Party) 내에 의석을 확보하는 것이 상례였다. 그래서 노동조합은 항상 의회 내에 보장된 의석수뿐만 아니라 사민당 지도부 내에도 가장 중요한 대표 중 일부를 진출시켰다.[2] 여기에서 노조와 정당 간에 이루어진 노동운동의 협력이 코포라티즘의 예로 설정될 수 있는지 의문이 제기될 수 있다. 그렇다. 그 첫 번째는 아마도 코포라티즘적 조절의 예일 것이다. 사민당위원회 내에서 LO의 신임 의장과 전임 의장의 교체는 그저 정식절차인 것으로 보인다는 것이다. 이 경우에 그것

---

[2] 장기간의 비교는 노동조합 대표가 사민당 내 다양한 이슈중심 위원회에서 급격히 감소했음을 보여준다(LO's Register of Representation 1985, 1989, 1996 참조). 반면 정당의 집행기구에서는 노조대표가 상대적으로 강력하게 남아 있다.

은 비단 경험적 유형만이 아니라, 포괄적으로 받아들여진 관례, 즉 하나의 제도로 자리잡았다. 그러나 사민당 교섭단체 내 노조 활동가들의 경우는 그렇지 않다. LO를 대표하는 것은 물론 후보자 명부가 결정될 때 강력한 카드이지만, 선거 이전에 전략적 계산이라는 측면에서는 오히려 현실론이 중요하다. 심지어 여기에는 경험적 유형이 있고, 어떤 활동가들은 물론 하나의 제도인 것처럼 그것을 이용하려 하지만, 그렇게 될 때 사민당 내 노조의 지배가 문제될 수 있고 다른 문제를 고려하기 위해 저지될 수도 있다.

전통적으로 어떤 직업군은 의회 내 자신들의 이해관계 부문을 독점한 것으로 일반적으로 지적된다. 이것은 농업부문에서 정책결정이 어떻게 조직되는지를 보여주는 좋은 사례이다. 조직된 농민은 의회 내에 대표되고 농업상임위원회를 완전히 지배한다. 다양한 농업정책을 심의할 때, 정부 특별위원회는 종종 의회의 농업상임위원회 구성원과 농업공업체 내 이익집단 구성원에 의해 지배된다. 동일한 조직이 의회의 정책결정에 이어 정책집행에서 결정적 영향력을 부여받아 농업부문과 관련된 다양한 당국위원회에도 대표된다. 농업부문은 이와 관련된 극단적인 예이지만, 다른 부문에서도 이러한 유형이 반복된다는 사실 역시 배제할 수 없다.[3]

이 문제에 대한 결론에 도달하기 위해 스웨덴 의회 내 4개 상임위원회에 대한 정보를 수집했다.[4] 정책결정 코포라티즘의 가능한 지표

---

[3] 헤르만손(1993, 450)은 20세기에 정부의 교육정책위원회 구성원 중 62%가 이익집단 대표였음을 보여주고 있다. 이 대표는 농업부문의 농민 대표(41%)와 주류정책에 대한 절주운동 대표(42%)보다 큰 것이다.

[4] 패트릭 오로프손(Patrick Olofsson)이 자료를 모아 코딩했다. 정확한 연도는 1971(AU의 경우는 1970), 1975, 1976, 1980, 1982, 1985, 1989, 1991, 1994년이다.

는 위원회 구성원의 직업일 것이다. 다른 가능한 지표는 특히 그들이 전문가조직이나 계급조직에서 선출된 기능을 할 경우 그들이 속한 조직일 것이다. 다음 표는 1970년대 초반 이후의 발전, 즉 이 기간에 존재한 스웨덴 의회(Riksdag)의 위원회 상황을 보여준다.

내부충원은 4개 위원회 모두 상당한 비율을 차지한다. 특히 농민과 교사는 각 해당 영역에서 매우 강력한 지위를 차지한다. 그러나 두 경우 모두 최근 눈에 띄는 감소를 나타내고 있다. 요즘 이 2개의 직업집단은 노동시장위원회와 운수·통신위원회에서 해당 집단과 약간의 차이를 보이고 있다.

위원회 구성원의 직업을 보면 농업과 농장경영의 지위는 강력하게 나타난다. 특정 기간에 — 특히 중도당이 1970년대 말 정점에 달했을 때 — 구성원들 중 다수는 농민들 자신의 결사체인 LRF 내에서 일정한 기능을 보유하고 있었다. 그러나 그들의 지위는 지난 10년 동안 상당히 약화되었다.

〈표 3-1〉 의회위원회의 동일부문 출신 구성원 분포 (%)

	1970-73	73-76	76-79	79-82	82-85	85-88	88-91	91-94	94-98	전체
직업										
농경(JoU)	62	59	62	60	66	61	38	35	32	52
노동시장(AU)	15		30	29	16	18	12	17	20	19
교육(UbU)	50	46	47	58	61	56	68	42	42	52
운수·통신(TU)	23	27	16	27	16	28	30	29	28	25
계급조직 내 기능										
농경(JoU)	37	44	56	50	53	48	36	12	12	36
노동시장(AU)	31		48	48	45	32	44	47	32	40
교육(UbU)	3	15	9	6	15	0	0	0	5	6
운수·통신(TU)	17	20	6	10	6	9	5	0	5	8

<표 3-1>은 농경위원회가 유일한 경우가 아니라는 것도 말해 준다. 노동시장위원회는 그 구성원이 노동시장 계급조직 내에서, 특히 몇몇 노조 내에서 지위를 갖고 있다는 점에서 구별된다. 그리고 이러한 경우에 감소경향은 더 완만하다. 질문은 오늘날에도 이러한 유형이 근대 민주의회에 여전히 남아 있는 4개의 신분으로 구성된 구 의회의 비공식적 확장으로서의 정책결정 코포라티즘의 대표로 해석될 수 있는가이다. 그러한 해석에 가장 적합한 경우가 농장경영의 상태일 것이다. 그리고 이 사례가 적절하다면, 결론은 정책결정 코포라티즘이 최근 몇 년 동안 비중 있게 성장했다는 것이 된다. 대안은 그러한 패턴을 의회 내에서 훨씬 더 발전된 특화의 표현으로 해석하는 게 될 것이다. 정당정치는 두드러진 기능적 구별에 의해 특징지어진다(Esaiasson & Holmberg 1996, 14장; Hagevi 1998, 9장 참조). 이러한 해석은 의원들에게 상이한 종류의 업무를 기대한다면 실제로 설득력을 갖는다.

〈그림 3-1〉 부문 내 기능 및 업무관련 위원회 구성원 분포(계급조직 제외)

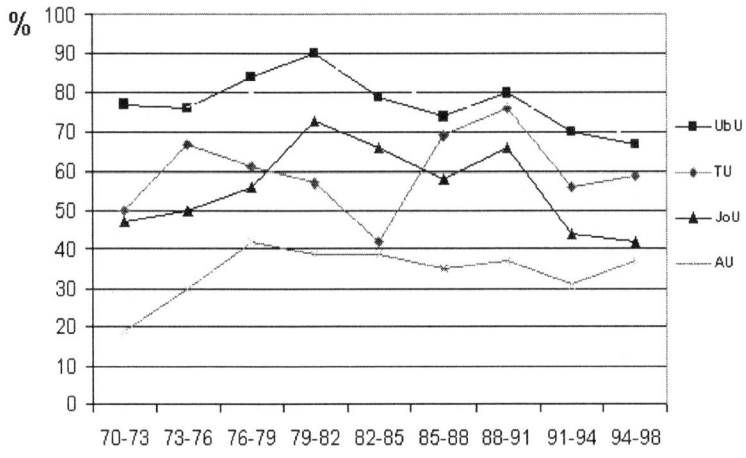

<그림 3-1>은 각 부문 내에서 (공적 혹은 사적 부문을 말하지만, 계급조직 내부는 아님) 일정한 업무나 기능을 수행하는 위원회 구성원의 수를 표시하고 있다.

　이러한 패턴은 매우 특징적이다. 위원회 구성원은 그들 자신의 영역에 특화된 사람들이다. 더 구체적인 통계분석은 구성원들이 시간이 갈수록 부문 내에서 더 많은 업무를 담당한다는 것을 보여준다. 그러나 이러한 종류의 특화에서 감소경향도 약하게 드러나고 있다. 이것은 지난 회기 동안 위원회 구성원들의 교체가 증가한 것으로 설명될 수도 있을 것이다.

　최종적인 결론은 스웨덴 의회가 적어도 4개 부문에서는 상당히 특화되었다고 특징지을 수 있다는 것이다. 몇몇 특수 이해관계는 그들 자신의 영역에서 공공정책에 더 많은 영향력을 행사했을 것이다. 이러한 경험적 유형은 정책결정 코포라티즘의 표출로 해석될 수도 있을 것이다. 다른 위원회들 간의 편차는 코포라티즘이 다른 부문에서보다 몇몇 부문 — 이 부문의 핵심은 항상 계급조직이 매우 강력한 지위를 갖는 농경과 노동시장 부문이었다 — 에서 더욱 강하다는 것을 의미하는 것이다. 또한 시간에 따라 코포라티즘은 농경부문에서는 급격히 쇠퇴하였지만 노동시장 부문에서는 완만하게 쇠퇴하는 경향을 보여주고 있다.

　그러나 문제는 이런 유형이 그러한 방식으로 해석될 수 있는가이다. 특정 위원회의 계급조직 대표가 코포라티즘적 행위자의 참여를 실제 제도화한 것으로 여겨질 수 있는가? 이 점에서는 다소 회의적이다. 다른 위원회에서 후보자가 선출될 때, 의회 내 정당집단 내에서 발생하는 일에 대해 더 많이 알아야 한다. 그러나 가능한 자료가 없기 때문에, 특화의 부산물로서 경험적 유형을 검토하는 것이 훨씬 더 타당할 것이라고 생각한다. 만약 그렇다면 코포라티즘으로 간주하지 말아야 할 것이다. 결론적으로 이것은 또한 어느 정도 강력하지만 숨겨진 정책결정 코포라티즘에 대한 어떤 가설도 폐기할 수 있다는 것을 의미한다.

5. 예비코포라티즘

학자들은 대체로 예비 코포라티즘(preparation-corporatism)의 두 가지 형태에 초점을 맞춘다. 그 두 가지는 이익집단이 정부 특별위원회에 참여하는 것(utredningsväsendet)과 이 위원회의 제안에 대한 조언 요구에 응하는 것(remissväsendet)이다. 그래서 초기연구에서 도입할 수 있었던 영역은 2개이지만, 독창적인 연구를 수행할 필요가 있었다.

시간과 자원 및 상상에 제한이 없다면, 예비코포라티즘에 대한 연구는 동일한 현상에 대해 애초부터 다른 표출방식도 포함했을 것이다. 그 표출 중 한 가지는 부처 내 코포라티즘(corporatism within The Ministries)의 가능한 활용, 즉 조직된 이익집단이 장차 상정될 정부법안에 대한 내부조사(delning) 과정에 정기적으로 참여할 때이다. 불행히도 이러한 영역에 대한 체계적 연구가 부족한데, 그것이 이 유형의 코포라티즘에 대해 말할 수 없는 이유이다. 이상적으로는 연구에 포함되어야 하는 코포라티즘의 다른 표출은 1950년대의 '하프순드 민주주의'(Harpsund Democracy)라고 불린 것이다. 이것은 정부와 노동시장 집단이 경제정책에 대한 정기적 협상과정에 참여할 때였다. 동일한 유형의 대화방식에 대한 최근의 예들이 있는데, 그것은 1970년대 초의 이른바 '하가협상'(Haga Compromises: Hadenius 1981; Hermansson

1993, 136-141)과 1984년 '로젠바드협의'(Rosenbad Agreement)였다. 1990년대의 새로운 노력들은 '렌버그협의'(Rehnberg Agreement: Elvander 1988과 1992 그리고 노조의 연례보고서)뿐만 아니라 하가(Haga)의 협상에서 이루어진 것들이다. 그러나 우리가 직면하는 문제는 장기간에 걸친 협의의 보급과 범주에 대해서 아는 것이 거의 없다는 것이다.

1) 정부위원회

작은 정부부처와 독립적인 공공서비스 부문의 다소 독특한 스웨덴식 결합으로 인해 의회 정책결정과정에서는 위원회가 핵심적인 중요성을 갖는다. 정치영역의 이러한 배경은 학문적 연구에 반영되었는데, 이 위원회 참여는 상대적으로 잘 연구되어 있다. 그래서 장기간 위원회 내 코포라티즘의 발전에 관해 잘 연구된 결론까지 가능하려면 전제조건이 상대적으로 훌륭해야만 했다. 그러나 불행히도 기존 연구는 출발시점부터 다른 문제의식을 갖고 있었기 때문에 현재 연구에 큰 도움이 되지 않는다. 이전 학자들은 대체로 행정부와 의회 간의 관계에 관심을 가져 왔다. 이익집단 대표 — 공공관료나 의회 구성원이 아닌 — 는 더 진전된 구분 없이 '다른' 범주에 포함되었다. 그러나 그럼에도 불구하고 이전 연구에 대해 다소 상세하게 추적한 연구 이후에는 정부위원회에서 코포라티즘으로 보이는 것에 대해 진솔한 평가가 가능하다(Meijer 1956, 1969; Johansson 1992).

이러한 결과로 판단해 보면, 위원회 참여로 관찰되는 코포라티즘은 결코 스웨덴 정치 내에서 지배적이 아니라 항상 주변적이었으며, 관료는 언제나 이 영역을 지배해 왔다는 것이 명백하다. 위원회 코포라티즘이 제2차 세계대전 직후 정점에 도달했지만, 1980년대 중반에는 약화되는 경향을 보이는 명백한 단절도 있었다는 것이 연구를 통해 알려졌다. 이를 고려할 때, 초기연구는 명백히 코포라티즘이 쇠퇴했음을 증명하지만 스웨덴 코포라티즘이 사장되었다는 주장에는 확증을 주지 못한다.

그러나 정치적으로 중요한 정책결정과정에 제한한다면, 그것은 더 빠르고 많은 영향을 일으키는 변화로 보인다. 그래서 일상적이고 순수하게 기술적인 많은 이슈가 의회 내 정책결정과정에 수많은 영향력 있는 관료들이 지속적으로 존재함을 밝혀낸 초기 발견들을 설명할 수 있다. 더 수준 높은 고찰방식을 활용하면, 정치참여는 관료 수의 차원을 넘어서는 경향이 있음을 볼 수 있다. 이익집단은 관료제와 이러한 운명을 공유하며, 자신의 대표들이 정당 대표들에 의해 좌우되는 것을 보아 왔다. 코포라티즘은 항상 특정 부문, 특히 농업, 노동, 사회정책 부문에 국한되어 왔다고 지적하는 것도 필요하다. 코포라티즘은 1950년대 정점에 달했을 때조차 헌법적 이슈나 외교정책 이슈에 어떠한 영향력도 행사하지 못했다. 교육 같은 다른 부문도 구관료국가(the Civil Service State)의 영향 하에 남아 있었고, 부상하고 있는 코포라티즘의 영향을 결코 받지 않았다(Hermansson 1993, 특히 447쪽 이하).

그것은 경험적 연구를 수행함으로써 그 간극을 메우기 위해 선택된 이러한 배경에 반하는 것이다. 이 연구를 훨씬 더 포괄적인 기존 연구와 비교할 수는 없지만— 이 글의 제한적 연구는 1960, 1970, 1980, 1985, 1990, 1995년에 임명된 509개 위원회 1,901명의 구성원을 대상으로 한다— 그럼에도 불구하고 연구에서 개념화와 조작화를 통제하기 때문에 이 부분에 관한 기존 지식의 질을 향상시킬 수 있다고 기대할 수 있다.[5]

초기의 그러한 기여 중 하나는 1인 위원회를 실질적인 위원회와 구분하는 것이다. 이러한 단순한 단계로부터 1인 위원회가 현저하게 증가하고 있다는 결론이 나온다. 1960년대에 모든 위원회의 1/3이었던 1인 위원회가 35년 후에는 2/3로 증가했다.6)

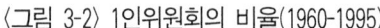

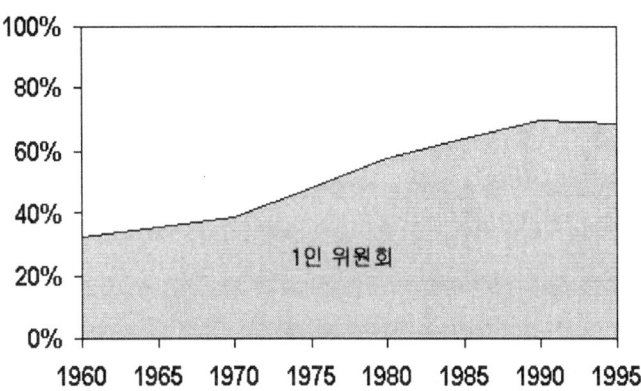

---

5) 경험적 자료는 위원회에 대한 정부의 연간보고서(kommittéberättelser)이다. 위원회 구성원 분류는 1993년 헤르만손이 적용했던 범주를 활용한다. 한 구성원이 대표하는 이익이 무엇인지를 결정하는 데 대체적으로 문제가 없기 때문이다. 유일하게 더 문제되는 사례는 그들 자신의 직업을 통해 '드러나지' 않는 경우에 자발적 결사체(정당과 조직)의 대표를 확인하는 것이다. 이러한 이유로 공식연감(Statskalendern)에 근거해 '미분류' 범주에 시민권료들을 더 포함하지는 않을 것이다.

6) 메이저(1956, 90-101)와 요한손(1992, 78)은 이런 점에 대한 많은 정보에 기반하고 있는데, 그 설명은 모든 단일 위원회 자료에 기반하고 있다. 1인 위원회 수가 세기 초인 1905~09년에 7%에서 세기 중반인 1950~54년에는 34%로 증가했다는 사실은 언급할 필요가 있다. 그림에서 나타난 일반적 추세는 요한손의 1955~89년까지의 더 풍부한 자료에 의해서 확인된다.

이것의 정치적 중요성은 더욱 두드러진다. 상이한 정치진영의 대표로 구성된 위원회 체계가 구 스웨덴 정치모델에서 가장 중요한 제도였다고 주장된다. 정치체제에서 동의를 창출한 것은 제도였다. 헤르만손에 따르면, 위원회가 의회 밖의 다양한 조직된 이해관계로부터 파견된 사람들로 구성될 때 이러한 효과는 강화된다. 그러므로 예비코포라티즘은 정치영역에서 동의를 창출하기 위한 기제이다.7)

전형적인 1인 위원회는 관료가 주도한다는 것도 명백해졌다. 이것은 언제나 그러했을 뿐만 아니라, 시간이 지나면서 이들 위원회가 점차 정치화됨에도 불구하고 여전히 지배적인 형태이다. 1960년대에는 1인 위원회 위원 중 1/10이 정당원이었던 반면, 오늘날에는 4명의 위원 중 1명이 의회 정당에 속해 있다. 조직된 이해관계와 사기업은 모두 합해도 극히 적은 비율의 위원만을 파견해 왔다. 이익집단에서 파견된 위원이 소폭으로 증가했음을 알 수 있는데, 이것은 그 순위의 변화를 표현할 수 있는 정도였다.

그러므로 예비코포라티즘은 주로 2명 이상의 위원을 갖는 위원회를 통해서 실현되어 왔다. 시간에 따른 이러한 발전과정을 나타낸 것이 <그림 3-3>이다.

가장 명백한 결과는 정당이 어떻게 관료를 대신하면서 지배하게 되었느냐이다. 1인 위원회 내의 상대적으로 작은 변화가 그 결과에 상대적으로 강력한 영향을 미친다. 정당은 1980년대 중반 이후 지속적으로 정책결정의 예비단계를 지배하게 되었다.8)

---

7) 시계열적 분석을 통해 나이만은 많은 1인 위원회가 의회 내 상임위원회 규정과 관련된다는 것을 보여주고 있다(Nyman 1999, 206). 헤르만손(1993, 474)의 주장은 동의와 갈등에 관한 약간 다른 조작화를 따르고 있지만 결과는 나이만의 주장과 대체적으로 일치한다.
8) 1980년대 초 그러한 경향의 단절은 아마도 1982년 새로 출범한 사민

〈그림 3-3〉 정부위원회의 구성원 분포(1960-1995): 1인위원회 제외

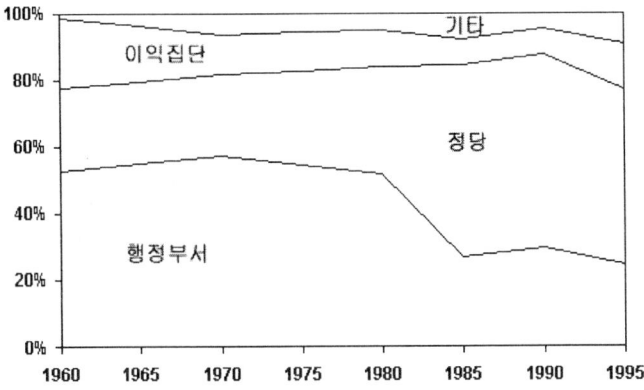

이러한 결과는 예상되었던 것이다. 이것은 초기연구에서 나타난 경향이기 때문에, 정당이 훨씬 더 지배적으로 되었다는 것을 믿을 이유가 어느 정도 있었다(Hermansson 1993). 헤르만손이 연구했던, 정치적으로 더 확산적이고 중요한 이슈의 준비는 정당이 독점했지만, 모든 위원회 참여를 기록한 바에 따르면 그 결과에는 차이가 있다.

두 번째 관찰은 이익집단 대표들 — 필시 스웨덴 코포라티즘의 기반 — 이 실질적으로 그 숫자상 극히 적다는 사실이다. 가장 수가 많았던 1960년대에 그들은 위원회의 1/5을 차지했다. 이 비율은 지속적으로 감소해 1990년에는 단지 10%에 머물렀다. 그럼에도 불구하고 관찰의 마지막 시점인 1995년에도 여전히 이익집단 대표는 위원회에 참여하고 있다. 이것은 예비코포라티즘이 여전히 영향력을 갖고 있으며, 최근의 붕괴에 기반해서 미래에 대해 말할 수 있는 분명한 어

당정부가 위원회 활용에 대한 개혁을 시작한 것으로 설명될 수 있을 것이다. 효율성을 향상시키기 위한 노력으로 위원을 2년 이상 연임시키지 않기로 한 것이다(Söderlind and Petersson 1988).

떤 것도 없다는 것을 의미한다.

여기에서 더 나아가 몇 가지 중요한 뉘앙스가 지적되어야 한다. 이전 연구의 맥락 안에서 부문 간에 분명한 편차가 드러난다. 코포라티즘은 (여기에서는 노동시장과 주택을 포함하는) 사회정책에서 가장 강력한 반면, 전통적으로 코포라티즘과 강력하게 관련되어 온 농업과 다른 경제정책 부문에서는 쇠퇴경향이 강하다. 이 시기 말경에 보이는 반대 경향은 공공부문 내부의 발전으로 설명될 수 있다. 사회정책 내부와는 달리, 이러한 증가는 이전에 관료에 의해 강력히 지배되었던 두 부처, 즉 교육부와 내무부 내에서 나타난다. 나머지 정부부처 ― 국가업무의 중심이라고 할 수 있는 법무부, 외무부, 국방부, 재정부 ― 내에서는 오히려 코포라티즘이 없었고, 그에 따라 시간이 지나도 이들 간에는 편차가 존재하지 않았다.

부문 간의 이러한 편차에 대한 보다 상세하고 조심스런 분석은 그와 같은 경향을 확증한다. <그림 3-4>는 종종 코포라티즘과 연관된 3개 부처, 즉 (운수문제를 다루는) 통신부, 농경부, 노동시장부에 1960~95년간 구성된 위원회에 관한 자료에 근거한 것이다.

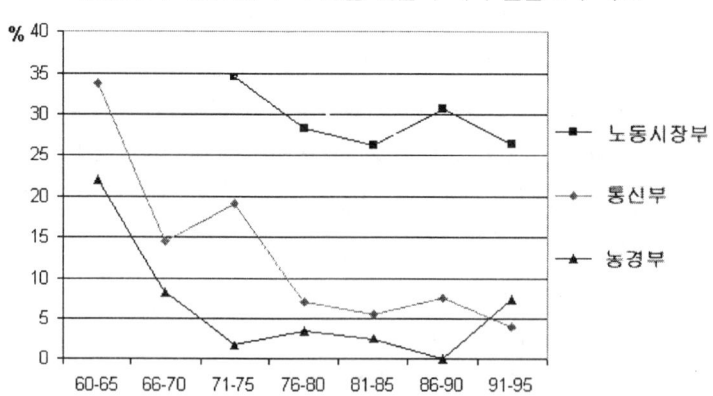

〈그림 3-4〉 1인위원회 외 모든 위원회 내의 민간조직 대표

결과는 분명하다. 코포라티즘이 통신정책과 농경정책에서 일반적 경향 — 이 경향이 비록 강화된다고 하더라도 — 과 일치하는 반면, 노동시장 정책에서는 주로 변하지 않은 채 남아 있다는 것이다.

마지막으로 코포라티즘이 현 세기 말경에 온건한 방식으로 재등장한 것뿐만 아니라, 그 붕괴가 다양한 정도만큼이나 상이한 이해관계에 어느 정도 영향을 미치는지를 검증하는 것이 매우 중요하다. 전통적 대중운동이 지지기반을 잃었는가, 아니면 기업부문에 의해 정치가 물러서고 있는가? 이에 대한 대답이 정치권력이 처한 가능한 전환에 대해 결론을 내릴 수 있는 정보를 주는 만큼, 이 질문은 흥미롭고도 중요하다. 그러나 그것은 경험적 자료의 성격이 더 진전된 평가에 분명한 제약을 주는 지점이다. 자료가 위에서 제시된 질문에 대한 대답에 필요한 범주로 구분되지 않기 때문에, 어떠한 결론도 권위를 가질 수 없다는 것이다. 이러한 의미를 가지면서도 자료는 명백한 경향을 분별할 수 있을 정도로는 그 붕괴가 특히 농업과 주택건설 내의 생산자조직을 제외하고는 모든 부문에 영향을 미쳐 왔음을 시사한다. 이것이 사실이라면, 이것은 대부분 와해된 복지국가를 다시 기획하는 데 기왕의 지지기반이 된다(Hermansson 1993, 제8장 참조).

2) 심의안건의 산출

공적 심의를 위한 정치적 안건을 산출하는 것은 대개 정책결정과정의 당연한 부분이다. 더 정연한 기반 위에서 이익집단과 공공서비스 제도는 위원회가 작성하여 내각에 제출한 안건을 면밀히 심의해야 하거나(심의할 권한이 있거나, anmodade) — 특히 후자의 경우 — 그러한 기회를 갖고 있다. 이익집단 스스로는 이 제도를 정책결정과정에 개입하는 중요한 기회로 간주한다.9) 심의가 정책에 영향을 주는 효율적 수단이라고 할 수는 없지만, 공식적 심의절차가 코포라티즘의 지표라고 주장할 수는 있다. 틀림없이 그것은 정치과정에 대한 제도화된 참여형태이지만, 코포라티즘의 기준을 참여자들이 의거하는 공식적이거나 비공식적인 규율을 갖춘 것으로 정의하기에는 제도가 부족한 점이 있다.

이러한 체계에 대한 초기연구는 매우 특징적인 발전유형을 제시한다. 1970년대 말 — 그 이후로는 더 이상 자료가 없다 — 까지 심의할 안건을 제출받은 조직의 수가 계속 증가하였다. 역사적으로 오직 국가는 특정 정책제안에 가장 크게 영향을 받는 정부기관에 접근했다. 다양한 민간 결사체로부터 공식평가를 수집하는 것도 민주주의 국가와 대중적 정당성 요구와 연계된 현상이다. 더욱더 많은 단체가 이러한 제도의 한 부분을 구성했다. 항상 그대로 있기 때문에 시간이 흘러도 그 수가 증가하지 않는 유일한 이해관계 부문은 관료영역이다. 민간 결사체 가운데는 전문가조직이 명백하게 우세하지만, 명백한 수적 증가의 주요 원인은 노동운동과 기타 대중운동이다(Lewin 1992, 64 이하와 103 이하; Swahn 1980).

문제는 이것을 어떻게 해석하는가이다. 레윈(Lewin)은 조직된 이해관계가 이 영역에서 진정으로 물러나지도 완전히 사라지지도 않았다는 주장을 제외하면, 어떠한 결론도 도출하지 못했다. 아마도 그는 그것을 통해 코포라티즘의 완전한 붕괴라는 명제에 반하는 결론을 암시하는 것 같다. 레윈과 달리 심의안건의 산출이 코포라티즘의 빈

---

9) 회퍼(Hoefer 1996, 76)는 코포라티즘 강도의 한 지표로 심의안건 산출 제도에 대한 단체의 관심을 고려한다. 이러한 관점에서 경쟁의 증가는 오히려 코포라티즘에서 멀어져 일종의 이익집단 다원주의로 나아간다고 필자는 주장한다.

약한 지표라는 관점을 일단 무시하고, 이 글은 그와 같은 결과가 코포라티즘의 약화를 의미한다고 주장한다. 그 유형은 조직된 이해관계가 점차 이 제도를 더 많이 활용한다는 것인데, 이를 코포라티즘의 강화로 볼 수 있다. 그래서 주민들 내에서 다양한 이익집단의 정당한 대표로 간주되는 조직은 그들 자신의 부문이익을 대표할 기회를 얻었다. 그러나 이러한 추세가 모든 집단의 참여가 증가하는 지점에 도달했을 때 참여는 다른 성격을 띤다는 논리가 등장한다. 그러한 상황에서 공식평가 체계에 참여하도록 초대되는 것은 더 이상 특정한 지위나 영향력의 상징이 아니다. 그것은 말하자면 코포라티즘이 아니라 국가 내에서 다원주의의 확대를 나타내는 것이다.

상술한 주장의 취약성은 경험적 근거가 1978년까지의 기간만을 포함한다는 것이다. 1922년에서 1978년까지의 발전을 검토하는 방식과는 별도로 매우 흥미로운 기간을 분석할 경험적 자료가 결여되어 있다. 이러한 비효율성을 해결하기 위해 가능한 정도까지 몇 가지 부가적인 독창적 연구를 수행했다. 여기에서 사용한 원자료는 정부위원회가 제출한 안건을 심의하기 위해 초대된 단체의 다양한 부서가 만든 목록이다.

1971년 이후 노동시장부와 농경부 및 통신부의 모든 목록과 1987~96년 기간 외무부를 제외한 모든 부처의 목록이 분석되었다.10) 총 목록은 1,585개인데, 이 수는 부처당 목록과 연간 목록의 평균 9.5%에 달하는 것이다. 이러한 조사결과는 지난 수십 년 스웨덴이 처한 상황을 명백하게 드러낸다. 3개 특수부처가 처음 15년 동안(1971~86) 보여준 대표적인 이미지로서, 결론은 코포라티즘 체계의 이러한 부분

---

10) 이 많은 작업은 퍼애크 버그(Per-Åke Berg), 마티아스 엑스탬(Mattias Ekstam), 에바 뢴버그(Eva Lönnberg), 헤레나 우켈버그(Helena Wockelberg), 엘리자베스 애커브롬(Elisabeth Åkerblom)이 수행했다.

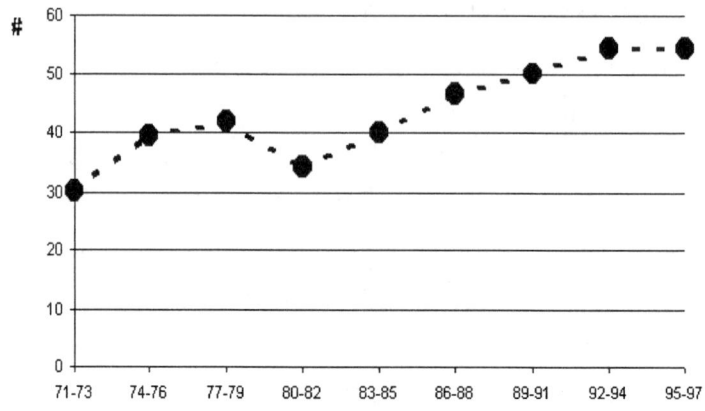

〈그림 3-5〉 산출 목록상의 평균 사례수(1971-1997)

이 내부로부터 사라져 갔다는 것이다. 이 결론은 2개의 상이한 관찰을 조합함으로써 도출된 것이다.

처음에는 각 목록의 평균 사례수가 거의 두 배가 되었다는 사실에 주목했다. <그림 3-5>는 그 수치가 약 30에서 약 55로 증가했다는 것을 보여준다.

동시에 민간조직의 비중이 평균적으로 35~40% 사이에서 변동한다는 사실을 관찰할 수 있다(<그림 3-6> 참조).[11]

이것은 국가가 상이한 조직을 인지하고 인정하는 것을 점차 가볍게 취급한다는 것을 의미한다. 그래서 인지와 인정 같은 것은 덜 중요하게 될 것이다.

---

11) 적은 비중을 차지하는, 정당과 외국의 제도 및 조직과 연계된 조직과는 별도로 다른 모든 사례는(약 60%를 조금 넘는 비율로) 다른 종류의 공공제도이다.

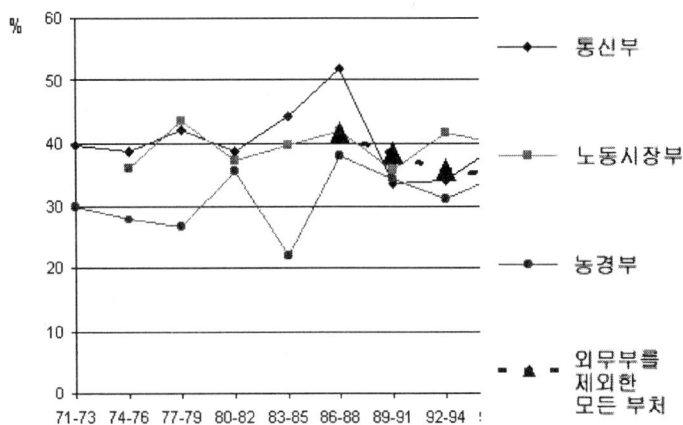

〈그림 3-6〉 산출 목록 사례들 중 민간조직 비중(1971-1997)

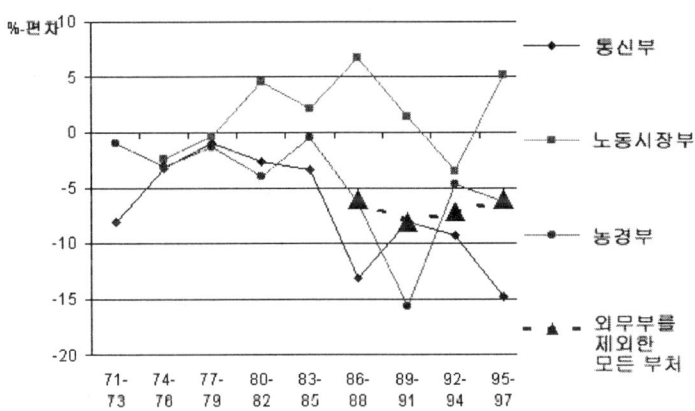

〈그림 3-7〉 산출 목록의 사례들 속에 나타난 노자간 균형

당연히 보다 상세한 분석은 일정한 뉘앙스를 보인다. 지난 10년간 약간 감소하고 있는 민간조직의 비중을 주목하는 것은 흥미롭다. 공공영역은 상실한 분야를 다시 장악하는 데 바쁠 것이며, 다른 전환은 민간부문 내에서 확인될 수 있다. 아래 <그림 3-7>은 노동시장에서

당사자 간의 균형이 어떻게 변했는지를 보여준다.12) 1980년대 중반 이후의 일반적 경향과 1970년대 초반 이후 3개 특수부문 각자의 경향을 알 수 있다.

<그림 3-7>은 어떤 단일한 유형을 나타내지는 않는다. 간단히 해석하면 처음에는 노동이 노동시장 정책과 통신정책에서 지위를 강화해, 전체적으로 균형이 1980년대 중반 3개 부문 모두에서 상당히 잘 이루어진 상태였다. <그림 3-7>이 많은 진폭을 보이지만, 2개의 다른 부문에서 자본에 약간 유리한 '정상성'으로 돌아간 반면, 노동시장 정책에서는 이러한 균형상태가 유지되어 왔음을 보여준다.

6. 행정적 코포라티즘(Administrative-corporatism)

스웨덴 정치체제는 공공행정에 영향을 미칠 커다란 기회를 조직된 이해관계에 부여해 왔다(Rothstein 1992).13) 1990년대 초 이후 이들 조직은 공공행정 내에서 수많은 대표단과 위원회에 참여하도록 초청되었다. 더욱이 주요 이익집단 대표는 자신들이 정부기관의 행정

---

12) 이러한 균형은 노조 전체 숫자와 민간기업 비중 간의 차이로 고찰된다. 그래서 후자는 민간 사용자조직뿐만 아니라 단체협상 조직과 단일 민간기업으로 구성된다.
13) 스웨덴 코포라티즘을 명확하게 기술하기 위해 포함되어야 하지만, 이 장에서 포함하지 못한 영역은 지방자치체 내에서 이루어지는 이익집단 대표다. 이와 관련해서는 더 많은 연구가 필요하다(Öberg 1997; Öberg, Hermansson and Berg 1999, 제5장 참조).

위원회에 충실한 구성원이 될 정도로 체제에 통합되었다. 국가의 다소 독특한 헌법규정에 따라 정부기관이 부처와 관련해서 독립적 지위를 갖고 있기 때문에, 스웨덴에서 이것은 특히 중요하다(Wockelberg 2003).

여기에서는 두 가지 행정적 코포라티즘에 대해 필자의 원래 연구에서 얻은 결과를 보고할 것이다. 스웨덴 코포라티즘을 명확히 기술하기 위해 포함되어야 하지만, 이 장에 포함되지 못한 다른 영역은 지방자치체에서 이루어지는 이익집단 대표이다.14)

스웨덴의 임금협상 모델은 역시 대개 코포라티즘 체제의 일부로 여겨지는데(예를 들어 Lewin 1992 참조), 이것은 아주 잘못된 인식이다. 임금수준을 결정하는 고전적 방식 — 강력히 중앙집중화된 노동과 기업엘리트 간 협상을 통한 — 은 국가의 개입 없이 정기적으로 이루어진다. 그래서 그것은 오히려 코포라티즘에 반하는 것으로 보인다. 그러나 이러한 일부 '자유로운' 협상이 공공정책에 속한다는 사실을 염두에 두어야 한다(Öberg 1994, 59-75). 이러한 측면에서 행정적 코포라티즘 형태를 거론할 수 있다.

노동시장의 상황은 코포라티즘적 제도의 전제조건과 그 제도를 통해 도달하는 실제 협약을 분석적으로 특징짓고 구분해야 할 필요성을 잘 드러내 준다. 그 전제조건이 코포라티즘적 조절에 적절할 때 — 노동시장에서 당사자들은 많지 않지만 강력하고 중앙집중화되었을 때 — 그 전제조건을 필요로 하지 않는다고 할 수 있다. 1950-60년대에 도달한 중앙집중화된 양자협약 및 그 결과로서 (사용자연합 SAF, 노총 LO, 사무직노조 TCO 간) 삼자협약은 주로 협상당사자들에게 자제를 호소하는 것 이상의 어떠한 국가개입도 없이 자유롭게 교섭

---

14) 이 점에 대해서는 Öberg 1997과 Öberg, Hermansson and Berg 1999, 제5장 참조

된 협약이었다(Kunkel and Pontusson 1997 참조). 그러나 집단과 국가 간의 코포라티즘적 조절을 위한 전제조건이 악화되었을 때 — 협상조직은 수가 증가할수록 더 독립적이고 지방적이다 — 국가개입과 조정의 필요성은 증가한다. 1970년과 1980년대 경제위기 시에 국가는 임금수준을 협상하는 노동시장의 협상당사자들에게 공공정책(조세정책 등)을 통해 제약을 가하기 위해 점차 노력해 왔다.

스웨덴 노동시장의 이러한 혼란은 곧 보다 안정된 상태로 귀결될 수 있었다. 사용자와 노동자들이 모두 현재의 상황을 기꺼이 해결하려는 의지를 가지고 있었다. 이 마지막 수년 동안 임금협상은 모든 당사자들의 입장에 기반한 협약에서 부분적으로 해결되었고, 1998년 봄 임금협상의 핵심은 산업부문의 노조와 사용자단체들이 수립한 새로운 틀 내에서 이루어졌다. 새로운 협상틀을 수립하려는 이러한 노력은 국가개입의 위협 하에서 진행되었다. 이에 대해 얼마나 상세히 다루게 될지를 판단하는 것은 아직 이르지만, 곧 1930년대 후반의 고전적 살트셰바덴협약과 이 새로운 모델을 비교한 학자는 있었다(Elvander & Holmlund 1997; Elvander 1997, 1998 참조). 구 협상형태가 국가차원으로 복귀하지 않더라도, 코포라티즘적 조절은 EU 차원에서 성장하고 있다는 분명한 징후가 있다. 유럽위원회는 노조 및 사용자들과 함께 유럽 차원에서 유럽을 위한 보다 진전된 노동입법을 완성하느라 여념이 없다(Vigneau et al. 1999 참조).

1) 정부 기구위원회

최근 정부기구 운영방식에 포괄적인 변화가 있다. 행정부 내의 코포라티즘은 1992년 봄에 의회 내 결정을 통해 공식적으로 폐지되었다(Rothstein and Bergström 1999와 Johansson 2000 참조). 그러나 행정위원회를 남겨둔 이후 어떤 정부기구는 이익집단 대표가 구체적인 자문위원회에 남아 있는 것을 허용했다. 그래서 1992년 결정 — 코포라티즘을 해체하는 중요한 결정으로 간주되는 — 이후 행정위원회의 모든 구성원들은 '직접적' 위임을 획득하게 되었다.15) 물론 이것은 개인이 이익집단의 영향력 있는 구성원일 수도 있다는 사실을 배제하지는 않는다. 그러므로 문제는 그러한 변화가 실재로 얼마나 근본적인가이다.16)

행정위원회를 가진 정부기관의 수는 오랜 기간 꾸준히 증가했다(1960년에 총 318명의 위원과 34개 위원회가 있었고, 30년 뒤에는 총 825명의 위원과 91개 위원회가 있었다). 그러나 최근에는 그 수가 줄어들고

---

15) 그러나 이익집단 대표는 국가노동위원회와 같은 특정 행정위원회에서 다시 제도화되었다.

16) 1960년부터 2001년 사이에 6번에 걸쳐 총 3,466명의 위원회 구성원에 대해 조사했다(각주 3 참조). 위원회 구성원을 분류하기 위해서는 당연히 모험적 기획이 되었다. 기본원칙은 특정 정부기관이 다루는 이슈와 구성원의 전문적 임무 간의 연계를 관찰하는 것이었다. 그러한 연계가 존재할 때 그것이 바로 그 사람에게 위원의 자격이 주어지는 이슈로 해석되었다. 대부분의 경우 그것은 문제가 되지 않았다. 문제는 매우 자주 어떤 사람은 하나 이상의 집단에 속할 수 있다는 것이었다. 그러한 경우에 범주의 결정은 그 사람이 특정 위원회에서 발휘하는 역량을 기준으로 했다(나머지 위원회의 구성 분석을 예로 들 수 있다). 이러한 작업에서 공공기록물, 자서전, 개인 인터뷰 등 다양한 자료를 참조했다. 그럼에도 불구하고 88명(3.1%)의 구성원은 (아직도) 만족스럽게 분류되지 않았다. 이러한 측면에서 고된 실재 작업은 연구조교 크리스티나 타이데스타브(Kristina Tidestav, 1960~90), 스태판 비셰르스테트(Steffan Bjerstedt, 1997), 요한 샌드버그(Johan Sandberg, 2001)가 수행했다. Bjerstedt (1997)과 Sandberg (2003)을 Hadenius (1978)와 비교해서 참조.

있다(2001년 현재 총 618명의 위원과 72개의 위원회가 있다).17) 이것의 명백한 함의는 대부분 최근 몇 년 동안 공공행정 내에서 코포라티즘의 기회가 줄어들었다는 것이다. 이러한 변화는 위에서 제시한 1인 위원회 수의 증가에 조응하는 것이다.

〈표 3-2〉 스웨덴 정부기관 내 이익집단 대표

연도	정부기관 총수	이익집단 대표 비율	이익집단 대표가 최소한 33%를 차지하는 기관 비율(수)	최소한 1명의 이익집단 대표를 가진 기관 비율(수)
1960	34	21	26 (9)	53 (18)
1970	54	24	31 (17)	59 (32)
1980	73	19	19 (14)	63 (46)
1990	91	20	25 (23)	63 (57)
1997	75	17	16 (12)	61 (46)
2001	72	13	5 (4)	60 (43)

다음 기관에서는 2001년도에 33%나 더 많은 이익집단 대표가 참여했다. 소비자청(Konsumentverket), 환경청(SEDAC), 사회보장청(Riksförsäkringsverket), 화학관리청(Kemikalieinspektionen).

---

17) 정부기관을 정의하는 기준은 매우 불명확하다. 분석에 사용된 기준은 다음과 같은 6가지였다(Hadenius 1978 참조). 즉 정부기관은 ① 정부에 직접적으로 종속되어야 하고, ② 전국적인 영향력을 가져야 하며, ③ 항구적인 성격을 갖고, ④ 적어도 장관(director general)이나 그에 준하는 관료가 주관하며, ⑤ 적어도 15명을 고용하고 있는 기관이고, ⑥ 마지막으로 법원과 군부기관은 배제되었다. 투표에 의해 위원회의 결정에서 투표권을 부여받은 사람은 모두 위원회 구성원으로 계산되었다. 그러나 이러한 기준에도 불구하고 구분에는 상당히 문제가 있었다. 일반적으로 포괄적 해석을 적용했는데, 그것은 코포라티즘 범주를 관찰하려고 시도하는 데 유익한 것으로 보이는, 스웨덴 국가행정에 대한 다른 분석에서 나타난 경우보다 더 많은 정부기관이 규정되었다는 것을 의미했다 (Molin et al 1969, 89; Söderlind and Petersson 1988, 53 참조). 이 내용의 출처는 공식연감이다.

코포라티즘이 상당히 쇠퇴했다는 것은 분명하다. 이익집단 대표는 결코 정부기관에서 지배적이지는 않았지만 정부기관 위원회에서는 총구성원 수의 약 20%를 차지하곤 했다. 2001년에는 정부기관 위원회 구성원 중 13%만이 이익집단 대표였다. 더욱이 적어도 1/3의 구성원이 이익집단으로부터 파견된 사람들로 충원되는 기관의 비율은 1970년대에 정점을 이루어 31%에 도달했는데, 지금은 많이 감소하여 5%까지 떨어졌다. 이것은 코포라티즘적 정책결정 — 이익집단 대표 간의 협상이나 심의 — 이 4개 기관에서만 가능하다는 것을 의미한다. 적어도 한 명의 이익집단 대표를 가진 기관의 비율이 수년 동안 안정적이었기 때문에, 이러한 전환의 원인이 기관의 성격변화에 있다고 할 수는 없다. 수많은 기관의 위원회가 한 명 혹은 두 명의 구성원으로 이루어져 있었지만, 위원회 내에서 정부기관 위원회와 다른 이익을 대표하기 위해 발언하는 사람은 아무도 없다. 아마 이것은 그들의 위원회 내 지위가 이익집단 대표라기보다 전문가라는 것을 의미할 것이다.

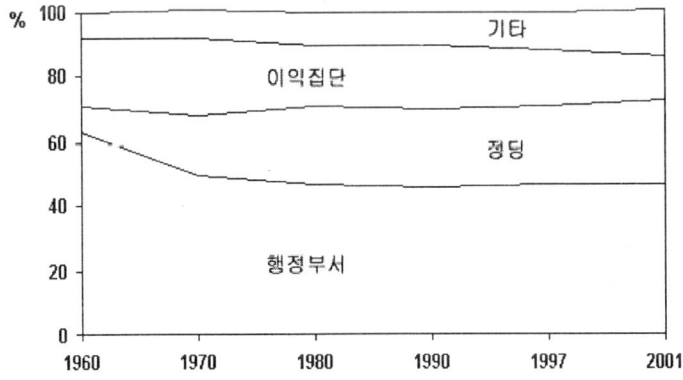

〈그림 3-8〉 정부기관위원회의 구성원 분포(1960-2001)

따라서 1992년 코포라티즘 해체를 위한 공식결정의 영향이 그 결정 이후 몇 년간 분명하지 않았음에도 불구하고(Hermansson et al. 1999) 코포라티즘적 대표의 상당한 감소를 확인할 수 있었다. 게다가 다른 참여자들과 관련해서 이런 변화는 <그림 3-8>에서 보이는 것처럼 역시 중요하다. 이러한 맥락을 따라 드러나는 가장 중요한 전환은 정당 대표의 비율이 이익집단 대표의 비율을 처음으로 넘어선 1980년경에 이미 나타났다. 오랜 시간이 지난 후 위원회에서 행정관료의 감소를 주목하는 것도 역시 중요하다. 정당대표의 증가와 행정관료의 감소가 스웨덴 정치체제의 가장 강력한 일반적 패턴이다(Hermansson 1993, 425). 더욱이 행정관료 집단 내에서 흥미로운 변화가 있었다. 이 시기가 시작될 시점에 행정부서 대표의 다수가 자신들이 속한 정부부서 내에서 왔다는 사실이다.

〈표 3-3〉 통신부·노동시장부·농경부 내 이익집단 대표 비율 (1960~2001)

	1960	1970	1980	1990	1997	2001
농경부	31	33	31	34	25	15
1/3이나 그 이상	50	60	57	55	14	8
최소한 1명	100	80	100	89	71	42
노동시장부	69	68	62	52	23	24
1/3이나 그 이상	100	100	100	75	25	0
최소한 1명	100	100	100	100	100	100
통신부	6	16	10	12	17	8
1/3이나 그 이상	0	33	10	0	10	0
최소한 1명	38	55	50	69	80	50

농경부는 환경보호 부문을 포함하며 그 국가기관위원회에는 26 내지 80석이 있다. 통신부는 통신부 산하의 모든 국가기관을 포괄하며 52 내지 99석으로 구성된다. 그리고 노동시장부는 노동시장 정책을 담당하는 국가기관만을 포함하며(그러므로 일반 사회복지가 아니라 일반 무역과 산업정책 등을 의미한다) 24 내지 56석으로 이루어져 있다. 노동시장부와 통신부는 다른 이슈와 관련해서는 무역 및 산업부와 결합돼 있었다.

오늘날에는 행정관료 4명 중 한 명만이 그러한 배경을 갖고 있다. 그 대신 대학과 다른 기관에서 활동하는 행정관료의 수가 극적으로 증가해 왔다. 그러므로 종사하는 부문의 대표라기보다 전문가로서 정당대표와 행정관료가 정부기관 위원회의 커다란 다수를 이루고 있는 셈이다.

또 하나의 매우 흥미로운 변화는 노동자대표와 기업대표 간 균형의 명백한 변화이다. 조직된 자본이 일정정도 기반을 상실하기는 했지만, 그것은 조직되지 않은 기업이 참여한다는 사실에 의해 일정하게 보완되었다. 이들 대표는 조직되지 않은 자본이 거의 대부분을 구성하는 '다른 것들' 뒤에 신비한 형식으로 숨어 있다.

행정관료의 숫자가 각 부문에서 달리 나타난다면, 일반적 경향이 코포라티즘의 핵심부분에도 영향을 미쳤다는 것이 분명해진다.

농경부문은 행정적 코포라티즘의 핵심영역 중 하나였다. 조직된 이익집단은 최근까지 정부기관위원회의 모든 위원의 1/3을 통제했으나, 그 비중은 현재 15%까지 떨어졌다. 이익집단 대표의 이러한 감소는 대체로 일반적 경향을 반영하고 있다. 다른 모든 부문에서 그에 상당하는 정당대표의 비율은 증가해 왔으며, 농경부문 내에서 이 증가는 10%에 달한다.

분명히 노동시장 부문은 언제나 정치에서 코포라티즘적 조직의 핵심이었다. 이 부문은 한때 행정적 코포라티즘의 핵심이었고, 노동자들의 제도화된 영향력이었다. 그러나 이익집단 대표가 여전히 이 부문에서 중요하다고 하더라도, 이 부문은 가장 극적인 변화가 일어난 부문이었고 현재에도 그렇다. 종합적으로 볼 때 이익집단 대표는 45%까지 떨어졌다. 조직된 기업이 완전히 약화된 반면, 노조 3개 연합의 대표들만이 유일하게 남았다. 그러나 조직되지 않은 기업이 참여하게 되었고, 지금은 전체적으로 노조만큼이나 많은 대표를 갖고 있다. 그렇지만 이러한 위원회 구성원이 스웨덴 기업을 대표한다고 말하는 것이 정당하다고 할지라도, 기업의 이익집단(스웨덴기업연합)에 대한 그들의 관계는 모호하거나 비실제적이다(Eklund 2003). 그래서 노동시장 부문 내에서 코포라티즘의 수준이 쇠퇴했다고 결론내리는 것은 어렵지 않다.

비교하자면 통신부문은 다른 유형을 보이고 있다. 여기에서 이익집단은 결코 지배적이지 않았다. 그러나 다른 부문과는 반대로 이익집단 대표의 비중이 이 시기에 약간 증가했지만, 현재는 8%라는 낮은 숫자로 줄어들었다.

2) 자문위원회

정부기관 내 많은 업무가 보다 작은 위임기구, 업무팀, 자문위원회 및 상설위원회를 통해 수행된다. 그러므로 종종 이익집단들로서는 해당 기관의 가장 높은 수준에서 대표를 파견하는 것만큼 덜 매력적인 수준에서 대표되는 것도 중요하다. 그래서 최근에는 최고 수준에서 대표가 줄어드는 추세에 있지만, 덜 매력적인 수준에서는 코포라티즘이 강력하게 유지되는 것이 가능하다. 그러나 이 연구의 결과는 달라서, 코포라티즘은 상술한 일반적 경향에 조응하여 모든 수준에서 약화되어 왔는데, 특히 지난 10년간 그러했다. 그럼에도 불구하고 가장 영향력 있는 이익집단은 정부기관의 낮은 수준에서 여전히 존재한다.

이러한 결론은 노동시장 집단이 전국 차원의 다양한 자문위원회에 참여하는 것에 관한 연례보고서에서 그들 조직이 스스로 제공한 정보에 근거한 것이다. 이들 자료는 1980년부터 1996년까지 이익집

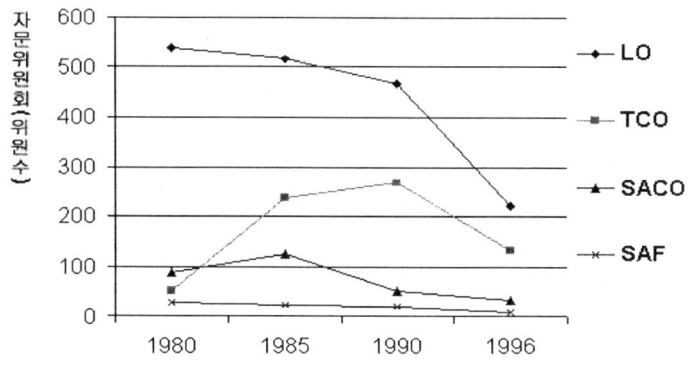

〈그림 3-9〉 자문위원회의 노동시장 집단 대표(1980-1996)

단 대표와 관공서 대표의 수가 급격히 감소해 왔음을 보여준다.18) <그림 3-9>는 다양한 이익집단의 대표가 참여하는 관공서 및 기타 기관과 관련해서 그 절대적 수치가 급격히 감소했음을 나타낸다.

1990년 이후 일정기간 주요한 변화가 발생한 곳에서 감소의 경향을 구별해 낼 수 있다. 이것은 모든 조직에 적용되며, 심지어 다른 노조와 달리 1980년대에 급격히 증가현상을 보인 사무직노조(TCO)에도 적용된다.19) 절대수치에서 가장 큰 폭의 감소는 대표가 541명에서 222명으로 줄어든 노총(LO)에서 나타난다. 사용자연합 SAF는 63

---

18) 집단 대표의 정도를 조사하기 위해 이 글은 참여에 관해 광의의 정의를 사용한다. 이에 따라 상이한 유형의 전문가와 감사관 및 그에 준하는 사람들뿐만 아니라 상임대표와 같은 모든 참여자 유형을 포괄한다. 정부기관은 모든 다양한 유형의 자문위원회(council)·참모집단·위임단체·상설위원회, 정부부처에 속한 위원회와 기관, 그리고 그러한 위원회에 속하거나 지방기관으로 볼 수 있지만 국가위원회나 조사기관이 아닌 위원회와 기관을 포함한다.

19) 이러한 급격한 증가는 대표에 관한 그 조직의 보고가 1980~85년 사이에 변화를 보임에 따fms 관찰의 오류로 설명될 수 있을 것이다.

명이라는 훨씬 더 낮은 수치에서 시작하여 11명에서 끝난다(그 중 9명은 노동시장 부문과 관련된 것으로 해석될 수 있다).20)

코포라티즘의 약화가 모든 이익집단에 영향을 미친다고 할지라도, 사실상 그러한 추세는 사용자연합(SAF)의 상대적 영향력을 강화하는 것이라고 주장할 수 있다. 이 기간에 코포라티즘 체제는 노조의 이해관계가 정치적 영향력을 획득하는 데 근본적인 수단으로 작용해 왔다. 노총(LO)은 특히 정부의 정책이 자신의 이해관계를 고려하도록 영향력을 행사하기 위해 대표를 활용했다. 다른 한편 사용자연합(SAF)은 그들의 회원기업의 수보다는 재정적 자원에 의존해 왔으며, 공식대표 문제에 대해 노동조합이 갖는 필요성을 느끼지 않았다(Korpi 1981 참조). 정부기관에서 집단대표가 감소하는 현상은 노동단체와 기업단체가 국가(와 사민당)에 대한 관계에서 더 유사하도록 만들었는데, 그것은 사실상 노조이익을 위한 영향력의 실질적 손실을 의미했다.

이러한 일반적 경향이 생겨난 점을 고려해 볼 때, 다른 국가와 비교해 집단이 여전히 강력한 지위를 차지하고 있는 스웨덴 정치체제 내에서 일어나는 변화를 이 글이 이야기하고 있음을 지적할 필요가 있다. 이 글이 이익집단 대표를 관찰하기 위해 어떤 방법을 선택하든, 주요 집단이 여러 정부기관에서, 그리고 특히 노동시장 부문에서

---

20) 대표를 관찰하는 관점은 다양한 이익집단 연합체에 따라 다르다. 노조 연맹체(노총 LO, 전문직노조 SACO, 사무직노조 TCO)가 조직원의 독립적 대표를 연합체의 한 구성원으로 보는 더 자유주의적 관점을 취한다면, 사용자연합(SAF)은 연합체로부터 공식적으로 파견된 것으로 보수주의적 견해를 갖는다. 이러한 상황은 비교를 더욱 어렵게 한다. 그러나 연합체는 어떤 기관이 자신의 보고서에 포함될 것인가에 대해 유사한 기준을 사용한다.

대표를 파견하고 있다는 것은 사실로 남는다. 1996년 노동시장과 관련된 부문의 상이한 정부기관 내에 노동연맹은 1백 명에 육박하는 대표를, 그리고 사용자연합은 약 50명의 대표를 가지고 있었다. 스웨덴 코포라티즘에서 지적된 약화는 오히려 높은 수준에서 시작되었다. 그러나 코포라티즘이 여전히 존재한다고 하더라도 현재 수준으로 하락한 것은 실질적일 뿐만 아니라 일반적인 것이었다.[21]

7. 집단의 새로운 역할

수년 동안 사회과학자와 기타 다른 평자들은 스웨덴 코포라티즘이 붕괴되어 왔고, 그에 따라 정치체제가 더욱 다원주의적 성격을 띠게 되었다는 명제 — 대개는 신빙성 있는 증거 없이 — 를 도식적으로 반복해 왔다. 여기에 제시한 경험적 근거에 기반해서 그러한 명제는 적어도 부분적으로만 진실임을 확인할 수 있다. 코포라티즘적 조절양식이 중요했던 만큼 많은 해가 거듭되면서 그 조절양식은 다른 조절양식으로 변경되었다. 그러나 코포라티즘의 해체는 한 번에 갑작스럽게 발생하지 않았으며, 아직 완성되지도 않았다.

그렇지만 이 글의 주 결론은 이익집단 대표가 일정하게 감소했다는 것이 아니다. 가장 중요한 변화는 지난 수십 년간 정치인이 이전

---

[21] 한 집단이 관공서에서 대표를 완전히 상실하지 않고 그 수만 감소하고 있으므로, 대표의 수에 초점을 둔다면 이 점은 더욱 분명해질 것이다. 예를 들어 노동연맹은 1980년 911명에서 1996년 316명으로 대표의 수가 줄었다.

보다 훨씬 크게 의사결정의 준비와 집행을 지배하는 영향력을 갖게 되었다는 것이다. 정치인(과 정치적으로 임명된 관료)은 일반 위원회와 정부기관위원회에서 수적으로 증가하고 있고, 이러한 지배는 주로 (다른) 관료의 희생을 대가로 하는 것이었다. 정치인과 이익집단 대표 간의 균형도 역시 정치인에게 유리한 방향으로 변화한 이후에는 코포라티즘의 약화를 말할 수 있다.

정부위원회에서 정치인의 이러한 지배와 달리 1인 위원회의 활용은 증가하였다. 그러나 이 연구체계에서 이익집단은 기대한 만큼 중요한 역할을 수행하지는 않았다. 그러므로 과거의 초기단계에 가졌던 이익집단의 영향력을 과장해서는 안 된다. 이 연구를 통해 발견된 영향력 감소 역시 지지기반의 항구적 손실로 간주되어서는 안 된다. 위에서 본 것처럼 이익집단 대표는 수가 감소하여 위원회 구성원의 1/10에 해당하지만, 1990년대 초반에는 약간 증가하였다.

심의안건 산출체계에 초점을 둔다면 역시 명백한 경향이 드러날 수 있다. 더 이상 공식적 평가를 위해 선택된 특권은 거의 없어졌지만, 점점 더 많은 행위자가 이러한 방식으로 행동하고 있다. 자신들의 영역 밖에서 기선을 잡으려고 다투는 이익집단 대표가 많아질수록 정치인들의 관심 확보가 더욱 어려워지고 있음은 분명하다.

정부기관위원회에서도 동일한 경향이 보인다. 이익집단 중에서도 특히 노동조직의 약화가 드러나고 있지만, 예상할 수 있었던 만큼은 아니다. 보다 중요한 것은 관료의 현저한 약화와 정당 영향력의 두드러진 강화였다. 그러므로 이 글의 결론은 노동시장 집단 — 농민집단과 함께 과거 코포라티즘을 이끌어왔던 집단 — 이 공공 정책결정으로부터 축출되거나 물러나도록 선택되었다는 것이다.

그러나 이러한 결과가 이 집단이 스웨덴 정치무대에서의 영향력이나 사회발전에서의 역할을 상실했다는 결론을 유도하는 것은 아니다. 이 집단이 과거에 참여했고 최근의 사회적 추세에 따라 변화하지 않은 공적 논쟁에서 종종 이러한 주장이 만들어졌다 하더라도, 사실상 구성원의 수는 시간이 지남에 따라 증가해 왔고 결코 현재 수준을 넘어서지는 않았다.22) 구성원 속에서 행동주의는 감소해 왔으나, 오늘날 집단이 정치인과 다르게 상호작용하고 있다고 하더라도 그들의 정치적 영향력은 유지되고 있다.

노조가 정책결정과정에서 주변화되고 있다는 사실이 노동자의 중요성이 약화되고 있다는 사실에 수반되는 것은 아니다. 『스웨덴의 권력과 민주주의 연구』(The Study of Power and Democracy in Sweden)에 따르면, 집단의 영향력은 1986년에 정점에 도달했으며, 그 이후 지속적으로 약화되었다. 이러한 추세는 서구 세계의 다른 지역에서도 확인되는 것처럼 보인다(SOU 1990, 44, 177). 그러나 필자는 그러한 결론에 의문을 제기한다. 만일 이 연구가 채택한 기간보다 더 오랜 기간 노조(LO)의 조직률을 분석한다면, 다른 결과가 나올 것이다.

노조조직률은 1986년 이후 계속 감소하여 1990년에 80.9%로 가장 낮게 나타났으나, 그 이후 다시 상승하여 오늘날에는 1980년대 중반과 거의 동일한 수치를 보이고 있다. 1986년을 극단적 이탈시기로 간주하고 고려에서 배제한다면, 세계적 추세가 스웨덴에서는 나타나지 않았다는 것이 분명해질 것이다. 사실 이러한 방식으로 본다면, 스웨덴의 노조조직률은 83% 주위에서 매우 안정적인 상태로 유지되어 왔다. 상이한 노조의 전통을 가진 국가들을 비교해 보면, 세계적 추세는 점차 이탈되어 가고 있음이 나타난다. 더욱 이질적으로 되어 가는 노동시장의 성격은 그에 따라 『스웨덴의 권력과 민주주의 연구』가 예상했던 경향을 보이지 않았던 것이다.23)

---

22) SOU 1990; 44, 173과, 지난 10년간의 발전에 대해 민주당 모니터(Democratic Audit)가 제출한 1998년 보고서(Petersson et al 1998).

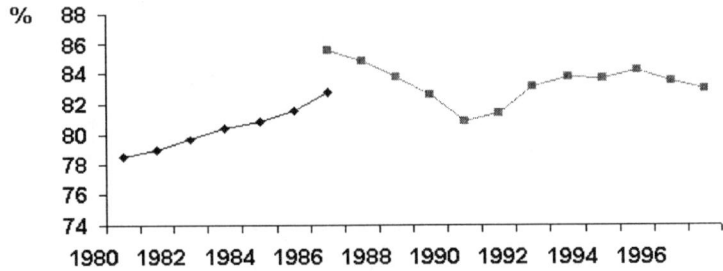

〈그림 3-10〉 스웨덴 노조조직률(1980-1997)

자료: *The Study of Power and Democracy in Sweden* : SOU 1990. 44. 177: "Degree of unionization among women and men." *Department of wage and worklife,* May 1996. 20. LO homepage 1997-97-16. 1986년의 다른 수치들은 그 해를 전후한 노조 조직률을 산출한 다양한 방법들을 따른 것이다.

공식 코포라티즘 조절양식을 통해 약화된 노동자조직의 영향력이 조합원의 상실을 야기하지는 않았다. 조합원을 근거로 판단할 때 조직은 이전과 마찬가지로 강력하다. 그러나 노동자조직은 새로운 동기부여 방식과 정치시장에서 다른 조직과의 더 격렬한 경쟁에서 조합원을 활용하도록 강요받고 있다.

노조 밖으로 관심을 돌리면, 수많은 모순적 경향을 발견할 수 있다. 자발적 조직의 조직원 수가 이전보다 많은 시기에도 불구하고 전통적인 대중조직 — 항상 정치인과 제도화된 상호작용을 하는 조직

---

23) LO: "Degree of unionization among women and men," *Department of Wage and Worklife*, May 1996, 20. 동일한 시각에서 지적하고 있는 국제비교는 Kunkel and Pontusson 1997; Lange and Scruggs 1997. 전문직의 선택이 조직률에 중요한 영향을 미치지는 않으며, 여성은 남성보다 노조에 더 많이 가입하고 있다. 1990년 이후 가장 현저한 상승은 주요도시와 청년층에서 나타났다. 위의 LO 보고서와 LO 홈페이지 참조.

― 은 조직원 수의 감소와 행동주의 약화라는 하강순환을 벗어나지 못했던 것으로 보인다. 그 반대의 경우는 정치에 대한 전통적인 결합을 보이지 않고 덜 경직된 내부구조를 가진 최근의 조직에서 발견된다(Rothstein et al. 1995 참조).

8. 코포라티즘 약화의 정치적 함의

필자의 초기연구에 의해 보완된 이전 연구를 체계적으로 읽으면, 스웨덴 코포라티즘의 붕괴라는 풍문이 근거가 없지는 않다는 것을 알 수 있다. 과장해서 말한다면 코포라티즘은 소멸되었(고 사장되었)다. 그러나 경험적 자료에서 나타난 반대경향을 지적한다면, 지난 20~30년간 스웨덴 코포라티즘에서 중요한 어떤 일이 발생했다는 것도 틀림없는 사실이다. 타당한 해석은 코포라티즘의 중요성이 감소해 왔다는 것이다. 이것을 어떻게 해석해야 하는가? 이 단계에서 명확한 해답을 제시할 수는 없지만, 그럼에도 불구하고 우리가 찾고 있는 대안적 해답을 제시함으로써 이 장을 결론지으려 한다. 무엇이 코포라티즘을 대체했으며, 이러한 변화가 어떠한 방식으로 정치체제의 균형을 변화시켰는지를 밝힐 필요가 있기 때문이다.

1) 새로운 정치체제

여기에서 필자는 근대 스웨덴의 정부형태가 어떠한 성격을 띠는지, 그리고 어떻게 발전하는지에 대한 가장 적절한 세 가지 대안적 해석을 제공하려고 한다. 사법적 민주주의, 이익집단 다원주의, 그리고 다른 수준에서는 심지어 코포라티즘도 그것이다. 사법적 민주주의는 현 정치질서가 법제화된 정도, 즉 더욱더 성문헌법에 의존하게 되는 정도를 강조함으로써 정의될 수 있다. 심지어 집단의 수가 증가함으로써 그들이 상이한 이슈에 관해, 그리고 비인습적인 수단을 가지고 자신들의 목소리를 내게 된다고 할지라도, 그러한 '소음'은 이전에 더 정확히 분류되고 고립된 의회의 정책결정으로부터는 동떨어져 있는 상태이다. 이러한 해석의 맥락에서 볼 때, 공식적 공공정책 결정은 점차 정당과 의회의원이 지배하게 되었다. 바로 이러한 추세가 이 연구가 밝혀낸 가장 명백한 결과 중의 하나이다. 이 해석에 따르면, 스웨덴이 자유코포라티즘 모델에서 벗어나 사법적 민주주의의 이념적 형태를 향하고 있다고 주장하는 테오도르 로위(Theodore Lowi 1979)의 모델에서 지적되는 것처럼, 국가와 사적 이익집단 간의 더욱 명확한 분리가 발전하여 왔다.

그러나 이익집단이 정치인과의 공식화된 상호작용을 거부하고 그로부터 거리를 둔다고 할지라도, 권력에 접근하는 다른 채널이 없는 것은 아니다. 현재의 맥락에서 집단은 정치인에게 자신들의 주장을 전달할 공간을 찾고 공중에게 알려 여론을 동원하기 위해 다원적인 수많은 다른 조직 및 개인들이 경쟁해야 한다는 것을 알게 된다. 그러므로 스웨덴 정치체제의 변화방향을 이익집단 다원주의로 특징짓는 것이 훨씬 더 정확하다. 스웨덴 정치는 덜 규율되고 개관하기 더 어려운 형태를 띠게 되었으며, 로비와 덜 가시화된 네트워크의 경향을 보여 왔다.

그러나 아직은 중앙 차원에서 다원주의의 증가를 제시하지만 여전히 다른 차원에서는 코포라티즘이 강력히 유지되고 있음을 주장하는 부분적으로 더 보완적인 해석이 있다. 여기에서 지역(counties), 지방자치체 혹은 유럽연합 내에서 공적 영역과 이익집단 간의 관계가 갖는 성격을 분석하지는 않았다.24) 그러나 노동시장의 이익집단이 여전히 지역 차원의 다양한 공공제도에서 대표되고 있음은 사실이다. 일반적으로 정치체제가 발전함에 따라 지방에서 선출된 정치인의 손에 더 많은 권한과 책임이 맡겨져 왔으며, 이 차원의 공공행정에 더 많은 역량이 주어져 왔다. 그들 자신의 권한으로 국제적 기획에서 행위자가 될 수 있는 지방 차원의 능력이 증가함과 더불어, 그러한 발전추세는 지방과 중앙 간의 상대적 권력균형의 커다란 변화를 가져왔다. 이익집단이 더 이상 중앙국가의 재정지원에 의존하지 않는다는 사실은 이들 집단이 지방 차원에서 더 많은 현실적 재정지원을 받을 수 있다는 것을 의미할 수 있다.

이것은 어디에서 충분히 드러나는가? 먼저 검증되어야 할 우리의 가설과 예상되는 결론은 오늘날 스웨덴 정치가 코포라티즘에서 다원주의로 일정하게 변화하고 있다는 것이다.

2) 균형의 변화와 권력의 성격

스웨덴 정치체제에서 다원주의 증가라는 변화는 권력균형의 두 가지 중요한 전환을 가져왔다.

첫째, 노동자조직의 희생을 대가로 기업의 영향력이 증가하였다. 여기에 선거매체 전략과 전문적 로비를 통해 공공여론을 자신들에게 유리하게 돌리기 위해 기업이 사용한 방식의 발전이 더 언급되어

---

24) 코포라티즘 발전에 관한 유럽연합의 영향에 대해서는 Andersson 1998 과 Vigneau et al 1999를 참조.

야 한다. 스웨덴 사용자단체의 전략과 구조의 변화, 즉 중앙집중화된 협상기구에서 능률적인 로비조직으로의 전환이 그 표현으로 간주될 수 있다.

둘째, 조직된 시민에서 미조직된 시민으로 영향력이 분명하게 이동했다는 사실이다. 비공식적 네트워크에 대한 의존과 로비가 갖는 중요성이 증가함으로써 직접적·경제적 자원을 가진 개별 행위자들의 영향력이 증가하였다. 그래서 개별 행위자의 권력자원은 이전보다 훨씬 더 많은 차이를 보이게 되었다.

코포라티즘의 해체는 이후의 결과로 아마도 스웨덴 사회를 규정하는 성격을 상실하게 될 것이다. 대부분의 다른 사회와 달리 스웨덴에는 하나의 엘리트가 아니라 두 부류의 엘리트가 있다. 이것은 노동운동의 조직네트워크가 대안적 엘리트 충원의 기반을 형성해 왔기 때문이다. 이것의 정치적 영향력으로 인해 스웨덴 정치엘리트들은 더욱 급진적이고 자유주의적인 견해 및 더욱 광범위한 사회적 정당성을 확보할 수 있게 되었다(SOU 1990, 44와 355 이하; Petersson et al 1996, 제3장). 더 다원주의적인 사회로의 이동이 일반적으로 집단의 약화와, 특히 노동자조직의 약화를 의미한다면, 스웨덴에서도 더욱 전통적인 엘리트들이 사라진다고 할 수 있을 것이다. 어떤 분석가는 이러한 변화를 이미 정치적으로 약화된 상황이 더 악화된 것이라고 주장할 것이다. 반면 다른 분석가는 이 변화를 오래 전에 붕괴되었어야 할 건전하지 못한 (사회민주주의) 권력의 사회구조가 바람직하고도 당연하게 붕괴한 것이라고 이야기한다.

그러나 정치발전을 지배하는 자연법칙은 없다. 집단이 반드시 정치적으로 주변화된다는 것을 받아들일 필요는 없으며, 반대로 그들이 그것을 원한다고도 할 수 없다. 실제로 발생한 것에 대한 연구가 더 필요하다. 구체적으로 로비와 직접접촉 같은 기업의 정치행위 및 코포라티즘의 약화를 둘러싼 집단의 정치적 행위의 변화를 정치와의 관련성 속에서 밝혀야 할 것이다.

참고문헌

Bergqvist, Christina. 1997. "Korporatismens nedgång-kvinnornas framgång?" Elisabeth Sundin and Anita Nyberg, eds. *Ledarskap ur ett genusperspektiv.* Kommande rapport till Kvinnomaktutredningen.

Bjerstedt, Staffan. 1997. "Särintressen i statliga verksstyrelser." Stencil, Statsvetenskapliga institutionen, Uppsala universitet.

Cawson, Alan. 1986. *Corporatism and Political Theory.* Oxford: Basil Blackwell.

Dahl, Robert A. 1982. *Dilemmas of Pluralist Democracy. Autonomy vs. Control.* New Haven and London: Yale University Press.

Eklund, Magnus. 2003. "Vad representerar näringslivsrepresentanten?" Svensson and Öberg, eds. *Korporatismen vid millennieskiftet;*

Elvander, Nils. 1957. "Rudolf Kjellén och nationalsocialismen," *Statsvetenskaplig Tidskrift,* 15-41.

Elvander, Nils. 1988. *Den svenska modellen. Löneförhandlingar och inkomstpolitik 1982-1986.* Stockholm: Allmänna förlaget.

Elvander, Nils. 1992. *Lokal lönemarknad. Lönebildning i Sverige och Storbritannien.* Stockholm: SNS Förlag.

Elvander, Nils and Bertil Holmlund. 1997. *The Swedish bargaining system in the melting pot: Institutions, norms and outcomes in the 1990s.* Stockholm: Arbetslivsinstitutet.

Esaiasson, Peter and Sören Holmberg. 1996. *Representation from Above. Members of Parliament and Representative Democracy in Sweden.* Aldershot: Dartmouth.

Hadenius, Axel. 1978. "Ämbetsverkens styrelser." *Statsvetenskaplig Tidskrift,* 19-

31.

Hadenius, Axel. 1981. *Spelet om skatten. Rationalistisk analys av politiskt beslutsfattande.* Skr. utg. av Statsv. för. i Uppsala, 88. Stockholm: Norstedts.

Hermansson, Jörgen. 1993. *Politik som intressekamp. Parlamentariskt beslutsfattande och organiserade intressen i Sverige.* Stockholm: Norstedts juridik.

Heckscher, Gunnar. 1936. "Den fria korporatismen i Sverige." *Nordisk Tidskrift för vetenskap, konst och industri* 12, 89-109.

Heckscher, Gunnar. 1944. "Folkrörelser och intresseorganisationer. Några problemställningar." *Statsvetenskapliga studier till Statsvetenskapliga föreningens i Uppsalas tjugofemårsdag* 7, No. 11, Skrifter utgivna av Statsvetenskapliga föreningen i Uppsala, 20. Uppsala: Almqvist & Wiksell.

Heckscher, Gunnar. 1946. *Staten och organisationerna.* Stockholm: Kooperativa förbundet.

Hoefer, Richard. 1996. "Swedish Corporatism in Social Welfare Policy, 1986-1994: An Empirical Examination." *Scandinavian Political Studies* 19, No.1.

Johansson, Jan. 1992. "Det statliga kommittéväsendet. Kunskap, kontroll, konsensus." *Stockholm Studies in Politics* 41.

Korpi, Walter. 1981. *Den demokratiska klasskampen. Svensk politik i ett jämförande perspektiv.* Stockholm: Tidens förlag.

Kunkel, Christoph and Jonas Pontusson 1997. "Corporatism vs Social Democracy: The Divergent Fortunes of the Austrian and Swedish Labor Movements." APSA-paper, Washington D.C, August 28-31.

Lange, Peter and Lyle Scruggs. 1997. "Where Have All the Members Gone? Union Density in the Era of Globalization." Paper prepared for APSA, Washington DC, August 28-31.

Lewin, Lief. 1992. *Samhället och de organiserade intressena.* Stockholm: Norstedts.

Lowi, Theodore. 1979 (1969). *The End of Liberalism: Ideology, Policy and the Crisis of Public Authority*. New York: Norton.

Meijer, Hans. 1956. *Kommittépolitik och kommittéarbete. Det statliga Kommittéväsendets utvecklingslinjer 1905 – 1954 samt nuvarande funktion och arbetsformer*. Lund: CWK Gleerup.

Meijer, Hans. 1969. "Bureacracy and Policy Formulation in Sweden." *Scandinavian Political Studies* 4, 103–116.

Micheletti, Michele. 1994. *Det civila samhället och staten. Medborgarsammanslutningarnas roll i svensk politik*. Stockholm: Fritzes.

Molin, Björn, Lennart Månsson and Lars Strömberg. 1968. *Offentlig förvaltning. Stats- och kommunalförvaltningens struktur och funktioner*. Stockholm: Bonniers.

Nordby, Trond. 1994. *Korporatisme på norsk*. Oslo: Universitetsforlaget.

Petersson, Olof, Jörgen Hermansson, Michele Micheletti and Anders Westholm. 1996. *Demokrati som ledarskap. Demokratirådets rapport 1996*. Stockholm: SNS.

Rexius, Gunnar. 1917. "Förstakammarfrågan." *Svensk Tidskrift*, 253–259.

Rothstein, Bo. 1992. *Den korporativa staten*. Stockholm: Norstedts.

Rothstein, Esaiasson, Micheletti Hermansson and Olof Petersson. 1995. *Demokrati som dialog. Demokratirådets rapport 1995*. Stockholm: SNS förlag.

Sandberg, Johan. 2003. "Korporativismen i myndigheternas styrelser." Svensson and Öberg, eds. *Korporatismen vid millennieskiftet*.

Schmitter, Philippe C. 1974. "Still in the Century of Corporatism." *The Review of Politics*, 85-131.

Schmitter, Philippe C. 1982. "Reflections on Where the Theory of Neo-Corporatism Has Gone and Where the Praxis of Neo-Corporatism May Be Going." Lehmbruch and Schmitter, eds. *Patterns of Corporatist Policy-Making*. London: Sage.

Schmitter, Philippe C. 1977. "Modes of Interest Intermediation and Models of Societal Change in Western Europe." *Comparative Political Studies* 10, 7-38.

SOU 1983: 39. *Politisk styrning- administrativ självständighet*. Betänkande från Förvaltningsutredningen.

SOU 1985:40. *Regeringen, myndigheterna och myndigheternas ledning*. Betänkande från Verksledningskommittén.

SOU 1990:44. *Demokrati och makt i Sverige*. Maktutredningens huvudrapport.

Swahn, Urban. 1980. Interest Representation in Swedish Law-Making 1922-1978.

"Remiss" circulation of Swedish government official reports (SOU), ECPR Workshop on "Interest Groups and Government", Firenze March 25-30.

Söderlind, Donald. 1961. "Demokrati och parlamentarism i svensk högerpress 1918-1922." Kihlberg and Söderlind. *Två studier i svensk konservatism 1916-1922*. Stockholm: Almqvist & Wiksell.

Söderlind, Donald and Olof Petersson. 1988. *Svensk förvaltningspolitik*. Andra upplagan. Uppsala: Diskurs.

Tingsten, Herbert. 1933. *Demokratins seger och kris. Vår egen tids historia 1*. Stockholm: Bonniers.

Truman, David. 1960 (1951). *The Governmental Process. Political Interests and Public Opinion*. New York: Alfred A. Knopf.

Williamson, Peter J. 1989. *Corporatism in Perspective. An Introductory Guide to Corporatist Theory*. London: Sage.

Wockelberg, Helena. 2003. *Den svenska förvaltningsmodellen. Parlamentarisk debatt om förvaltningens roll i styrelseskicket*. Uppsala: Acta Universitatis Upsaliensis.

Öberg, PerOla. 1994. *Särintresse och allmänintresse: Korporatismens ansikten*. Uppsala: Acta Universitatis Upsaliensis.

Öberg, PerOla. 1997. *Medborgarnas inflytande och särintressenas makt. Korporatism och lobbying i statsförvaltningen*. Rapport till förvaltningspolitiska kommissionen. Politiska Institutioner och Strategiskt Agerande 17. Uppsala: Statsvetenskapliga institutionen, Uppsala universitet.

기타 참고자료

스웨덴노총(LO)
Verksamhetsberättelse 1990-1996.
Uppdragsregistret 1982, 1985, 1989, 1993/94, 1996 (stencil).
Den fackliga organisationsgraden bland kvinnor och män. Löne-och arbetslivsenheten -maj 1996.
LOs hemsida 1997-07-16: http//www.lo.se/cgi-bin/iopress-update?showmessage=107.

스웨덴전문직노조(SACO)
Verksamhetsberättelse: 1985, 1990 - 1996.
Till SACO/SR:s verksamhetsberättelse 1980. Förteckning över representanter i externa och interna organ, och avgivna remissvar.

스웨덴사무직노조(TCO)
Bilaga till verksamhetsberättelsen. TCO:s yttranden mm. 1980, 1982, 1985, 1990-1992.
TCO:s representation i offentliga organ 1996 (Stencil).

스웨덴사용자연합(SAF)
Kalender 1981, 1984/85, 1988/89, 1996/97.

Statskalendern

제4장 세계의 변화와 벨기에의 산업관계*

Kurt Vandaele

1. 서론: 코드로서의 소규모

오늘날 지구적 경쟁이 '세계시장 안의 작은 나라' 논쟁을 이전보다 훨씬 더 유용하게 만드는 것처럼 보인다는 주장이 빈번하게 제기된다. 세계화라는 명제 아래 모든 국가는 경제적 취약성을 경험한다. 세계화의 위협으로 인해 대중잡지와 언론의 강조를 언급하지 않더라도 모든 국가는 세계경제의 순환경향에 고도로 의존하는 것이 명백하다. 그러나 역사적 관점에서 볼 때 세계화는 경제사에서 특이하지는 않다. 모든 세계화의 파도는 이전의 것과 근본적으로 다름에도 불구하고 반복되는 과정인 것이다(Bordo et al. 2003).

내수시장의 협소함과 규모의 경제로 인해 작은 나라의 경제는 구

---

* industrial relation은 대개 노사관계로 번역된다. 그러나 노동자와 사용자의 관계에 직접 관련되지 않은 내용까지 포괄하기 위해 이 글에서는 산업관계로 번역하기로 한다(역주).

조적이지만, 세계화에 의해 창출된 개방성은 가변적이다. 왜냐하면 국내 소비자는 수입에 크게 의존하고 국내 생산자는 수출에 고도로 의존하고 있기 때문에, 작은 나라는 세계시장 안에서 변화에 민감한 장기 지속적인 전통을 갖는 경향이 있다. 임금소득자에게 이것은 고임금과 고용위기를 의미한다(Katzenstein 1985). 반대로 캐머론(Cameron 1978)의 시계열조사에서 잘 알려진 것처럼 정부규제에 의한 개방경제의 좌절효과로 인해 세계시장에의 고도노출이 불평등을 크게 심화시키지는 않는다.

1) 정부의 행위공간

세계화가 가속화되는 시점에 훨씬 광범위한 자료를 토대로 로드릭(Rodrik 1998)은 동일하지만 더 확고한 결론을 내린다. 고도의 세계시장 노출을 수용하는 것은 불평등을 줄이는 사회보장을 통해 덜 위험한 정부지출을 유도한다는 것이다. 게다가 가레트(Garrett 1998)는 무역개방뿐 아니라 재정개방까지 연구함으로써 우파정부의 국가보다 정치적 좌파와 노조의 영향력이 큰 국가가 정치적 보상요구에 더욱 민감하다고 주장한다. 더 나아가 비교사적 관점에서 노조조직률은 대규모의 국내경제보다 소규모의 수출지향적 시장에서 상대적으로 더 높다(Ebbinghaus 2002). 그러나 사회복지 지출을 위한 외생적 이유로, 세계화 증후군에 의해 발생한 경제적 불확실성은 복지국가 팽창의 대안적 설명을 제공하는 탈산업화에 의해 야기된 위기로부터 도전받는다(Iversen and Cusack 2000). 더욱이 탈산업화는 세계화에 의해 진행된 것이라기보다는 주로 자본주의에 고유한 구조적 전환과 국내적인 장기적 과정의 결과, 다시 말해 인간을 잉여적 존재로 만드는, 기계에 의한 인간의 대체나 기술변화의 결과로 보인다(Krugman 1996).

그럼에도 불구하고 사회복지 지출에 대한 외인적·내인적 설명은 세계화의 결과로서도 정부가 어느 정도까지는 국가 자율성을 유지하고 있음을 밝히는 보충적 해석이다(Schmidt 1997). 이것은 이미 1980년대 중반에 카첸슈타인(Katzenstein)이 제시한 견해이다. 그는 작은 나라가 특별한 '국내 보상전략'을 적용하고 있다고 주장하면서 자신의 『세계시장 내 작은 나라들』(Small States in world markets) (Katzenstein 1985, 47)에서 세계시장 의존성에도 불구하고 통치의 국가 자율성을 강조한다. 돌이켜보면 카첸슈타인(Katzenstein 2003)은 대부분의 평가가 이 독창적 저작의 주요 논증을 간과했다고 주장한다. 과도하게 비교사적 분석에 의지함으로써 카첸슈타인은 소규모 국가가 그 자체로 중요한 것이 아니라, 소규모는 경제와 기타 특별한 정치전략의 취약성을 인식하는 코드로서 중요하다는 인과적 추론을 도출한다.

2) 연구의 개요

이 글은 벨기에의 취약성 인식과 특별한 정치전략을 다룬다. 1860년대 초에 벨기에는 보호주의와 중상주의 경제정책을 포기했다. 그 이후 벨기에의 엘리트는 자유무역을 최고의 주요원칙으로 삼았다. 보호주의는 더 이상 선택할 사항이 아니었고, 예를 들어 철도선 확장을 통해 국내시장의 경제적 성장을 촉진하는 것은 더 이상 우선순위가 아니었다. 관세장벽을 낮춤으로써 벨기에 경제는 이미 제1차 대전 이전에 유럽에서 최고 수준의 개방성을 갖추었다(Huberman and Lewchuk 2001, 7). 1,000만 주민을 가진 소규모 개방경제로서 벨기에는 종종 세계무역의 자유화에서 선두를 달렸고, 경제적 다국간 상호자유무역의 발전에 적극적으로 기여했으며, 유럽통합의 열렬한 지지자가 되었다(Coolsaet 2003). 20세기 내내 수출지향 부문의 경제적 지위가 지속적인 관심사였는데, 특히 포드주의 축적체제가 고갈된 1970년대 중반에 그러했다(Mommen 1994).

이 글의 목적은 1990년대와 그 이후 벨기에 산업관계의 전개를 개략적으로 진술하는 데 있다. 제2절은 벨기에와 벨기에 산업관계 모델의 몇 가지 특징을 간략하게 기술한다. 제3절은 정부의 임금결정 개입증가와 소위 기술집단의 등장이라는 1990년대의 두 가지 주목할 만한 경향을 검토한다. 제4절은 이른바 '경쟁적 코포라티즘'이라는 벨기에의 선택을 논하며, 마지막 절에서는 결론을 맺는다.

2. 벨기에의 탈분극화 추세: 블록통합과 코포라티즘 및 연방주의

벨기에 산업관계를 이해하려면 그 복합성이 충분히 고려돼야 한다. 노동과 자본 간의 대립은 여전히 중요하다(Vilrokx and Van Leemput 1992). 두 가지 특기할 만한 균열이 이 관계를 규정한다. 대륙 유럽에서 가장 오래된 산업국가로서 벨기에는 경제적 이해관계뿐만 아니라 역사적으로 언어지역과 종교에 의해서도 심각하게 분열되어 있다(Strikwerda 1997). 플레밍(Flamish)어를 사용하는 북부와 왈룬(Walloon)어를 사용하는 남부 사이의 지역적 분열은 게르만 유럽과 라틴·로만 유럽 사이의 경계에 위치했다는 벨기에의 지리적 배경으로 소급

된다. 가톨릭과 반교권주의 세력의 대립과 이후 자유당과 사회당으로 재편된 대립은 당시 가톨릭이 지배했음에도 종교의 자유를 명문화했던 1830년 벨기에 헌법의 자유주의적 성격의 결과이다.

철저히 파편화된 정치적 상황은 벨기에 국가의 전통적인 취약성을 설명한다. 그러나 벨기에 사회의 고도로 파편화되고 비대칭적인 성격에도 불구하고, 엘리트는 종교적·경제적·언어지역적 균열을 각각 블록통합(pillarization)* 과 코포라티즘 및 연방주의를 통해 다소 안정시키려고 노력했다. 연립정부 구성으로 인해 벨기에에서의 정치적 교환은 다른 어느 국가에서보다도 일괄협상이나 타협을 통해 나온 결과물이다. 이 연립정부 구성에서 가톨릭세력은 가장 합의 지향적인 정치구성체로서 역사적으로 중요한 역할을 수행했다.

〈표 4-1〉 벨기에 사회의 정치화와 탈정치화

균열(정치화)	탈정치화의 원인	협약
가톨릭 대 반교권주의	불완전 블록통합	'학교협약'(1958)
노동 대 자본	약성 코포라티즘	'사회협약'(1944)
플레밍어 대 왈룬어	고유의 불안정한 연방주의	개헌(1970, 1980, 1988, 1993, 2001)

1) 불완전한 블록통합과 노동조합

반교권주의 세력에 의해 세속국가가 촉진됨으로써 19세기 말에 벨기에 사회의 '블록통합'이 일어났다. 가톨릭 정당과 그 반작용으로 생겨난 사회당 및 이보다 약한 자유당이 수직적으로 통합되고 자체

---

* pillarization은 사회균열을 형성하는 각 집단을 블록화하면서 통합하는 '횡적 블록화와 종적 통합' 혹은 '사회적 블록화와 정치적 통합'을 의미한다. 따라서 '블록통합'으로 약칭하기로 한다(역주).

적인 하부 국민문화나 '사회블록(pillar)'을 형성하는 한편, 지리적 공간을 공유했다. 1936년 대량 파업사태 이후 블록통합은 기민당과 자유당 엘리트들이 사회당 엘리트들과 협조할 준비를 철저히 갖춤으로써 완벽한 효과를 거두었다. 기민당과 사회당 및 자유당은 블록통합되거나 파편화된 벨기에 사회에서 주요한 이데올로기 가족군(ideological families)을 형성했다.

블록통합 체제에서 시민은 정치적으로 수동적이다. 정당이 체제의 골격을 형성함으로써 오직 각 '사회블록'의 엘리트만이 수평적으로 통합된다(Huyse 1970). 그러므로 소위 '전통적인' 정당은 벨기에 사회의 주요 균열과 결합될 수 있다. 균일하지 않은 기둥의 통합과 정당 자체의 내분으로 인해 언어지역적 차이가 실제로 강력하게 통합된 사회블록의 형성을 심각하게 저해했다.[1] 이전에 가톨릭 세력이었던 기민당은 플레밍어권에 편재하고 산업지역인 왈룬어권 주내에서는 약세다. 더 농업화된 플랑드르(Flanders) 지역 내의 몇몇 산업적 다도해 외에도 사회당은 주로 석탄과 철광 생산지역인 왈룬어권 벨기에에서 우세하다. 자유당은 두 가지 언어를 사용하고 서비스업종이 지배적인 벨기에의 수도 브뤼셀에서 특히 강력하다.

지역적 분열과 세계관(Weltanschauwung) 혹은 '블록통합'에 따른 분열은 '전통적' 정당과 이데올로기적·조직적으로 연계된 벨기에 노동운동 구조에 반영되었다(Pasture 1996, 2000). 벨기에 노동운동은 소규모 독립노조 외에도 각각 플레밍어파와 왈룬어파를 보유한 세 가지 전국조직으로 나뉘어 있다. 즉 사회주의 정파노조인 벨기에노동총연맹(ABVV/FGTB)과 가톨릭 정파노조인 기독노동조합동맹(ACV/CSC) 및 자유주의 정파노조 벨기에노동조합총연맹(ACLVB/CGSLB)이 그것이

---

1) 그러므로 벨기에의 블록통합은 네덜란드의 경우와 같은 '이념형'적 블록통합과 비교해서는 불완전하다.

다. 플레밍 지역의 산업부문 확장에 둔 기반과 노동자들을 유인하는 능력으로 인해 더욱 유력해진 ACV/CSC는 종교적 조직으로서 독특하게도 1950년대 후반 이래 최대의 노동조합 조직이 되었다. 더 파업 지향적인 사회주의 노조조직, 특히 왈룬파는 무정부사상의 영향을 받아 더욱 생디칼리즘적 전통을 가지고 있으며 직접적인 사회행동을 선호하는 경향이 있다.

연립정부가 시종일관하여 노동운동과(그 일부 분파와) 밀접하게 연계된 적어도 하나의 정당을 포함하게 된 이래, '전통적' 정당이 노조 조직을 고려하지 않는 것은 어렵게 되었다. 가톨릭 노조와 사회주의 노조 및 자유주의 노조는 공식적으로 인정된 노동조합이다. 오직 이들 노조만이 노동자의 이해관계를 대변할 권한을 부여 받았으며, 따라서 코포라티즘 제도에서 독점적 지위를 누리고 있다. 노조와 전통적 정당의 강력한 연계 외에도 중앙집중화된 단체협상과 노조의 직접적인 작업현장 및 정부의 지원을 받는 노조 주도의 실업정책이 벨기에의 높은 노조조직률을 설명하는 요인이다(Vandaele 2004).

2) 복합사례로서의 약성 코포라티즘

1944년 노동조합 지도자와 사용자 간에 체결된 '사회연대에 관한 기본협약'이나 '사회협약'은 산업관계에 관한 전후(戰後) 일괄협상의 전형적인 사례이다. 1950년대 후반까지 노조와 사용자 간의 관계가 순항은 아니었지만, 사회협약이 벨기에 코포라티즘의 황금기를 상징한다는 것은 타당하다. 1970년대 후반과 1980년대 초반의 경제침체기 동안 임금결정에서 되풀이된 정부중재로 인해 벨기에 경제는 약성 코포라티즘으로 특징지을 수 있다(Visser en Van Ruysseveldt 1996).

벨기에 산업체계의 엄밀한 네트워크는 약간 독특한 성분을 가지고 있다(Vilrokx and Van Leemput 1998). 우선 1960년 이래 일반적으로 2년마다 사회파트너들은 민간부문에서 모든 임금노동자를 위한 총체적인 조절양식을 망라하는 중앙협약을 체결하려고 노력해 왔다. 이 총체적 조절양식은 사회문제를 다루는 권한을 갖는 위원회인 양자간 국가노동위원회(National Labor Council)에서 결정되고 법률로 제정되는 경제적 단체협약에 의해 실행되고 그 기반을 형성하거나 입법을 통해 구현된다. 이 단체협약은 약 90%의 노동자에게 적용된다. 양자간의 중앙협약은 직접적인 고용문제를 다룰 뿐만 아니라 노동시장 문제 전반을 망라하기 때문에, 벨기에 복지국가의 건설이 대개 이러한 중앙협약을 통해 실현되었으며 이를 통해 복지국가 형성과정에서 노조와 사용자를 통합하고 있다는 것은 올바른 지적이다. 그에 따라 복지국가의 중요한 기능과 여러 항목을 구현하는 것은 각 사회파트너에게 위임되거나 귀속된다.

둘째, 벨기에는 필시 서유럽에서 가장 제도화된 산업체계의 하나를 채택했는데, 그에 관한 단체협약이 단체협상 피라미드의 정점을 구성하고 최소기준을 규정한다. 그러나 단체협상의 주요 차원은 부문별 차원이며, 이 차원에서 양자위원회를 통해 양자협상이 이루어지며 부문별 단체협약이 체결된다(Van Ruysseveldt 2000). 부문별 차원이 지배적이 되었기 때문만이 아니라 사회파트너의 특별한 역할 때문에도, 조합주의 · 다원주의 연속성을 유지하는 것이 어려우며 그로 인해 경험연구에서 벨기에는 흔히 복합사례로 나타난다(Crouch 1993). 양자간 단체협상의 세 차원 중 마지막 차원은 경영진과 노동조합 대표단이 기업 차원의 단체협약을 이끌어 내는 기업별 차원이다. 더욱이 사회파트너는 산업관계 체계의 응집된 연결망인 모든 사회 · 경제적 조직과 위원회에서 실질적으로 대표된다.

셋째, 벨기에에는 재화와 서비스의 가격에 대한 임금의 자동연계 체계가 오랫동안 존재해 왔는데, 제1차 세계대전 종전기로 거슬러 올라가면 당시에는 벨기에의 인플레이션이 세계에서 최고 수준으로 높았다.(Scholliers 1991). 전쟁 직후의 파업 물결과 노동조합의 승리는 임금을 가격상승에 맞추라는 노동운동의 요구를 강화했다. 1919년과 1920년의 중대한 기간에 (예상된) 혁명의 고조를 염려하여, 정치적 지배계급은 싫든 좋든 어쩔 수 없이 양보할 각오를 했고 그렇게 해야만 했다. 정부는 사용자가 노동운동을 인정하도록 강제했고 합동위원회를 설치하여 단체협상을 촉진했다. 그러나 사실상 주로 합동위원회 외부였지만 각 산업 부문을 불안정하고도 특별한 양측의 부정적 단체와 노동조합 및 사용자들은 주로 임금결정에 관한 단체협약을 두고 교섭했다. 이 단체협약의 주요 주제는 인플레이션 비율에 임금을 맞추는 것이었는데, 어쨌든 그것은 전간기의 잠정협정(modus vivendi)이 되었다.

3) 벨기에 고유의 불안정한 연방주의

언어적 분쟁의 지역화로 인해 벨기에는 점차 (복잡한) 연방국가가 되었는데, 개정된 1993년 헌법에서 이를 공식적으로 선포했다(Deschouwer 2002). 언어지역적 경쟁의 중요성은 1960년대에 시작되었다. 언어적 긴장이 증가함으로써 벨기에에서 전국정당은 사라졌고, 세 전통적 정당이 붕괴했다. 게다가 더 최근에 설립된 정당은 지역적 토대 위에서 창당되었다. 그 결과 모든 벨기에 정당은 1978년 이래 지역적 정당이며, 심지어 연방국가에 고유한 현상인 연방적 협력구조조차 유지되지 않았다. 지역정당이 전국정당을 대체했기 때문에 플레밍과 왈룬 지역은 이제 각자 자신의 정당체제를 갖게 되었다. 이러한 이중정당 체제는 지역이인지의 영역과 현실의 영역에서 선도적 역할을 수행하고 있음을 의미한다.

그러므로 선거무대에서 연방국가는 더 이상 주요 정치적 관심대상이 아니다. 원심적 세력들은 이를 방어할 수 있는 전국정당이 없기 때문에 벨기에정부의 분열을 더욱 심화하는 데 일조한다. 벨기에 정치가들은 자신들이 불편한 위치에 있음을 발견한다. 곧 지역적 차원에서 더욱 대립적인 태도와 다수결 민주주의가 생겨난 데 반해, 연방 차원에서는 권력을 공유해야 하는 헌정상의 의무가 있기 때문에 더 합의적인 정치스타일이 필요한 것이다. 정당의 분열과 이중정당 체제는 정치엘리트와 유권자의 간극을 넓힌다. 지역주의적 압력을 다루는 다양한 기제가 존재하지만, 개정된 연방국가는 좀더 안정되고 합리적인 정치체제를 공식적으로는 보장하지 않는다.

3. 1990년대의 산업관계 탈분극화 성취를 위한 노력

모든 서구 산업국가처럼 벨기에도 1970년대 중반에 일련의 경제 역류에 의해 타격을 받았다. 상당한 외부원인뿐만 아니라 내부의 경제적·사회적 변화도 포디즘 축적체제의 위기로 귀결되었다. 오직 1980년대에만 경제적 취약성에 대한 관심이 확산되었다. 심각한 경제위기로 인해 1980년대와 90년대 초중반 벨기에는 정부와 노동조합 및 사용자 간의 분극화가 심화되고 경직된 시기로 묘사될 수 있다 (Hemerijck and Visser 2000). 1976~86년 기간 중앙협약의 결핍은 사회파트너 간의 긴장을 나타낸다. 1986년부터 지속된 노동과 자본의 연 2회 협상이 다시 시작되었지만, 1994년까지 이러한 중앙협약은 고도로 상징적이고 내용상 제한적이어서 사회파트너의 자율적 협상권을 확인하는 데 그쳤다. 사회파트너 간의 합의 부족으로 인해 정부가 기술관료적 통제규준을 제시함으로써 임금협상과 사회안전망 및 노동시장 정책에 대한 영향력을 강화한 것이었다.

1) (임금협상에서) 정부중재의 증가

정부는 임금결정에 개입했고 이런 방식으로 사회파트너의 자율성을 제한했으며, 이는 결국 1996년의 경쟁법으로 표현되었다(Denayer and Tollet 2002). 경제정책에서는 더욱 심대한 변화가 일어났다. 정부는 사회파트너와의 관계에서 전환점을 의미했던 케인즈주의적 패러다임을 포기한 것이다. 여러 결정이 이러한 패러다임 변화를 설명하고 있다. 지속 불가능한 경제상황의 결과로 1982년 벨기에 프랑의 8.5% 평가절하가 정부개입의 첫 번째 주요 지점이다. 평가절하는 그 해 상반기에 임금·물가연동제의 폐지를 수반했고, 하반기에는 고정임금률이 적용되어 노동운동의 강한 반발에도 불구하고 강행되었다. 임금·물가연동제는 1980년대에 적용된 진보적 제도였는데, 1994년에 소위 '건강지수'[2])의 도입과 함께 명백하게 공허해진다.

---

2) 이 새로운 지수의 명칭은 담배, 알코올, 석유 따위의 '건강하지 못한' 생산품을 배제한다는 것에서 유래한다. 이러한 생산품은 보통 다른 생산품보다 가격상승을 촉진하기 쉽기 때문에, 건강지수는 소비자가격의 명목지수보다 낮은 비율로 증가한다. 그러나 1998년과 2001년의 역전개는 항상 의도된 대로 증명되지는 않는다는 것을 나타낸다(Delcroix

게다가 중도우파 정부는 권위주의 노선을 채택하고 1982년부터 1986년까지 임금결정의 토대를 제한함으로써 사회파트너 간의 중앙협약 체결을 통한 자유로운 임금결정이 중단되었다. 물론 1986년의 새로운 중앙협약 체결로 사회파트너들은 어느 정도 자율성을 다시 획득했다. 그러나 정부는 비록 1982년부터 소위 '경쟁성 기준'을 고려하기는 했지만 과거와의 분명한 단절을 의미하는 1989년 '기업경쟁력보호법'(Law on Safeguarding Competitiveness of Enterprises) 제정을 통해 완벽히 성장한 단일한 파트너를 유지했다. 이 법은 벨기에의 가장 중요한 일곱 무역대상 국가, 즉 프랑스, 독일, 이태리, 일본, 네덜란드, 영국 및 미국과의 경쟁과 임금비용을 기준으로 삼는 것을 체계적으로 실행하기 시작했음을 의미한다. 비록 양자간 중앙경제위원회(Central Economic Council)의 자문을 받은 이후일지라도 이 법은 벨기에 경제의 경쟁적 지위가 위험에 처할 때마다 소급적인 정부개입을 허용한다. 예를 들어 단체협약을 유보하거나 자동적 임금·물가연동을 재심리함으로써 정부는 중앙협약을 체결하기 위한 사회파트너 간의 연 2회 전국협의를 무력화시킬 수 있다.

재차 실업을 줄이고 경쟁성을 개선하기 위해서뿐 아니라 사회안전 체제를 개혁하기 위해서 정부는 1993년에 1944년 사회협약을 재수립하기 위해 명백히 노력했지만, 사회파트너, 특히 사회주의 노조가 거부함으로써 성공할 수 없었다. 이 거부에도 불구하고 정부는 '세계기획'(Global Plan)을 채택했고, 1995년부터 1996년까지 임금동결을 강제했으며, 여러 가지 고용증진책을 시행했다. 앞에서 언급된 건강지수 도입은 1994년에는 임금동결을 전제로 했으며, 1996년 하반기에 임금결정에 대한 정부개입은 중지되지 않을 것이 명백해졌다.

et al. 2000, 87; Pans and Rosvelds 2002, 58).

그러나 사회파트너들이 자율성을 고수하고 있었기 때문에 정부가 임금동결을 다시 강제하는 것은 불가능했다. 정부는 전략을 바꾸어 벨기에의 장래 임금변동을 프랑스와 독일 및 네덜란드의 임금운동과 연계시키려 했다. 더욱이 정부는 마스트리히트의 EMU(유럽경제통화연합) 가입기준을 충족시키지 위해 '고용의 미래를 위한 협약'(Pact for the Future of the Employment)을 제안했다.

사회주의 노조가 새로운 직업창출에 대한 보장이 너무 적다는 이유로 임금조정을 거부했기 때문에, 정부는 '고용의 미래를 위한 협약'을 임금규준의 원칙을 포함하여 정부주도의 일방적인 '미래를 위한 계획'(Plan for the Future)으로 전환하였다. 1996년 7월 26일에 제정된 '고용증진과 경쟁성 예방보호법'(Law on the Promotion of Employment and the Preventive Safeguarding of Competitiveness)은 임금협상의 새로운 틀을 짰으며, 임금과 임금인상에 대한 정부의 더욱 강력한 집착은 이제 법적 틀 안에서 구현되었다. 소급통제가 사전통제로 대체되었다. 게다가 새로운 경쟁성 법은 이전의 1989년 경쟁성 법의 맹목적인 기준을 포기했다.

이 법은 벨기에의 임금인상이 독일과 프랑스 및 네덜란드의 임금인상 평균 이하를 유지해야 한다고 규정했다. 벨기에의 가장 중요한 무역대상 국가들과 시간당 임금비용을 비교한 것을 토대로 중앙경제위원회(Central Economic Council)는 사회파트너가 협상할 향후 2년간 지속될 중앙협약을 위한 임금한도를 제안할 의무가 있다. 1996년의 경우처럼 사회파트너가 중앙협약 체결에 실패할 경우에는 이 새로운 경쟁법이 임금규준을 일방적으로 강제할 권한을 정부에게 부여한다.[3] 연 2회 협상은 1998년과 2000년 및 2002년에 중앙협약을

---

3) 더욱이 임금이 고정이윤에 비해 부적절하게 인상되고 사회파트너가 적당한 교정수단에 동의하는 데 실패한다면, 정부가 일방적으로 이러한

체결했는데, 이는 매번 사회안전분담금의 경감을 강제하는 정부의 결정에 의해 수월하게 이루어진 것이었다. 따라서 중앙협약의 지속은 명백한 정부개입에 의존하는 것으로 보인다.

〈표 4-2〉 거시경제적 임금규제 (1982~2004)

시 기	행위자	규제 방법	산 출
1982~86	정부	1982년 12월 30일의 왕령 제180호 임금제한 관련조치: (장관) 권고안(1983. 8. 12; 1983. 11. 9; 1984. 2. 29; 1984. 3. 16)	명목 및 실질임금 동결
1987~88	노조-사용자		중앙협약에 따른 자유로운 임금 토대 결정
1989~93	노조-사용자	1989년 1월 6일 법률	중앙협약에 의해 소급 통제된 임금구성
1994	정부	1993년 12월 24일 기획법	건강지수에 따른 사실상의 임금 동결
1995~96[a]	정부	1993년 12월 24일 기획법	실질임금 동결
1997~98	노조-사용자	1996년 6월 26일 법률(5.4; 6.0; 6.5%)	사전 통제된 임금구성: 강제 임금인상 기준 6.1%
1999~2000	노조-사용자	1996년 7월 26일 법률(5.9%)	사전 통제된 임금구성: 중앙협약에 의해 제시된 임금인상 기준 5.9%
2001~02	노조-사용자	1996년 7월 26일 법률(6.4%)	사전 통제된 임금구성: 중앙협약에 의해 제시된 임금인상 기준 6.4%+0.4% 경제동향 보너스+0.2% 상쇄비용
2003~04	노조-사용자	1996년 7월 26일 법률(5.1~6.0%)	사전 통제된 임금구성: 중앙협약에 의해 제시된 임금인상 기준 5.4%

a. 달리 말하면 기획법이 1995~96년의 중앙협약을 무력화시켰다.

수단을 강제할 수 있다.

2) 기술집단의 등장

소위 '임금기준'을 결정함으로써 새로운 경쟁법은 임금결정을 준비하면서 중앙경제위원회에 중요한 과제와 새로운 역할을 제공한다. 그에 따라 임금기준 마련을 일단의 외부 기술전문가에게 이전함으로써 광범위한 맥락에서 탈분극화된 임금결정이 이루어져야 한다. 1990년대에 정부가 새로운 임무를 부여받은 기존의 다른 기술집단이나 새로운 기술집단을 구성했다면, 중요한 것은 임금결정의 탈분극화만이 아니다. 더 나아가 기술집단의 중요성 증대는 벨기에 복지국가의 문제가 확대되고 유럽지역으로부터 오는 재정구속의 결과와 연계될 수 있다. 사회파트너들은 주로 이 기술집단에서 제외된다.

연방기획국(Federal Planning Bureau)의 역할은 인구학적·환경적·사회경제적 자료를 제공하므로 기술집단의 응집된 망에 있어 절대적으로 중요하다. 연방기획국은 원래 경제기획국(Bureau for Economic Programming)으로 불렸으며, 케인즈주의의 전성기였던 1959년에 다양한 벨기에 경제행위자 가운데 경제기획을 추진하기 위해 창설된 것이었다. 1970년대 말에 기획업무는 점차 경제기획뿐만 아니라 그 기획이 상이한 주체에 미치는 효과에 대해 연구하는 것으로 공식 대체되었으며, 이것이 명칭변화에 반영되었다. 여러 가지 입법적 변화로 인해 연방기획국은 다양한 범주의 기술집단과 협력했고, 그 결과 1990년대에는 상당한 영향력을 획득했다.

벨기에 및 국제경제 상황에 관한 중기적 예측과 기획을 고안함으로써 연방기획국은 예를 들어 중앙경제위원회와 국가노동위원회에 정보를 제공한다. 또한 단기기획을 제출함으로써 연방기획국은 연방

정부의 예산 획에서 중요한 역할을 수행한다. 게다가 세금 및 사회분담금 관련조치와 같은 경제·사회 정책수단의 효과도 연방기획국이 재정고등위원회(High Council for Finance)와 협력하여 연구한다. 이 고등위원회는 예산·금융·재정적 성격의 근본적인 문제를 분석하고 연구하며, 문제해결을 위한 조치나 개혁도 조언한다. 1999년 EMU의 '안정과 성장 협약'(Stability and Growth Pact) 체결로 인해 재정고등위원회의 중요성이 증대되었으며, 그 결과 연방기획행정부의 의미도 커지고 있다.

이른바 '실버기금'으로 불리는 연금과 함께, 노령연구위원회(Study Committee on Ageing)가 1980년대 말 이래 정부의 관심대상인 고령화 인구의 재정적·사회적 의미에 대해 장기적 관점에서 연구하기 위해 2001년에 재정고등위원회 내에 설치되었다. 특히 다양한 법적 연금체계와 사회안전망 체계 및 노인소득 보장의 재정적 의미에 대한 평가가 연구되고 있다. 공공부채의 항시적 절감과 '실버기금' 창설의 범주 내에서 이 연구위원회는 연방정부에 연례보고서를 제출한다. 연방기획국은 노령연구위원회 서기국의 소관이다.

벨기에의 노동시장 참여도는 전통적으로 낮으며 유럽지역에서도 가장 낮은 그룹에 속하는데, 이것은 인구 고령화와 관련된다. 복지국가를 유지하기 위해 고용촉진은 이전보다 더욱 중요한 연방정부의 핵심적인 관심사항이다. 대량실업에도 불구하고 연방 총리는 2003년 총선 이후 20만 개의 새로운 일자리를 약속하기까지 했다. 특히 조기 퇴직자가 커다란 관심대상이다. 정부뿐만 아니라 중앙경제위원회와 국가노동위원회에 조언하기 위해 1996년에는 고용고등위원회(High Committee for Employment)가 창설되었다. 노동부장관이 의장을 맡고 벨기에 국립은행장이 부의장에 임명되지만, 사회파트너들은 이 위원회에 참여할 자격이 주어지지 않는다. 이 위원회는 고용촉진을 위해 취해진 조치와 특별한 노동시장 정책을 연구하고, 노동시장 진흥책을 연구한다. 고용정책의 유럽화로 인해 고용고등위원회의 역할은 2000년에 더욱 체계적이 되었다.

4. 벨기에 산업관계의 미래: 경쟁적 코포라티즘?

1980년대와 1990년대 초반의 많은 규범적 연구가 정책산출의 효율성과 평등성에 의거해 코포라티즘 국가와 비코포라티즘 국가의 차이를 집중적으로 규명하고 있지만, 카첸슈타인(Katzenstein 2003)의 강조에 따르면, 경제적 수행에 있어서는 큰 나라와 작은 나라를 체계적으로 분리하지 않고 있다. 이것이 큰 나라와 작은 나라를 구분하는 특수한 정치 스타일과 연계된 부정적 경험에 기인하는 그들의 학습역량이다. 경제·사회적 목표를 조정하고 자본과 노동 간의 일정한 세력균형에 의거한다면, (효과적인) 코포라티즘은 자본주의의 한 특수한 변형으로 간주될 수 있다(Becker, 2004). 국가의 소규모성은 국내 행위자가 변화하는 세계에서 배우고 적응할 기회를 창출하는 경쟁적 정치공간을 산출한다. 문제는 누가 무엇을 왜 '배우는'가이다.

벨기에의 경우 노동운동은 '배울' 준비가 안 되어 있음이 분명하다. 벨기에 노동운동의 권력적 지위가 1970년대 중반부터 낮아졌음에도, 1990년대 노동조합원 수는 그다지 줄어들지 않았다(Van Gyes et al. 2000). 이것은 노동조합이 임금제한을 수용하지 않았던 이유와, 이윤회복이 경쟁력 복원이나 경제회복 및 일자리 증대에 필수적인 조건이었음을 말해 준다. 사회파트너들의 지지부족으로 정부는 1980년대와 1990년대 상반기에 임금제한을 강요해야만 했다. 기술집단이 활성화되고, 연방기획국의 설립근거가 되는 이른바 '일반이익'에 대해 특히 고려했으며, 새로운 경쟁법이 시행되었음에도 불구하고, 임금인상 제한에 관한 사회파트너 간의 논쟁은 1990년대 후반에도 시들지 않았다.

연 2회 협상이 시작되었을 때 경제전망은 어두웠으며, 이럴 때 노동조합은 중앙경제위원회가 제시한 임금규준의 신뢰성에 의문을 품는다. 그리고 경제전망이 좋을 때에는 반대현상이 생겨난다. 따라서 새로운 중앙협약에 관한 협상 전야에 주요한 부문별 사용자단체 의장인 파울 소테(Paul Soete)가 최근 임금기준을 절름발이 위선자이며 비정직하고 믿을 수 없다고 언급한 것은 우연이 아니다(De Morgan, 4th Sepember 2004). 사용자들은 노동시장의 유연성 확대를 원할 뿐만 아니라 노동시간 연장과 노동비용 감축을 더 진척시키고자 한다. 1990년대 유럽의 이른바 '사회협약' 급증과 관련해 로데스(Rhodes 1998)는 노동비용 감소에 의한 경쟁적 지위의 개선에 초점을 두고 있음을 근거로 하여 경쟁적 코포라티즘이라고 일컫는다. 노동비용을 감축하면 경제성장과 그에 따른 직업창출이 이루어진다는 논리를 믿는다는 것이다.

하셀과 에빙하우스(Hassel and Ebbinghaus 2001)는 사회협약이 폭넓은 의제를 가지고 있으며, 복지국가의 재조정이라는 맥락에서 이해될 필요가 있고, 그로 인해 수단과 목적이라는 이중의 역할을 수행한다고 주장한다. 사회협약은 임금인상 제한과 완충적인 사회정책 개혁을 맞바꿈으로써 정치적 교환의 수단이 될 수 있다는 것이다. 달리 말해 노동조합을 복지국가의 재구성에 완충역할로 참여시키면, 임금인상 제한을 수락하는 경향이 더 커진다고 가정한다는 것이다. 임금이 총노동비용의 유일한 구성요소가 아니라, 사회정책 개혁도 노동비용 전반을 낮추는 것으로 그 자체가 목적이 될 수 있다는 논리이다. 특히 사용자와 노동자가 지불하는 강제적 사회보장 분담금을 낮추기 때문에 사회정책 개혁은 임금인상 제한의 필연적이고도 보완적인 요소가 된다. 그러나 벨기에의 경우 정부가 새로운 재정적 난관에 직면하고 있기 때문에 2004년에 강제적 사회보장 분담금을 더 줄이는 것이 얼마나 어려운 일인지는 분명히 알 수 있다.

5. 맺음말

카첸슈타인의 취약성 인식을 수용한다면, 비록 코포라티즘 이념이 1891년 교황의 칙령인 레룸 노바룸(Rerum Novarum)을 통해 이미 19세기 말에 생겨났다고 하지만, 코포라티즘 구조의 기원이 대공황과 제2차 세계대전의 고통스러운 경험에 기인한다는 것은 우연이 아니다. 환언하면 취약성의 인식은 작은 나라들의 코포라티즘 정치에 아교 같은 역할을 수행하는 사회적 동반자 관계의 이데올로기를 창출한다. 오늘날 세계화라는 새로운 물결이 동시적으로 등장하고 유럽화 과정이 가속화되며 유럽에서의 철저한 탈산업화 시기가 도래한 현상은 반세기 전에 일어난 막대한 혼란 ─ 사회적 불안을 수반하는 ─ 에 비유할 수 있다. 카첸슈타인의 논거에 따르면, 코포라티즘은 토착적인 코포라티즘 정치전통을 가진 작은 유럽국가에서 부활하거나, 그러한 전통을 갖지 않은 (더 큰) 나라에서 모방과정을 촉진하고 있다는 것이 놀라운 일은 아니다.[4] 거시적 차원에서 코포라티즘적 실천의 부활은 성장의 지속과 완전고용이라는 안정적인 경제환경이 존재했던 1960년대와 1970년대에서처럼 1990년대에도 동일한 기능이 충분히 수행되고 있다는 것을 의미하지는 않는다. 임금과 생산성은 분리되었고, 임금과 경쟁력의 새로운 결합으로 대체된 것이다.

참고문헌

Becker, Uwe. 2004. "(Consensual) Corporatism as a Variety of Capitalism: the Small North-west-European Political Economies in International Comparison." Paper presented at the sixteenth annual meeting on socio-economics. Washington DC, George Washington University, July.

Bordo, Michael D., A. M. Taylor and J. G. Williamson. 2003. *Globalisation in Historical Perspectives*. Chicago (Ill.): University of Chicago press.

Boucké, Tineke and K. Vandaele. 2003. *Het sociale overleg in België: de loonnorm als fetisj? Demokritos. Mededelingen van de Vakgroep Politieke Wetenschappen*. Gent: Academia Pers.

Cameron, David R. 1978. "The Expansion of the Public Economy: a Comparative Analysis." *American Political Science Review* 72, No. 4, 1243-1261.

Cassiers, Isabelle and P. Scholliers. 1995. "Le pacte social belge de 1944, les salaires et la croissance économique en perspective internationale." D. Luyten and G. Vanthemsche, eds. *Het Sociaal Pact van 1944. Oorsprong, betekenis en gevolgen*. Brussel: VubPress.

---

4) 무작위선정 대신에 Schmitter와 Grote (1997)는 작은 나라에 깊숙이 자리잡은 제도적 경험과 실천을 활성화한 외부적 충격과 역사적 위기를 코포라티즘 정치의 재생에 대한 대안적이고 더 결정적인 설명으로 제시한다. 그들은 20년 혹은 25년을 주기로 코포라티즘이 순환적으로 발생하는 것은 사적 재화나 공적 재화에 대한 정치적 선호의 변화나 실무경제 주기의 변화 혹은 다원주의 정치나 코포라티즘 정치의 채택에 기인한다고 주장한다.

Coolsaet, Rik. 2003. *België en zijn buitenlandse politiek 1830-2000*. Leuven: Van Halewyck.

Denayer, Luc and R. Tollet. 2002. "Institutional mechanism of wage-setting in Belgium." P. Pochet, ed. *Wage Policy in the Eurozone*. Bruxelles: P.I.E.-Peter Lang.

Deschouwer, Kris. 2002. "Falling Apart Together, the Changing Nature of Belgian Consociationalism, 1961-2001." *Acta Politica* 37, No.2, 68-85.

Dewachter, Wilfried. 2001. *De mythe van de parlementaire democratie. Een Belgische analyse*. Leuven: Acco.

Ebbinghaus, Bernhard. 2002. "Globalization and Trade Unions: a Comparative-historical Examination of the Convergence Thesis." *Economie appliqué* 40, No. 2, 121-139.

Garrett, Geoffrey. 1998. *Partisan Politics in the Global Economy*. Cambridge: Cambridge University Press.

Hassel, Anke and B. Ebbinghaus. 2000. "From Means to Ends: Linking Wage Moderation and Social Policy Reform." G. Fajertag and P. Pochet, eds. *Social Pacts in Europe - New Dynamics*. Brussels, ETUI.

Hemerijck, Anton and J. Visser. 2000. "Change and Immobility. Three Decades of Policy Aadjustment in the Netherlands and Belgium." *West European Politics* 23, No. 2, 229-256.

Huberman, Michael and W. Lewchuck. 2001. "The labour compact, openness and small and large states before 1914." Paper presented at the conference of Small states in world markets - Fifteen years later, 27-29 September 2001. Montréal: Université de Montréal.

Huyse, Luc. 1970. *Passiviteit, pacificatie en verzuiling. Een sociologische studie*. Antwerpen: Standaard Uitgeverij.

Huyse, Luc. 1987. *De verzuiling voorbij*. Leuven: Kritak.

Iversen, Torben and T. R. Cusack. 2000. "The Causes of Welfare State Expansion. Deindustrialization or Globalization?" *World Politics. A Quarterly Journal of International Relations* 52, No. 3, 313-349.

Jones, Erik. 1999. "Is 'Competitive' Corporatism an Adequate Response to

Globalisation? Evidence from the Low Countries." *West European Politics* 22, No. 3, 159-181.

Jones, Erik. 2002. "Consociationalism, Corporatism and the Fate of Belgium." *Acta Politica* 37, No.2, 86-103.

Katzenstein, Peter. 1985. *Small States in World Markets. Industrial Policy in Europe.* London: Cornell University Press.

Katzenstein, Peter. 2003. "Small States and Small States Revisted." *New Political Economy* 8, No. 1, 9-30.

Krugman, Paul. 1996. *Pop Internationalism.* Cambridge: MIT Press.

Mommen, André. 1994. *The Belgian Economy in the Twentieth Century.* London: Routledge.

Pasture, Patrick. 1996. "Belgium: Pragmatism in Pluralism." P. Pasture, J. Verberckmoes and H. De Witte, eds. *The Lost Perspective? Trade Unions Between Ideology and Social Action in the New Europe. Volume 1. Ideological Persistence in National Traditions.* Aldershot: Avebury.

Pasture, Patrick. 2000. "Divergent Developments, Regional Alliances and National Solidarity in Belgium." J. Wets, ed. *Cultural Diversity in Trade Unions. A Challenge to Class Identity?.* Aldershot: Avebury.

Pochet, Philippe and G. Fajertag. 2000. "A New Era for Social Pacts in Europe." G. Fajertag and P. Pochet, eds. *Social Pacts in Europe – New Dynamics.* Brussels: ETUI.

Rhodes, Martin. 1998. "Globalization, Labour Markets and Welfare States: a Future of 'Competitive Corporatism'?" M. Rhodes and Y. Mény, eds. *The Future of European Welfare. A New Social Contract?.* London: MacMillan.

Rodrik, Dani. 1998. "Why Do More Open Economies Have Bigger Governments?." *Journal of Poltical Economy* 106, No. 5, 997-1032.

Schmitter, Philippe C. and J. R. Grote. 1997. *The Corporatist Sisyphus: Past, Present and Future.* EUI working paper SPS No. 4. Florence: European University Institute, Department of Political and Social Sciences.

Schmidt, Manfred G. 1997. "Determinants of Social Expenditure in Liberal

Democracies: the Post World War II Experience." *Acta Politca* 32, No. 2, 153-173.

Scholliers, Peter. 1991. "Index-linked Wages, Purchasing Power and Social Conflict between the Wars: the Belgian Approach (Internationally Compared)" *Journal of European Economic History* 20, No. 2, 407-439.

Strikwerda, Carl. 1997. *A House Divided. Catholics, Socialists, and Flemish Nationalists in Nineteenth-century Belgium*. Oxford: Rowman and Littlefield Publishers.

Vandaele, Kurt. 2004. *'In het getal ligt onze macht'. Een politiek-wetenschappelijke analyse van de vakbondsledenevolutie in België, 1898-1995*. Gent: Universiteit Gent, Vakgroep Politieke Wetenschappen.

Van Gyes, Guy, H. De Witte and P. Van der Hallen. 2000. "Belgian Trade Unions in the 1990s: Does Strong Today Mean Strong Tomorrow?" J. Waddington and R. Hoffmann, eds. *Trade Unions in Europe. Facing Challenges and Searching for Solutions*. Brussels: ETUI.

Van Ruysseveldt, Joris. 2000. *Het belang van overleg. CAO-onderhandelingen in België*. Leuven: Acco.

Vilrokx, Jacques and J. Van Leemput. 1992. "Belgium: An New Stability in Industrial Relations." A. Ferner and R. Hyman, eds. *Industrial Relations in the New Europe*. Oxford: Blackwell publishers.

Vilrokx, Jacques and J. Van Leemput. 1998. "Belgium: The Great Transformation." A. Ferner, and R. Hyman, eds. *Changing Industrial Relations in Europe*. Oxford: Blackwell Publishers.

Visser, Jelle. 1996. "Traditions and Transitions in Industrial Relations: A European View." J. Van Ruysseveldt and J. Visser, eds. *Industrial Relations in Europe. Traditions and Transitio*

제5장 네덜란드: 정치변화를 통한 시장지향인가, 정치포기를 통한 시장지향인가?

Hans Slomp

1. 대륙 유럽의 정치와 시장

선명성과 단순함을 위해 (서)유럽은 여기에서 국가정책, 특히 사회·경제정책의 형성과 중요성 또는 달리 말해 정부와 시장 간의 선택의 형성과 중요성이라는 관점에서 두 가지 별개의 부분으로 구분된다. 영국이 '자유시장'을 대표한다고 말해질 수 있는 반면, 대륙 유럽은 규제적 사회·경제정책을 수단으로 자유시장의 기능을 통제하거나 효과를 완화시키려고 시도해 왔다. 이 글은 정치를 우선적으로 다루기 때문에 대륙 유럽에 초점을 맞춘다. 유럽정치 전반에서 네덜란드의 위치규정을 가능하게 하는 정책형성의 성격에 관한 몇 가지 기본적인 구분을 시도할 것이다.

1) 대륙 유럽의 정치 대 다른 대륙(과 영국)의 정치

서유럽대륙 국가의 정치는 다른 대륙 국가의 정치와 구별될 뿐 아니라 정도가 덜하기는 하지만 영국의 정치와도 구분되는 다음과 같은 몇 가지 특징을 가지고 있다.

로마 가톨릭교회가 사회영역에서 지배적인 역할을 해 왔고, 또한 오랜 기간 교육을 통제했으며 도덕적 가치를 형성해 왔다. 단지 두세 국가에서만 프로테스탄트가 우세했다.

산업혁명 이후 자유기업가들이 국왕이나 황제의 권력을 축소함으로써 민주주의 수립에 중요한 역할을 했다.

19세기 말 노동운동이 일어나 민주적 권리를 노동계급에게 확장하고 가톨릭(또는 프로테스탄트)의 도덕적 가치에 도전했다.

노동운동이 부상한 이래 국내정치의 주요이슈는 시장경제에 대한 국가의 개입과 가톨릭의 도덕적 가치와 규범의 완화를 통해 노동자 혹은 국민 일반에 대한 사회적 보호가 되었다.

제2차 세계대전 이후 국내정치는 (사회정책과 덜 엄격한 도덕규범을 선호하는) 좌파의 노동계급 정당과 우파의 두 유형의 정당, 즉 제한된 사회정책과 상대적으로 엄격한 도덕규범을 지키려는 두 정당인 가톨릭 경향의 기독민주당과 세속적인(비종교적) 보수자유당이라는 좌우 구분이 지배적인 균열이 되었다.

2) 게르만 유럽정치 대 라틴 유럽정치

서유럽대륙에서 거의 모든 주민이 게르만어를 사용하는 북부의 게르만 국가와, 라틴어(또는 로망스어)를 사용하는 남부의 라틴유럽을 구분할 수 있다. 게르만 유럽은 독일과 세 개의 작은 집단, 즉 스칸디나비아 국가(덴마크, 노르웨이, 스웨덴, 핀란드)와 저지대 국가(벨기에, 룩셈부르크, 네덜란드) 및 알프스의 소국(오스트리아, 스위스)으로 구성된다. 이와 대조적으로 라틴유럽은 커다란 세 국가(프랑스, 이탈리아, 스페인)와 하나의 작은 국가(포르투갈)를 포함한다(Slomp 2000).

이 분류는 단지 언어적인 것뿐만 아니라 정치적인 것이기도 하다. 모든 나라가 대륙 유럽정치라는 공통적인 특징을 공유하는 반면, 하나의 중요한 측면, 즉 좌파 노동운동과 우파정당 간의 거리에서 차이를 보인다.

게르만 유럽에서 초기 노동운동은 개혁론자의 견해를 발전시켰으며 의회정치 체계에 통합되었다. 사회민주당으로서 그들은 '정규' 정당으로 발전했는데, 그것은 주요 노조조직과 밀접한 연계를 유지했다. 스칸디나비아에서 사민당은 권력을 장악했으며, 나머지 게르만 유럽에서는 사민당정부와 기독민주당(기민당) 주도의 정부가 번갈아 교체되거나 기민당과 사민당이 연립정부를 구성했다(대부분 사민당이 소수당 파트너로서). 노조운동은 주로 단체협상을 다루었고 정치는 사민당에 맡겼다. 특히 저지대 국가에서 기민당은 점차 노동계급에 호소하기 시작하고 사회정책을 수용함으로써 좌파와 비종교적 우파의 중간에 위치하게 되었다. 이 중도의 위치는 어느 정도 좌와 우의 골에 다리를 놓았다.

라틴유럽에서 노동운동은 정치권력에서 배제되어 반의회주의적인 입장을 형성했다. 처음에는 무정부주의자가, 그리고 나중에는 공산주의자가 노동계급 정치를 지배하게 되었고, 노조운동은 공산주의가 우세하든 그렇지 않든 역시 지속적으로 원외 저항운동의 유형으로 정치에 개입했다. 좌파의 노동운동과 우파의 다른 정당——가톨릭이든 아니든——간의 간극은 괴리를 초래했고, 그것은 쉽게 메워지지 않았다. 노조에 의한 단체협상은 정기적으로 정치행동에 의해 간섭되었다. 모든 라틴유럽이 종교적으로 가톨릭이었기 때문에 보수세력으로서 가톨릭교회는 좌와 우의 간극을 심화시켰다.

게르만유럽과 라틴유럽의 차이는 게르만유럽에서의 탈분극화(depolarization) 혹은 구심적 정치와, 라틴유럽에서의 분극화 혹은 원심적 정치 간의 차이이다. 정치학 문헌은 주로 탈분극화의 이점에 주목해 왔다. 대부분의 게르만국가에서는 더 일반적으로 정부의 안정성과 안정된 민주주의가 특히 환영을 받았는데, 그것은 급진적 노조운동 형태로서의 대규모 원외 정치세력이 부재했기 때문이다. 그러나 분극화도 좌우 간의 커다란 차이와 원외 저항운동의 존재가 모두 정당정치적 결속과 표현을 위한 더 나은 기회를 제공함으로써 역시 장점을 갖고 있다 (오랫동안 유럽의 정치는 민주당과 공화당 간의 선택이 갖는 기회의 부족을 이유로 미국정치를 경멸했다).

유럽 공산주의의 붕괴, 라틴유럽(프랑스, 스페인) 사민주의 세력의 신장, 석유위기와 세계화에 수반된 경제조건의 변화로 인해 두 체계의 차이점은 1980년대와 90년대 이후 점차 줄어들었으며, 이는 노동조합의 조직원과 활동가의 감소로 귀결되었다.

3) 게르만소국 대 나머지 유럽

좀더 일상적인 두 번째 분류는 게르만소국과 나머지 대륙국가 간의 구분이다. 게르만소국은 아직 다른 형태의 정치를 공유하고 있는데, 그것은 코포라티즘(혹은 삼자주의<tripartism>)이라 불리는 것으로 정치적 안정에 기여한다고 평가된다. 이 용어는 사회정책과 좀더 낮은 정도의 경제정책 및 다른 정책의 형성과 집행에 노조와 사용자조직(사회파트너)을 참여시키는 것을 의미한다. 이러한 형태의 3자(정부·노조·사용자) 화합을 지칭하는 용어로 1974년에 신코포라티즘이라는 용어가 생겨났으며, 방대한 문헌이 그 연구에 기여해 왔다. 코포라티즘은 게르만소국에 한정되었고, 그 주요 관심사 중의 하나는 언제나 정부예산의 불필요한 증가를 막고 세계시장에서 국가의 지위를 보호하기 위한 수단으로서 임금인상 제한이었다. 독일에는 게르만소국의 코포라티즘을 특징지었던 정상회담이 없다. 독일의 노조와 사용자단체는 수많은 분야의 정책형성에 관여하고 있지만, 정치활동가라기보다는 전문가로서 관여하고 있다. 그러한 국가에서 코포라티즘을 낮은 수준의 정책결정에 제한하는 것은 노조와 사용자단체의 탈집중화와 임금협상 영역에서 정부권력의 결핍과 관계가 있다. 양자 모두 어느 정도 나치즘의 거대하고 놀라운 국가권력에 대한 반작용으로 제2차 세계대전 말기 서구 연합국에 의해 강제된 것이었다. 독일의 사회·경제정책 형성체계는 코포라티즘과 밀접하게 관련되지만 코포라티즘의 주요 특성은 공유하고 있지 않다. 라틴유럽에서 코포라티즘은 부재하거나 더 약한 형태로 실현되고 있는데, 그것은 노조와 사용자 간의 더 큰 간극과, 노조와 사용자 모두의 원외 저항이라는 전통 때문이다.

반대로 진술할 수도 있고 코포라티즘을 노동조합과 사용자의 정치화가 확대된 형태로 간주할 수도 있지만, 노조와 사용자는 사회·경제정책 형성에 참여하기 때문에 코포라티즘 현상은 일반적으로 탈정치화(de-politicization)의 형태로 간주된다. 그것은 취해진 결정을 정당화하기 위해 어렵고 논쟁적인 주제를 정치영역에서 빼내 참여 조직에게 넘기는 것이다. 코포라티즘의 주된 이점은 사회정책과 관련된 정부의 안정성을, 관련 대중의 대표체로 간주되며 관심을 가지고 정책에 영향을 받는 조직에게 직접 이전함으로써 정치적 안정에 기여한다는 것이다. 흥미롭게도 이 주제와 관련된 슈미터(Schmitter)의 독창적인 텍스트가 주로 관심을 기울였던 코포라티즘의 단점은 소수 독점적이고 위계적인 정책결정과 강요된 복종이었는데, 이 점은 거의 잊혀진 것처럼 보인다.

1980년대가 지나는 동안 코포라티즘은 우선 석유위기의 난국을 타개하기 위한 장치로서 높이 평가되었지만, 곧 곤경에 처하게 되었다. 실업으로 인해 정부는 임금인상 제한을 강제했으며, 노조(와 사용자)의 동의를 기다리지 않고 사회비용을 삭감했을 뿐 아니라, 정부의 적자를 감소시키라는 EU의 압력도 유사한 영향을 미쳤다. 노조 조직원의 감소가 세계화의 도전에 맞서려는 게르만소국들을 돕는 수단으로서 코포라티즘에 대한 일반적인 불신을 심화시켰다.

다른 한편 최근 유럽연합에 가입한 모든 중앙유럽 국가들은 코포라티즘 요소를 주로 공식적인 삼자위원회의 형태로 도입하려고 시도해 왔다. 이러한 노력은 비록 사용자단체의 약화와 노조운동 내의 심각한 분열에 의해 복잡해졌다고는 하지만, 정치적 정책결정 장치로서 코포라티즘의 인기를 의미하는 현상이다.

4) 게르만소국 정치 대 라틴정치 대 자유시장

'자유'시장과 정치 사이의 선택은 이제 자유시장과 다음과 같은 두 형태의 정치 사이의 선택으로 재정의될 수 있다. 뚜렷한 정치적 균열, 정당정치적 결속의 분명한 토대, 정부의 주도, 타협의 부재를 특징으로 하는 분극화와 정치화라는 라틴국가들의 예가 그 첫 번째이고, 불명확한 정치적 균열, 정당정치적 결속의 중복되거나 상호 교차하는 토대, 사회파트너에게 책임을 전가하려는 정부의 노력, 타협의 만연을 특징으로 하는 탈분극화와 탈정치화라는 게르만소국(과 어느 정도는 독일)의 예가 그 두 번째이다(Consociationalism 2002).

라틴적 정책결정의 주된 장점은 사회파트너들과의 타협 없이 사회·경제적인 문제에 대한 혁신적인 해결방안을 도입할 수 있는 충분한 기회를 정부에게 제공한다는 것이다. 그리고 주요 단점은 그 결정의 정당성 결핍과 그것이 직면하게 될 복종의 결핍이다. 이곳에서는 선명성과 정치적 갈등이 주된 특징이고 정책변화의 속도는 빠르지만 지속적이지 않다. 반면 게르만소국 정치의 주된 장점은 정책이 어느 정도 노조와 사용자에 의해 형성될 수 있기 때문에 정부의 조치가 얻게 되는 일반적 지지이다. 그리고 주된 단점은 타협의 절차가 길고 정부시책에 대한 책임이 불확실하다는 것이다. 여기에서 타협과 정치 안정성은 주요 특징이며, 정책변화의 속도는 느리지만 정책은 덜 경쟁적이다(독일은 다소 코포라티즘 국가와 유사하지만, 그것은 독일의 정치체제, 예를 들어 연방제라는 특징 때문이기도 하다).

시장과 정치 간, 그리고 두 정치유형 간의 차이를 보면, 세계시장에서 생존하기 위해 신속히 변화할 수 있는 기회와, 사회적·정치적 응집을 위한 그러한 변화의 효과에 대해 조심성 있는 판단이 가능하다. 시장지향적인 사회개혁의 행보와 관련해 속도 순위는 이론상 아마도 자유시장, 라틴유럽 정치, 게르만소국 정치의 차례일 것이다.

사회적·정치적 응집에 대한 시장지향적 개혁의 결과와 관련해 궁극적 응집 순위는 그와 달리 이론상 필시 게르만소국 정치, 라틴유럽 정치, 자유시장의 차례로 나타날 것이다.

5) 유럽정치에서 본 네덜란드의 특성

네덜란드는 유럽정치의 특징을 공유해 왔지만 종교적 가치는 예외였다. 네덜란드는 상대적으로 엄격한 유형의 프로테스탄티즘인 캘빈주의 문화가 지배적인 유일한 유럽국가이며, 프로테스탄트가 다수파를 이루고 대규모 로마가톨릭이 소수파를 형성하는 세 나라 중의 하나(나머지는 독일과 스위스)이다.

네덜란드는 또한 전형적인 게르만 국가이지만 몇 가지 특이한 성격을 가지고 있다. 사민당이 가장 큰 좌파정당이나 대개는 언제나 기민당 다음이었으며, 기민당은 좌우 스펙트럼의 중간에 위치하며 주도적인 통치정당이었다. 기민당은 우익의 보수주의적 자유당이나 좌익의 사민당을 연립파트너로 선택할 수 있었으며, 노조운동도 지배했다. 사민주의적 노조운동은 언제나 대규모 조직이었는데, 1970년대 말 가톨릭 노조와 합병하기까지 가톨릭 노조와 프로테스탄트 노조를 합한 것보다 수적으로 우세했다. 이 양대 특징으로 인해 네덜란드는 극단적 탈분극화와, 기민당을 중심으로 하는 구심적 정치로 나아갔다. 1970년대 후반까지 기민당은 세 정파로 구성되어 있었다. 그 중 가장 큰 정파가 가톨릭이고 나머지 작은 두 정파는 프로테스탄트

였는데, 대개는 블록을 형성해 정치에 참여했다.

네덜란드는 심지어 코포라티즘의 가장 현저한 예 중 하나였다. 제2차 세계대전이 끝난 이래 노조와 사용자단체는 몇 가지 공식적인 자문기구에 참여했는데, 그로 인해 그들은 광범위한 의미에서 사회·경제정책 형성에 적극적으로 참여할 수 있었다. 그러나 해를 거듭하면서도 정부·사용자·노조의 회담을 관통하는 이슈는 임금인상 제한이었다. 이에 대해서는 <표 5-1>을 참조하라.

〈표 5-1〉 유럽정치에서 본 네덜란드의 특성

	라틴유럽	게르만소국	네덜란드
좌우 간극의 성격	분극화	탈분극화	과학의 강조와 블록통합을 통한 극단적 탈분극화
사회·경제정책 형성	정치화	코포라티즘을 통한 탈정치화	고도로 공식화된 코포라티즘을 통한 극단적 탈정치화

2. 네덜란드의 전통적인 탈분극화와 탈정치화

국내정치의 탈분극화 노력은 오랫동안 네덜란드 정치의 기본요소였는데, 이제는 거의 폐지된 블록통합(pillarization) 체계의 형태를 띠었다. 블록통합은 네덜란드에서 발견되는 두 주요 기독교파, 즉 로마 가톨릭과 캘빈주의 프로테스탄티즘 간의 분리에 의해 이루어졌다. 프로테스탄티즘이 다수파였고 네덜란드의 사회·문화를 형성한 반면, 가톨릭은 30% 이상이라는 적지 않은 세력이었으나 소수파였다. 가톨릭은 남부에 집중되어 있었지만, 암스테르담(Amsterdam)과 헤이그(Den Hagg: the Hague) 같은 도시에서도 꽤 큰 규모의 소수종파를 형성했다.

　프로테스탄트가 남부를 가톨릭에게 넘겨주기를 원치 않았고 가톨릭도 남부 이외 지역에서의 지위에 대해 염려하고 있었기 때문에, 연방주의를 갈등을 막기 위해 선택한 것으로 간주할 수는 없다. 해결방안은 지역적 분권이 아니라 학교, 대학, 병원, 스포츠클럽, 라디오, 텔레비전과 관련된 가톨릭과 프로테스탄트 블록 간의 사회·문화영역의 총체적인 분리라는 형태의 기능적 분권이었다. 가톨릭과 프로테스탄트는 어떠한 상호 접촉도 갖지 않았으며, 그들 간의 결혼도 드물었다. 두 사회블록의 엘리트만이 상호 접촉했을 뿐이다. "두 종교가 한 침대를 공유한다면, 악마가 그 사이에서 잘 것"이라는 옛 말이 있을 정도이다.

　블록통합 하의 게임법칙은 아렌트 레이프하트(Arend Lijphart)의 저서『조정의 정치』(Politics of Accommodation, 1975) 덕분에 널리 알려지게 되었다. 정치적 임명권과 국가기금의 분배를 포함해 모든 사회영역에서의 비례성과, 저항을 일으키거나 분출하려는 감정을 억누르기 위해 정치를 가능한 한 능률적으로 유지하려는 노력이 블록 통합된 정치의 법칙에 속한다. 비례성의 법칙은 국가기금을 요구하는 모든 결정을 위해 견고한 기반을 제공하기 때문에 강력한 탈분극화 장치였다. 기금은 관련되는 사람들의 수를 토대로 사회블록들에게 배분되었다. 여러 사회블록 간의 경계를 넘나드는 이데올로기를 가지고 '전국적' 운동을 펼쳐 나감에도 불구하고 사민당은 자신의 '사회블록'을 형성했으며, 자유당도 다소 동일하게 움직여야 했다. 네덜란드의 블록통합은 고도로 엘리트적이었다. 그것은 각각의 사회블록에 속한 사람들이 자기 블록 지도자의 결정에 순종했으며, 이들 지도자만이 다른 사회블록의 구성원과 의사소통할 수 있는 유일한 사람이라는 견해에 기반했다. 달리 말하면 화해는 소수 엘리트의 정책결정과 대중의 정치적 수동성을 요구했다는 것이다. 엘리트 진영으로 이동하는 것은 누구에게나 개방되어 있었지만, 보통 사람들은 그들의 이동(상향이동에도 불구하고)이 종교적 갈등의 불을 지필 수 있었기 때문에 신뢰받지 못했다.

다음 두 가지 특성이 역시 블록 통합되었다고 묘사되고 있는 다른 국가(벨리에, 오스트리아)에서보다 블록통합을 탈분극화의 더욱 효과적인 수단으로 만들었다.

첫째, 가톨릭 블록과 사민주의 블록이 지배적인 다른 국가들과는 대조적으로 네덜란드에서는 역시 프로테스탄트 블록이 지배적이었다. 그 블록의 존재는 가톨릭과 사민주의 간의 분극화를 방지했으며, 정치문제에 대한 '과학적' 해결의 부상을 가능케 했다. 프로테스탄트는 특히 자연과학과 계량경제학을 중심으로 과학의 권위에 대해 강한 믿음을 갖고 있었으며, 네덜란드는 이 정확한 과학의 강화라는 오랜 전통을 갖고 있었다. 프로테스탄트는 과학의 완벽성을 의심하지 않았기 때문에 '과학에 기초한' 정책을 쉽게 옹호할 수 있었는데, 심지어 이것은 정책의 토대가 되는 계량경제학적 데이터를 더 선호하는 다른 사회블록에게도 마찬가지였다. 중앙기획국(CPB)에 의해 제공되는 계량경제학적 데이터는 말할 것도 없이 과학적 데이터에 대한 의존은 네덜란드 사회·경제정책의 주요 특성이 되었다.

둘째, 가톨릭 블록과 프로테스탄트 블록은 모두 다양한 사회계급, 즉 노동계급과 중간계급 및 상층계급 사람들과 타협을 이루었다. 이들은 네덜란드의 사회적 균열을 '가로지르고', 그렇게 함으로써 사회적 이슈의 악화를 억제했다. 가톨릭 노동자는 사민주의 블록의 프로테스탄트 동료 노동자보다 가톨릭 중간계급에 더 결속감을 느꼈다. 그러한 점에서 사회블록은 특정한 사회계급에 한정된 수평적 층위가 아니라 수직적 블록이었다. 가톨릭 블록이 1960년대에 힘없이 무너지기 시작하고, 젊은이들이 교회를 떠나며, 유동성의 증가와 텔레비전 보급의 확대가 다양한 집단 간의 접촉을 증폭시킬 때까지 이 체제는 탈분극화에 기여했다.

네덜란드는 블록통합의 전형일 뿐만 아니라 게르만소국에 공통적인 탈정치화 형태인 코포라티즘도 실현했다(Delsen 2002; Slomp 2002). 사회파트너들은 사회·경제정책 영역에서만이 아니라 정의, 교육, 주거와 제반 사회간접시설과 관련해서도 주요 조치가 취해지기 전에 자문에 응했다. 사실 자문은 정부와 사회파트너 간의 이러한 유형의 상호작용을 설명하는 용어로 충분하지 않다. 왜냐하면 새로운 조치를 시행할 경우 정부는 대개 이익집단 스스로가 새로운 모험을 시험할 때까지 기다리기 때문이다. 사회변화에 방향을 제시하는 대신 정부는 이미 관련 이익집단이 수용한 새로운 경로를 수용하고 인가하는 것이다. 곧 정부정책은 실천을 지도하는 대신 실천을 뒤따른다.

네덜란드는 강력하게 제도화되고 공식화된 자문기구의 네트워크를 갖추고 있다. 이들 기구는 사회파트너들이 정부정책과 전반적 사회경향에 대해 논의하는 사회경제위원회(Social and Economic Councils: SER)와, 부문별 임금협상 조정을 시도하며 정부와 함께 한 해에 여러 번 노동조건에 관해 논의하는 노동재단(Foundation of Labor)을 포함한다. 다른 부문에도 그러한 자문 네트워크는 존재하는데, 예를 들어 보건과 환경정책이 그렇다. 그 정책네트워크나 논의공간의 존재는 이익집단의 영향력 때문일 뿐만 아니라 '논의 파트너'를 세우려는 정부의 노력 때문이기도 하다. 네트워크를 수립하려는 정부의 흥미로운 시도에는 독신자 조직을 위한 논의공간을 설치하려는 노력도 있었다(게이운동이 동기가 되기 전에). 그러나 조직활동에 종사하던 독신자들이 파트너를 발견하게 되자 기꺼이 독신자 조에서을 떠날 수 있었기 때문에 그러한 시도는 실패했다.

이러한 유형의 정책형성에서 과학의 역할은 수의 계산을 기반으로 정책을 산출하는 블록 통합된 정치의 비례성 법칙에 의해 용이해졌다. 그것은 중앙기획국이 국가 경제조건에 관한 경제보고서를 발간하기 전에는 어떠한 사회적 논쟁이나 경제적 논쟁도 경제사회위원회나 노동재단에서 시작되지 않는다는 사실과, 그 영향과 임금인상이 국가의 경쟁력에 달려 있다는 사실로 인해 증폭되었다. 중앙기획국 보고서는 계량경제학 모델에 기초했으며, 아무런 비판 없이 모든 관련 이익집단에 수용된다. 그러나 과학의 중요성에 대한 또 하나의 예는 경제사회위원회가 사회파트너로만 구성된 것이 아니라, 국가이익을 보호하고 노조와 사용자 간의 타협을 용이하게 할 사람으로 생각되는 11명의 독립적 전문가를 포함한다는 사실이다. 이 11명의 전문가는 국립은행장과 중앙기획국장을 비롯해 경제학과 사회법에 정통한 많은 대학교수로 구성된다. 뜨겁게 논쟁되는 이슈의 경우에는 정부 역시 현 정치가나 과거 정치가보다 독립적인 전문가를 신뢰한다. 1970년대 이래 '정부정책자문과학위원회'(Scientific Council for Government Policy)도 이따금 자문역을 수행하고 있으며, 때때로 정책이 사회파트너나 다른 이익집단에게 지나치게 과도한 정책의 수정을 요구할 수도 있다.

코포라티즘은 1950년대와 1960년대에 잘 기능했으며, 1970년대에 상대적으로 무력적인 단기간 군사개입 이후(1968년 파리의 5월봉기에 따라)와 1980년대에도 그러했다. 그러나 1980년대 후반에는 너무나 성가시고 사회혁신을 방해하며 재정적자 증대로 귀결되는 존재라는 압박에 처하게 되었다. 그에 따라 정부는 1990년대에 사용자와 노조 간의 불화를 기회로 사회파트너들로부터 일정한 자율성을 회복하려고 시도했다.

요약하자면 네덜란드의 정치영역은 정당 스펙트럼의 중앙에 위치한 하나의 거대정당에 의해 지배되는 체계로 특징지을 수 있다. 그리고 이 정당은 정치적 동원과 '보통'사람들에 대한 정치 주도를 방지하는 탈분극화와, 정책형성의 일부 영역을 이익집단에게 맡기는 탈정치화를 통해 정치적 갈등을 예방하거나 억제하려고 한다.

3. 해안 간척지(Polder)의 혁명?

1990년대 초반부터 네덜란드는 거의 혁명적인 일련의 변화와 혼란을 겪었는데, 그것은 이 나라의 고요하고 조용한 과거와는 어울리지 않는 것이었다. 변화의 대부분은 문화와 사회영역의 국제화 및 경제의 세계화에 대한 대응이었다. 그 변화는 다음과 같은 내용을 포함한다.

(1) 세계시장에서 국가의 경쟁력을 유지하거나 강화하는 수단으로서 노동윤리와 노동문화의 변화

이 변화는 더 많은 사람들을 노동에 투입하는 형태로 나타나는 노동시장 참여의 변화인데, 다음과 같은 두 가지 독자적인 요소로 구성된다. 즉 실업급여를 받는 실업자가 일자리를 찾아야 할 의무를 엄격하게 준수하는 것이 그 첫 번째이고, 대다수 여성이 노동시장에 진입하는 것이 그 두 번째이다. 첫 번째 변화는 기존의 노동시장 이탈과 사회보장의 보호로부터 노동시장으로 (재)진입하는 전환을 의미했고, 두 번째 변화는 노동시장 미참여로부터 의무적 참여로의 전환을

의미했다. 국가는 노동시장의 이탈이나 미참여 대신 노동시장 참여를 주장하고, 사회보장이나 여성의 남편 수입 의존 대신 노동을 강조하게 되었다. 사회보장 급부를 다루는 기관은 노동소득센터(Centers of Work and Income: CWI)로 개칭되었고, 지원자가 새로운 일자리를 찾는데 충분히 적극적이지 않을 경우 급부의 축소 형태로 제재를 가할 수 있게 되었다. 여성의 노동시장 참여라는 변화는 시간제노동(part-time)으로의 변화이다. 대다수의 기혼 여성이 이제 시간제 일자리를 갖고 있으며, 이것은 종종 그들의 선호에 부합하기도 한다. 가족당 두 명의 소득자를 지향하는 새로운 추세도 젊은 남성이 전일제 고용보다는 시간제 고용을 추구하는 경향을 촉진한다. 시간제 노동자의 보수가 여전히 적음에도 불구하고, 다른 유럽연합 회원국보다는 높다. 이 점은 시간제 여성노동자의 경우도 마찬가지이다. 시간제노동의 이와 같은 높은 비중은 이제 주도적 유연성으로 각광받고 있다.

노동시장의 팽창은 노동시장 (진입)조건과 노동조건 및 사회보장적 보호에서의 양성평등에 대한 유럽연합의 요구에 네덜란드의 노동규율과 기준이 적응하는 방식이었다. 그것은 또한 세계화에 대처하기 위한 노동시장 유연화 요구에 의해서도 영향을 받았다. 전일제 노동에서 시간제노동으로 변화하는 일반적 추세는 캘빈주의적 국가——미국 외에 유일한 캘빈주의 경향의 국가——의 전통적인 노동윤리로부터의 이탈을 의미한다.

(2) 1994~2000년 기간 중앙정부로부터 기민당의 배제

이것은 정부의 정상적 구성과는 배치되는 것이었다. 기민당은 20세기 초 이래 언제나 중앙정부와 국가통치에 참여해 왔으며, 대부분 지배정당이거나 연정주도 정당이었다. 1994년에 출범한 '자줏빛' 연정은 사민당(빨강)과 보수자유당(파랑) 및 사회자유주의적 군소정당 하나로 구성되었다. 최대 노조연합 지도자 출신의 사민당 지도자가 연정을 이끌었으며, 이 자줏빛 연정기간은 매우 번영한 시기였다. 낮은 실업률과 정기적 임금인상, 그리고 빠른 집값상승에 따른 소득증가의 확산으로 인해 많은 사람들이 모기지론을 대부받을 수 있었다. 이 연정은 또한 노동문화와 노동시장 참여의 변화에 기여했지만, 그것은 동성결혼과 매춘의 합법화를 포함한 성행태 영역에서 특히 윤리규범을 이완시켰다.

(3) 정치적 암살과 혼란 및 비적극적 정부의 짧은 기간 (Electral Revolt 2003)

2000년 5월 무소속의 핌 포르틴(Pim Fortuyn)은 총선출마를 선언함과 동시에 네덜란드 정치의 폐쇄적이고 엘리트적인 성격을 비난하면서 총리직에 도전하겠다는 야심까지 공표했다(그는 스스로 "나를 보라, 여기 당신들의 차기 수상이 있다"고 말했다). 엘리트주의는 정치적인 정상지위로의 상승이 개방됨으로써 완화되었으나, 포르틴이 명백히 지적했던 대중적 참여나 풀뿌리 활동까지 허용한 것은 아니었다. 포르틴의 주요 선거쟁점은 범죄율 증가와 이질적인 ('타락한') 문화를 가진 이슬람 이민자들의 유입 및 특히 그들의 여성과 동성애자에 대한 위협에 따른 국내 불안이었다. 그는 우파의 심사를 자극했으나, 정치가들은 오랫동안 이민자 하부문화라는 쟁점에 대해 침묵했으며, 그 문화에 대한 어떠한 비판도 인종주의 담론으로 비난받았다. 포르틴 자신은 무슬림 소년들이 자신의 좋아하는 성적 파트너에 속한다는 점을 강조함으로써 인종주의에 대한 공격에 대처할 수 있었다. 그가 강조한 두 번째 쟁점은 대개 정부의 규모와 정부 법령의 막대한 범주와 영역 및 정치비용이었다. 그의 주된 표적은 정부의 팽창과 주로 이슬람국가에서 유입되는 수많은 이민의 허용에 책임이 있다고 자신이 규정한 사민당이었다.

2002년 총선 직전에 포르틴은 녹색당 활동가에 의해 암살되었는데, 그것은 네덜란드 역사에서 세 번째 정치적 암살이었다(첫 번째는 스페인에 대항한 독립전쟁 초기인 1584년에 있었고, 두 번째는 1672년에 있었다). 그의 죽음은 혼란의 소용돌이를 일으켰고, 사민당 정치가들에게도 물리적 공격과 위협을 유발시켰으며, 그의 장례식은 국가적 행사가 되었다. 그의 추종자들은 '핌 포르틴 명부'(List Pim Fortuyn: LPF)라는 이름으로 후보자 명부를 채울 수 있었고, 총선에서 26석(총 150석 중)을 차지했는데, 이는 네덜란드 정치사에서 사실상 혁명적인 사건이었다. 기민당은 지난 선거의 완패를 만회한 반면, 사민당은 패배했다. 젊은 교수 출신으로 정치 신참인 기민당 지도자 발케넨데(Jan Peter Balkenende)가 LPF 및 보수자유당과 연정을 구성했다. 그러나 정부 내 두 명의 LPF 소속 장관, 즉 음악산업의 부유한 기업가와 경제학 교수 사이의 개인적 갈등에 의해 정국은 마비되었다. 머지않아 연정은 내부분쟁으로 붕괴되어 재선거가 신속히 실시되었다. 재선거에서는 사민당도 새롭고 젊은 지도자 아래 재기했으나, LPF는 오히려 20석을 잃고 6석만을 차지했다. 기민당과 보수자유당의 연립이 의회의 다수를 획득하지 못함에 따라 기민당은 처음으로 사회자유당과 연정교섭을 시작했다. 대체로 정책보다는 스타일의 차이가 분열의 원인이었으므로, 발케넨데는 총리로서 보수자유당 및 사회자유당을 포함한 제2기 연정을 구성했다. 포르틴은 죽어서 네덜란드 정치에 묻혀 버린 것처럼 보였지만, 그의 역동성은 아직 살아 있었음이 증명된 것이다.

(4) 강경한 발케넨데 제2기 신내각

신내각은 정치난민과 이민의 수용조건을 더욱 엄격하게 했으며, 추방을 더 수월하게 하고 고국으로의 자발적 귀환을 장려했다. 실업률 급상승이라는 상황에서 그것은 또한 두 거대 노조연맹체(사민주의적 노조연맹체와 기독민주적인 노조연맹체)와 갈등을 초래했다. 먼저 임금동결을 제안하고 이후 일정하게 강제하며, 또 그 후에는 사회보장지출의 대폭 감축과 조기퇴직안을 강제했던 것이다. 정부와 사용자단체 및 노조 간의 코포라티즘은 더 이상 중앙정부가 사회파트너들이 형성한 결정을 적법하게 수용하는 것을 의미하지 않게 되었다. 발케넨데 총리와 그의 적극적인 사회부장관(기독민주주의 노조연맹체 지도자 출신) 아래에서 사회파트너들은 유사한 수준의 임금인상 제한과 사회지출 삭감을 결과한 양자협약을 통해서만 정부의 엄격한 규제를 피할 수 있었다. 이 시장지향적 정부의 적극적 행동주의는 노조의 저항과 좀더 공식적인 사용자의 저항에 부딪혔으나, 대중적 저항을 초래하지는 않았다. 발케넨데는 종종 단호한 조치를 요구하는 어려운 시기를 지적했고, 사민당도 노조도 저항을 동원할 수 없거나 포르틴 사건 이후에는 그렇게 할 마음도 없었다.

4. 표적: 탈정치화와 엘리트주의

네 가지 변화가 네덜란드의 정치영역과 사회영역의 전통적인 특성을 가리키는데, 그것은 이제 점점 약화의 신호로 여겨지고 있다.

(1) 낮은 노동시장 참여도와 강력한 가족전통, 그리고 직업윤리와 사회보장의 성별 차이

이 점은 이제 변화의 커다란 주제이다. 어떤 사람들은 대부분의 여성이 전일제노동보다 시간제노동을 선호하기 때문에(그들 대부분은 가사일을 병행해야 하기 때문이다), 시간제노동의 비중에서 나타나는 성별 차이의 새로운 유형이 해방의 신호라고 주장하기도 한다. 그러나 다른 사람들에게 여성은 노동시장의 약자로서 저임금상태에 있고 더 쉽게 해고되는 경향이 있다는 점에서 시간제노동은 불완전한 해방일 뿐이다.

(2) 사민당이 미래 연립 파트너로서의 지위를 위태롭게 하려 하지 않기 때문에 기민당이라는 단일정당이 강력한 저항 없이 거의 영속적으로 정부를 주도

이 점은 변하지 않았다. 기민당 지지의 지속적인 감소를 고려하면서 많은 사람들(많은 정치학자들을 포함하여)이 기민당 통치의 종말을 예언했지만, 그들은 틀렸음이 입증되었다. 네덜란드 정치는 상당히 세속화되어 왔고 더 이상 종교조직과 어떠한 공식적 연계도 유지하고 있지 않음에도 이 이데올로기에 의해 계속 지배되어 왔다.

(3) 이질적 (주로 무슬림) 문화를 가진 모든 종류의 대량 이민을 비정치적 이슈로 단정하는 엘리트의 노력과 네덜란드 정치의 엘리트적 성격

엘리트주의는 더욱더 공격받고 있다. 풀뿌리 민주주의의 발전을 지향하는 새롭고도 부분적인 변화의 예는 지방자치단체장이 더 이상 중앙정부에 의해 지명되지 않고 선출될 것이라는 점이며, 국민투표의 도입에 관해 진행되고 있는 토론이다. 이슬람문화는 부담되는

정치적 이슈가 되어 왔으며, 9·11사태 이후 그에 대한 정치적·대중적 토론은 어느 정도 더 이상 의미가 없는 것이 되었다. 예전에는 공격적인 범죄자의 윤리적 배경에 대해 미디어가 전혀 언급하지 않았으나, 이제는 모든 사람들이 습관처럼 그것에 대해 언급하게 되었다는 것이 전형적인 한 예이다.

(4) 사회·경제정책 형성에 대해 중앙정부보다 강력한 사용자단체와 노조의 지배

발케넨데정부는 정부의 수동성에 종말을 고했지만, 중앙정부는 1945~64년 사이에 코포라티즘과 임금협상에서 지배적인 역할을 수행했고, 1970년대에는 여러 차례 임금협상에 개입했다는 점도 지적되어야 한다. 이 수십 년 동안 노조와 사용자단체는 사실상 정부 결정에 큰 영향력을 행사하지 못한 채 임금인상 제한이라는 정부의 결정을 실행했다.

5. 정치변화를 통한 시장지향인가, 정치포기를 통한 시장지향인가?

제4절 1항에 대해: 여성의 노동시장 대량진입은 노동시장 정책의 결과가 아니라 오히려 사회에서 여성의 독립성이 증대한 결과이며, 노동시장에서의 평등한 기회와 조건에 대한 EU의 압력과 페미니즘 운동의 덕분이다. 정책은 노동시장 참여의 확대가 복지국가를 수호하고 국제경쟁력을 유지하기 위한 수단으로 필요하다는 점을 지적

함으로써 실천을 뒤따라갔던 것이다. 여성이 변화를 창출했고, 정부는 그 뒤를 따라갔다.

제4절 2항에 대해: 기민당의 일시적 실권은 중도정당이 없는 정치라는 새로운 시기의 도래를 알리는 것이 아니었다. 자줏빛 연정에 참여했던두 주요 정당은 기민당이 오랫동안 주장해 온 입장과 유사한 사회·경제정책을 추구했다. 그들은 다만 윤리적 이슈에서만 새로운 방식의 모험을 했을 뿐이다. 그러나 윤리규범에서의 변화조차 탈분극화라는 오랜 법칙에 고착되어 있었으며, 어떠한 변화도 선거캠페인에서 쟁점화되지 못했다. 중도정당을 배제한 것은 좌우의 분극화를 낳은 것이 아니라 좌우파 간의 부분적인 협력을 가져왔던 것이다. 2002년 이후 기민당은 다시 권력을 획득했으며, 자신들이 이 나라의 세속화와 탈종교화(de-confessionalization: 종교적 결속의 감소) 상황에서도 생존해 왔다는 사실을 자랑스럽게 제시할 수 있게 되었다.

제4절 3항에 대해: 포르틴 운동은 일정한 이슈를 정치화하지 않거나, 심지어 대중적으로 쟁점화하지 않는 것과 그 이슈에 대해 인종주의적으로 이야기하는 사람으로 낙인찍는 것의 한계를 드러냈다. 그것은 엘리트주의 정치에 대항한 일반 민중의 짧은 반란의 시기였지만, 이민자의 유입과 그들을 네덜란드 사회·정치영역으로 통합하는 것에 대한 광범위한 개방성을 제외하고는 어떠한 결과도 창출하지 않았다. 네덜란드 입국법규가 강화되었을 뿐만 아니라 모든 이민자는 나이아 상관없이 이제 네덜란드어를 배워야 할 의무를 진다. 네덜란드는 자신이 의존하고 있는 기반, 즉 국어를 재평가한 것이다. 네덜란드의 세속적 가치와 이슬람 이민자 간의 간극이 여전히 크게 남아 있고 쉽게 메워지지 않을 것이기 때문에, 유사한 반란이 미래에도 일어날 것으로 예측할 수 있다. 바라건대 향후 3세기 안에는 또 다른 정치적 암살이 발생하지 않아야 할 것이다.

포르틴 운동은 코포라티즘에 대한 침해를 야기하지 않았다. 그것은 사회·경제정책에 초점을 둔 것이 아니라, 가정과 거리에서의 안전을 중시했고, 대도시에서의 사회적 통제의 결핍과 경찰력의 부족 및 대개 젊은이들과 특히 이민 가족 아이들의 규범인식 결핍에 초점을 둔 것이었다. 저항은 사회적 안전에 대한 이슈가 아니라 이민에 대한 이슈를 둘러싸고 일어났다. 2003년 이후 저항운동은 거의 사라졌고, 포르틴 운동은 서로 계속 싸우고 있는 수많은 소집단들로 분열되었으며, 새로운 연정이 사회·경제정책에서 뚜렷한 진척을 이루어 왔다.

제4절 4항에 대해: 사회·경제정책에서 신정부의 시장지향적 행동주의는 코포라티즘 시기에 있었던 정부의 수동성에 종지부를 찍었지만, 그러한 관점에서 자줏빛 연정과 예전 기민당 연정의 선례를 따르고 있다. 1980년대 후반과 90년대 초반에 이미 발생했던 유형의 갈등은 기민당 연정과 사민당 연정 간의 갈등이며, 사민당과 사민주의 노조 간의 불화였다. 노조는 사회보장 감축에 대항하여 대중적 저항시위(간단하게는 파업)를 조직했지만, 그 저항은 이렇다 할 성과를 거두지 못했다. 노조지도자 출신의 총리가 이끌었던 자줏빛 연정 하에서 갈등은 더 심화되었다. 그것은 주요 노조연합체의 지위가 '사민주의 블록'에서의 하위파트너에서 의회정치에 직접 개입하는 독립적 사회운동으로 변화한 것을 의미했는데, 이는 곧 노조운동의 정치화를 말한다. 정치화는 1970년대 초반 전투적 노동자의 시기에 이미 생겨났으나, 1980년대 초반에 제2차 석유위기와 대량실업의 압력으로 인해 약화되었다.

1980년대 후반과 1990년대에 노조의 전국적 저항집회에 많은 사람들이 참가한 것은 사회보장 삭감에 대한 전반적인 불만을 드러내는 사건이었다. 그러나 불만은 정부에 대한 거부나 불안을 낳지는 않았다. 자줏빛 연정은 권좌에 있었던 8년 동안 대중적 인기를 유지했다. 저항의 성과 부족은 정부에 대한 일반적 지지를 의미했으며, 효과적인 정치적 저항의 전통이 부재함을 가리켰다. 사람들은 사회보장 개혁에 대해 걱정했지만 직접적으로 중앙정부를 공격하지는 않았다. 정부조치의 수용과 고도의 순종은 지속적으로 네덜란드 정치에서 법칙으로 남아 있다.

정부는 정치적 저항이 조직하기 힘들고 매우 효과적이 아니라는 것을 자줏빛 연정 기간으로부터 배웠다. 정부는 사회·경제적 문제에 전념하지 않았고, 노조운동과의 중대한 충돌을 두려워하지 않았다.

노조는 저항집회를 공포하고, 2004년 9월과 10월에는 파업까지 감행했다. 그러나 이러한 행동이 대중을 대규모로 동원하여 단독으로 정부정책을 변화시키는 데 효과적일 것 같지는 않다. 포르틴 사건조차 정부대책의 전통적인 수용과 고도의 순종에 종지부를 찍을 수 없었다. 이러한 국가행위의 원칙은 때때로 단기간의 저항에 의해 저지

〈표 5-2〉 네덜란드 정치의 주요 변화

주요 변화	내용	가능한 정치적 결과	실제 정치적 결과
노동시장 참여	(여성)노동력의 증대, 유연성의 획기적 제고	사회·경제적 영역에서 정부 행동주의 강화	여전히 실천을 뒤쫓는 정치: 정치적 결과 없음
연정 구성	기민당을 배제한 단기 연정	분극화	분극화 없음: 기민당 권력의 지속
포르틴 사건	이민문제와 정치적 엘리트주의에 대한 저항운동	대중 저항; 정치화와 분극화	이민문제가 다시 탈정치화, 그러나 현저한 정치적 의제화: 엘리트주의도 의제화
시장지향적 정부 행동주의	정부에 의해 강제된 임금인상 제한과 사회보장 감축	코포라티즘의 종말; 정치화	확정적이지는 않으나, 단기간의 행동주의 이후 코포라티즘으로 복귀하는 것보다 정치화가 덜 개연적

될 수 있지만 다음날 다시 계속된다.

<표 5-2>는 네덜란드 정치의 변화와 그 결과를 요약한 것이다.

6. 유럽정치의 관점에서 네덜란드의 성격은 변했는가?

다른 유럽국가, 즉 게르만 유형과 라틴 유형의 다른 국가와 코포라티즘의 정치적 변화를 고려하지 않는다면, 유럽정치에서 네덜란드의 성격에 관해 일정한 결론을 내릴 수 있다.

우선 탈분극화 정도는 변하지 않았다. 중앙정부에서 기민당의 일시적 실권은 기민당의 좌와 우에 위치한 정당이 심각한 상호갈등 없이 협력이 가능해졌기 때문에 발생했을 뿐이다. 실제 그 시기 이후 기민당은 연정에서 물러났으며, 과학에 대한 존중도는 여전히 높거나 오히려 이전보다 더 높아졌다. 총리는 지출삭감과 임금인상 제한을 위해 세계시장에서 약화된 네덜란드의 국제경쟁력에 관한 보고서를 자주 지적한다. 네덜란드 정치의 엘리트주의적 성격은 여전하다. 이 엘리트주의에 대한 첫 번째 침해는 아마도 2006년부터 지방자치단체장을 선출하게 되는 것이겠지만, 그것도 지방 수준에 한정될 것이다.

탈정치화의 정도는 어느 정도 변했다. 이민자 문화의 이슈는 더이상 정치적 경쟁과 선거 캠페인에서 금기시될 수 없게 되었고, 지속적인 정치의제가 되었다. 그렇지만 다른 부담스런 이슈도 그와 같은 커다란 장애 없이 정치적 의제가 될 수 있을 것인지는 두고보아야 할 것이다. 코포라티즘은 현재 약화된 상태이지만, 과거에도 코포라티즘적 정책결정 시스템이 위태롭게 되지 않은 채 수동적 정부의 시기가 중단되고 강력한 정부주도의 기간이 드물게 나타나곤 했었다. 현재도 새로운 중단의 시기인 것처럼 보이는데, 정부가 사회보장에 대한 총체적 통제력을 다시 획득하게 되었을 때 이 시기는 아마도 끝날 것이며, 그와 동시에 정부는 다른 노동 조건을 사회파트너들에게 넘겨줄 것이다.

주요 혁명적 변화는 여성의 노동시장 참여에서 나타났지만, 이 변화는 여성의 노동시장 참여가 정부의 의제로 설정되기 전에 이미 발생한 것이었다. 탈정치화의 원칙에 따르면, 정부는 주요 사회적 추세를 주도한다기보다 그 추세를 따라가고 있다.

7. 맺음말

사회·경제정책에서 네덜란드 정부는 사회·경제구조의 변화를 시도하지는 않지만, 지속적이고 적극적으로 대처하고 있다. 네덜란드의 정책은 여성의 노동시장 참여에서의 혁명적 변화에서 보여주듯이 새로운 실천을 수립하기보다는 기존의 실천을 뒤따른다. 그러나 주요 초점은 시장이며, 변화는 가족가치 같은 다른 어떤 것을 목표로 하지 않고 세계시장에서 국가경쟁력을 회복시키는 것을 목표로 한다. 반응성(re-activity)이 네덜란드 정치에서 규칙으로 남는다면, 코포라티즘적 협의와 자문에 대한 현 정부의 관심부족은 일시적이며, 회담은 곧 시작될 것이다. 국가통치에서 기민당이 현저한 역할을 수행함으로써 탈분극화는 보장될 것이며, 탈정치화는 약화되겠지만 역시 일시적일 것이다.

네덜란드 정치의 주요 변화는 초점의 변화이다. 시장이 정치의 새로운 기준이 되었으나, 정치가 사회영역을 전적으로 시장에 맡기지는 않는다. 정치가 그 자체로 변화하기 어렵지만, 네덜란드의 정치는 여전히 탈분극화와 탈정치화가 지속적으로 다른 모든 원칙을 지배하는 작은 게르만국가의 정치이다. 그 정치는 변화하지 않고 남아 있으며, 시장에 적응하기 위해 변했을 뿐이지 시장이 군림하게 하지는 않는다.

참고문헌

"Consociationalism and Corporatism in Western Europe: Still the Politics of Accomodation." 2002. *Acta Politica, Special Issue* 37, No. 2.

Delsen, Lei. 2002. *Exit Polder Model: Socioeconomic Changes in the Netherlands.* Westport. CT: Praeger.

"Electoral Revolt or Continuity? The Dutch Parliamentary Elections 2002 and 2003." 2003. *Acta Politica, Special Issue* 38, No. 1.

Lijphart, A. 1975. *The Politics of Accommodation: Pluralism and Democracy in the Netherlands.* Berkeley: University of California Press.

Slomp, Hans. 2000. *European Politics into the Twenty First Century: Integration and Division.* Westport, CT: Praeger.

Slomp, Hans. 2002. "The Netherlands in the 1990s: Towards 'Flexible Corporatism' in the Polder Model." Stefan Berger and Hugh Compston, eds. *Policy Concertation and Social Partnership in Western Europe: Lessons for the 21st Century.* New York: Berghahn Books.

제6장 아일랜드의 사회적 동반자 관계

Emmet O'Conner

1. 머리말

1987년 이래 아일랜드공화국의 임금협상은 '사회파트너'(사회적 동반자)* 라 불리는 행위자에 의해 중앙 차원에서 교섭된 네오코포라티즘적 프로그램을 통해 진행되어 왔다. 이러한 프로그램은 1990년대에 산업관계를 변경하고 아일랜드 '호랑이경제'(tiger economy)의 기반을 놓는 데 결정적인 것으로 널리 간주되어 왔다. 이 글은 아일랜

---

* '사회적 동반자'나 '사회파드니'는 모두 social partner를 번역한 용어이다. 일반적으로 social partner는 단체협상의 당사자인 노조와 사용자단체를 지칭한다. 다만 '사회적 동반자관계'(social partnership)는 노자 간 협력관계가 제도화되거나 장기적 사회현상이 된 경우를 말한다. 따라서 단순히 노자 간 협상당사자를 지칭할 때는 '사회파트너'라는 용어를 사용하며, 사회적 협력관계의 의미를 살릴 필요가 있을 때에만 '사회적 동반자' 혹은 '사회적 동반자관계'라는 용어를 사용하기로 한다(역주).

드 산업관계의 윤곽을 제시하고, 사회 파트너 발전에 대한 근거를 논의하며, 최초의 사회동반자 관계적 협약의 체결을 고찰하고, 이후 연속되는 협약체결을 평가할 것이다. 이 글은 또한 동반자관계를 지향하는 사회파트너의 태도를 고려하고, 지속적인 동반자관계를 위한 전망을 주장하며, 정당체계에 대한 영향을 고찰할 것이다.

2. 아일랜드의 역사와 정치

아일랜드는 유럽의 북서쪽 끝에 있는 3만 2천 평방마일의 섬나라로 약 430만 명의 인구(그리고 북아일랜드에 170만 명)를 가지고 있는데, 유럽 기준에서 볼 때 인구밀도는 낮은 편이다. 수백 년의 식민지 시대를 거쳐 1992년에 영국으로부터 독립을 획득했으나 그 대가로 분리를 감수해야 했다. 섬의 약 20%가 북아일랜드에 해당하는데, 이 지역은 영국의 관할지역으로 남아 있다.[1] 달리 지적하지 않는 한, 이 논문에서 '아일랜드'는 독립한 아일랜드만을 지칭한다. 독립한 아일랜드는 1922년부터 아일랜드 자유국(Irish Free State)으로, 1937년부터는 에이레(Éire)로, 그리고 1949년부터는 아일랜드공화국(the Republic of Ireland)으로 알려져 있다. 아일랜드는 언제나 영국의 웨스트민스터(Westminster) 모델을 토대로 한 자유 의회민주주의 국가이지만, 단기이양 비례대표제라는 선거제도를 가지고 있다.[2]

---

1) 근대 아일랜드에 대한 전반적인 기술로 인정되는 것으로 Lee, J. J., 1989, *Ireland, 1912~85: Politics and Society*. Cambridge가 있다.

2) 아일랜드 정치에 대한 최고의 소개서는 Coakley, John and Michael

아일랜드 자유국은 취약한 산업기반을 물려받았다. 경제적으로 아일랜드는 영국을 위한 방목장 그 이상도 이하도 아니었다. 130만의 노동력 중 67만이 농업에 종사하고 6만 7천이 제조업에 종사했다. 1924년에는 농산물과 식량 및 음료가 수출의 86%를 차지했고, 그 중 98%는 영국으로 수출되었다(Daly 1992, 15). 1920년대 중반에 정당체계는 고전적인 탈식민지 형태, 즉 대도시와 연계된 문제를 둘러싸고 분극화된 정치형태를 취했다. 피나게일당(Fine Gael)의 전신인 당시 집권당 쿠마나게일당(Cumann na nGaedheal)은 기존의 헌정적·경제적 연계의 지속을 주장했으며, 따라서 외국 상사나 영사관의 관리와 주로 강력한 농민 및 대산업가의 지지를 얻었다. 이 당은 이몬 드 발레라(Eamon de Valera)가 이끄는 피아나페일당(Fianna Fáil)에 의해 도전받게 되었는데, 이 당은 경제적 민족주의와 정치적 민족주의를 결합시켰고, 노동자와 소농 및 하층 중간계급과 신흥 산업가로부터 지지를 획득했다.3)

1932년 권력을 장악한 피아나페일당은 수입대체와 관세장벽을 통해 토착민 소유의 산업기반을 형성하기 위해 보호주의 정책을 채용했다. 그러나 1958년에 이 정책은 '자유무역'과 외국인 민간투자를 위한 개방을 위해 포기되었다. '자유무역'의 발전에서 획기적인 사건은 잉글랜드·아일랜드 자유무역협정(the Anglo-Irish Free Trade Area

---

Gallagher, eds., 1999, *Politics in the Republic of Ireland*, London, 3e.이다 선거에 관한 보고서는 1985년 이래 발행된 아일랜드정치연구회(the Political Studies Association)의 연보(지금은 1년에 두 번 발행)인 *Irish Political Studies*에 발표된다.

3) Cumann na nGaedheal은 거칠게나마 '아일랜드당'(the Irish Party)으로 Fine Gael은 '아일랜드인민'(the Irish People), 그리고 Fianna Fáil은 '아일랜드의 군인'(the Soldiers of Ireland)으로 번역될 수 있다.

Agreement, 1965)과 유럽경제공동체(EEC, 1973), 유럽통화제도(EMS, 1979), 유럽연합의 '단일시장'(1992) 및 2002년 유로화 도입을 통한 유럽경제통화연합(EMU)으로 이어지는 일련의 국제기구 가입이었다.

1940년대까지 피아나페일당은 정치적 의제에 대한 헤게모니를 공고히 했고, 아일랜드 정치는 이후 분열적 경쟁보다는 '동참'(me too)형 문화로 특징지어져 왔다. 또한 피아나페일당과 피나게일당은 모두 '포괄'(catch-all)정당으로 발전하였는데, 이런 관점에서는 전자가 더 성공적이었다. 피아나페일당은 대개 40~50%의 지지를 얻었고, 1932~48, 1951~54, 1957~73, 1977~82, 1987~94년 및 1997년 이래 정권을 잡았다. 과거 20여 년에 걸쳐 그 핵심 지지층은 서서히 감소해 왔으며, 1989년 이후부터는 소수정당과 연립함으로써만 정권을 장악할 수 있었다. 그러나 정치가 더욱 유동적이 되어 가는 반면, 정당지지의 사회적 기반은 매우 안정적으로 남아 있다. 우파와 좌파의 이데올로기 정당은 주변화되었고, 피아나페일당이 여전히 모든 사회계급 내에서 다수의 지지를 획득하고 있다. 피아나페일당의 구심성은 아일랜드에게 특징적인 정당체계를 형성했다. 1948년 이래 정당 간 경쟁은 자주 피아나페일당과 나머지 정당의 경쟁이라는 형태를 취해 왔다. 피나게일당은 약 25%의 지지율로 제2당의 위치를 차지하고 있으며, 노동당——많은 노조가 가입한——은 1920년대 이래 대개 평균 12%의 지지율을 획득하는 제3당의 위치를 차지해 왔다. 1980년대에는 더 이데올로기적인 정당이 등장했는데, 특히 현재 각각 약 3~5%를 지지를 받고 있는 신자유주의적 진보민주당(the Progressive Democrats)과 녹색당(the Greens)이 그것이다. 북아일랜드에서 IRA 휴전과 벨파스트협정(the Belfast Agreemen,: 1998)에 따라 신페인당(Sinn Féin)도 대중성을 높였다. 이 당은 지난 2002년 총선에서 6% 가량의 지지율을 확보했고, 현재 국회인 하원(Dáil Éireann)에서 제4당으로 활동하고 있다.

3. 산업관계 체계

아일랜드의 사회적 동반자관계는 식민지 유산에 토대를 둔 장기적 중재력의 결과일 뿐만 아니라 1969~87년 사이에 발생한 경제·산업관계 문제에 대한 대응이기도 하다.[4]

아일랜드의 식민지 유산은 코포라티즘에 적대적인 가치와 구조를 형성했는데, 그 내용은 주로 다음과 같다.

(1) 최소한의 법률적 개입을 갖춘 자발적 방식의 자율 단체교섭이라는 영국모델에 기초한 자유주의적 산업관계 개념

1940년대까지 노동법은 1922년 이전에 제정된 영국 법률에 기초하고 있었다. 1990년까지 노동조합법(Trade Union Act, 1906)은 노사분규를 규제하는 기본적인 법률적 도구로 남아 있었다. 노조는 영국 유형과 유사하게 형성되어 총연맹과 산별노조 및 직능별노조의 혼합형태였다. 노조 내에는 국가개입에 대한 강력한 이데올로기적 거부감이 존재했는데, 그것은 자발적 양식이 자유노조운동의 본질이라는 신념에 근거했다. 이러한 확신을 강화하듯이 영국 노조는 독립 아일랜드에서 계속 활동했으며, 1930년대에는 노동조합원의 약 25%를 차

---

[4] 역사적 배경을 보려면 O'Connor, Emmet, 2002, "Ireland in Historical Perspective: the Legacies of Colonialism," Stefan Berger and Hugh Compston, eds., *Policy Concertation and Social Partnership in Western Europe: Lessons for the 21st Century*, 155-166, Oxford를 참조.

지했고, 2004년 현재에도 약 12%를 대표하고 있다.

(2) 정부와 관료에 대한 자유주의적 개념

1970년대까지 모든 정부는 코포라티즘에 반대했다. 이와 동시에 식민주의는 코포라티즘을 위한 동력을 마련하는 문제와 조건을 창출했는데, 특히 다음의 세 요소가 중요하다.

① 아일랜드의 취약한 산업기반과 기업가계급

보호주의 시대는 경제에 대한 고도의 국가통제를 보여주었다. 반면 '자유무역'으로의 전환은 국가로 하여금 경제통제를 단념하게 하는 한편, 국제시장에서 경쟁력을 유지하기 위해 임금결정 관리에서는 점차 개입주의로 전환하는 것을 필연적인 것으로 간주했다.

② 1940년대에 아일랜드 민간부문 노조는 점차 영국식 산업관계 모델에 적대감을 갖게 되었고, 국가와의 더 적극적인 관계 및 더 중앙집중화된 노동운동을 선호하게 되었다.

③ '포괄'정당으로서 피아나페일당의 위상은 노동계급의 지지와 노조운동과의 긍정적 관계 정도에 의존한다. 역사적으로 아일랜드의 노조조직률은 상대적으로 높았으며, 대개 유럽 평균보다 높아 약 50% 정도였다. 게다가 사용자들은 1960년대까지 잘 조직되지 않았던 반면, 이후 ICTU(the Irish Congress of Trade Union)로 개칭된 아일랜드노총(the Irish Trade Union Congress: ITUC)은 대개 조합원의 90% 이상을 대표했다.

1945년 이후 산업관계 체계는 진보적으로 변했다. 산업관계 체계가 자발주의와 다원주의 및 자율 단체교섭에 지속적으로 기반한 반면, 교섭과정도 역시 더 제도화되고 중앙집중화되었다. 그에 따라 산업관계법(the Industrial Relations Act: 1946)에 의거하여 분쟁을 해결하기 위한 기제로 노동법정이 수립되었다. 또한 같은 해에 전국임금협상이 도입되었는데, 이는 단체교섭이 '유형화'되고 2년마다 갱신된다는 것을 의미했다. 그리고 많은 경우 이 규범은 토론을 통해 사용자와 노조 지도자의 동의를 획득했다.

4. 양자주의에서 삼자주의로

1960년대에 아일랜드 정부는 서유럽의 다른 대부분의 정부와 마찬가지로 파업과 인플레이션을 주요 문제로 간주했으며, 소득정책에서 그 해법을 찾았다. 사용자는 임금억제를 내포하는 것으로 믿는 것을 대단히 선호했지만, 같은 이유로 노조는 매우 의심스러워했다. 그렇지만 피아나페일당이 삼자주의(사용자, 노동자, 정부) 해법이 아니라 양자주의(사용자, 노동자) 해법을 원했다는 점에서 볼 때 정부도 역시 방해물이었다.

법규에 따른 소득정책의 위협과 엄격한 정부의 압력 하에서 ICTU는 1970년에 전국임금협약(a National Wage Agreement: NWA)을 체결하는 데 동의했다.5) 7번의 전국임금협약이 1970~78년 사이에 조인되었다. 그리고 국가는 협상 파트너들에게 조세정책과 공공비용에 대한 예산상의 유인을 제공하면서 점차 그 과정에 깊이 개입해 갔다. 처음 5번의 전국임금협약이 양자협약이었던 반면, 1977년과 78년에 체결된 협상은 삼자협약이었다. 1970년대 중반까지 '사회파트너'라는 용어는 사용자와 노조, 그리고 정부 자체가 아니라 사용자로서의 정부

---

5) 이 해에 관한 훌륭한 서술은 Hardiman, Niamh, 1988, *Pay, Politics, and Economic Performance in Ireland, 1970~87*, Oxford이다.

에 대해 사용되었다.

전국임금협약이 인플레이션이나 산업분규 정도를 경감시키지는 않았다 하더라도 ICTU와 피아나페일당 모두는 삼자주의의 공고화를 신뢰했다. 임금억제가 절대적으로 필요하다는 야심적인 경제 프로그램을 가지고 1977년에 다시 집권하게 된 피아나페일당은 전국임금협약을 '사회경제 발전을 위한 전국협약'(National Understanding for Social and Economic Development)으로 대체하였다. 두 개의 전국협약이 1979년과 80년에 체결되었는데, 이들은 두 개의 계단식 협상, 즉 첫 번째는 임금과 관련되고, 두 번째는 조세와 건강·교육·복지·직업창출 비용 등의 공공정책과 관련된 협상을 도입했다는 점에서 신선했다.

삼자주의가 1982년에 포기되고 87년에 재채택된 것은 우선 거시경제적 요인과 정부정책에 기인했다. 정치적 상황은 공공부채의 증가에 경종을 울린 실업증가와 같이 1981~82년에 현저히 변했다. 국고지출 통제에 대한 후속 정부의 실패는 세 번의 총선이 있었던 1981~82년의 정치적 불안정성과 더불어 일련의 위기를 초래했다. 1982~87년에 피나게일·노동당 연정은 인플레이션과 긴축재정을 우선사항으로 결정했다. 제3차 전국협상이 임금문제를 두고 난국에 부딪혔을 때 정부는 개입하지 않았다. 사회파트너 중 어느 누구도 중앙집중화된 협상의 결과에 만족하지 않았다. 정부와 사용자의 입장에서 볼 때, 그 협상은 더 낮은 인플레이션과 산업평화 또는 적절한 임금억제를 가져오지 않았다. 더욱이 실업이 증가하고 경제가 침체함에 따라 사용자들은 자유로운 단체협상에서 더 유리하게 움직일 수 있다고 믿게 되었다. 거꾸로 노조는 임금인상 제한을 수용했지만, 실질임금소득이나 원천과세 부문의 노동자 세금 공제 혹은 공공지출에서 적당한 보상을 받지 못했다고 믿었다.

1981~87년 사이에 고용수준은 7% 떨어졌으며 실업은 19%로 증가

했고, 세금을 공제한 순소득도 7% 떨어졌다. 특히 GNP 대비 공공부채가 130%까지 지속적으로 증가하자, 많은 전문가들이 경제는 관리하기 어렵게 되었고 아일랜드는 지불불능으로 가고 있다는 결론을 내리게 되었다. 피나게일·노동당 정부는 중도우파와 중도좌파의 연립이라는 내부모순 때문에 중대한 행동을 취할 수 없는 것처럼 보였다. 그러나 많은 사람들은 오히려 경제회생에 필수적인 과감한 결정이 매우 인기가 없는 정책이어서, 어떠한 아일랜드 정부도 그러한 결정을 내리는 것이 정치적으로 불가능하다고 믿었다.

이러한 맥락에서 국가경제사회협의회(the National Economic and Social Council: NESC), 즉 사회파트너, 관료, 정부 지명자로 구성된 '두뇌집단'(think-tank)은 동의를 촉진하고 테샤크(the Taoiseach: 수상)에게 조언하기 위해 『발전전략』(*Strategy for Development*, 1986)을 발간했다. 이 글은 경제위기와 재정위기에 대한 사회파트너들의 분석을 약술했으며, 그 대응이 기반하는 동의를 지적하고 있다. 1987년 안정적인 의회 다수를 확보하지 못한 채 다시 집권하게 된 피아나페일당은 호헤이(Charles J. Haughey) 수상 하에서 NESC 보고서에 따라 움직였으며, 첫 번째 사회적 동반자관계 협상인 국가재건프로그램(the Programme for National Recovery: PNR)을 중재했다. 좀체 체결될 것 같지 않았던 PNR이 많은 관찰자들을 놀라게 할 정도로 성공적으로 합의되었다. 이는 무기력하게 지쳐 있었던 사용자와 노조 지도자들과 개인적 친분이 두터웠던 호헤이의 결단력 있는 행동 때문이었으며 이후 정부의 단호한 행위가 필요하다는 인식이 생겨났다. 따라서 ICTU는 실질임금이 상승하기 시작할 것이라는 희망 아래 큰 폭의 임금억제를 받아들였다. 많은 사용자들은 자신들이 자유로운 단체협상에서 더 잘 대처하리라고 생각했지만, 정부가 거시경제 문제를 규제할 것으로 생각했기 때문에 PNR을 지지했다. 호헤이는 PNR이 정부정책을 제약할

지도 모르지만 비용삭감을 뒤흔드는 자신의 계획에 대한 반대를 무력화하는 데 도움을 주는 것이 정치적으로 필요하다고 생각했다.

5. 사회적 동반자관계 프로그램

1987년 이래 6개의 사회적 동반자관계 협약이 체결되었다.

  국가재건프로그램(PNR), 1987~90
  경제 사회 진보를 위한 프로그램(PESP), 1991~94
  경쟁력과 일자리를 위한 프로그램(PCW), 1994~96
  동반자관계 2000(P2000), 1997~2000
  번영과 공평을 위한 프로그램, 2000~03
  지속적인 진보, 2003~05

각 협약은 세 가지 영역에서 합의를 획득했다.
① 거시경제 영역: 기본적인 관심은 유럽환율제도(the European Exchange Rate Mechanism)와 유럽경제통화연합(EMU)의 요구를 충족시키는 것.
② 분배 영역: 임금, 산업관계, 생산성과 경쟁력, 조세, 공공 재정, 통화 정책, 복지서비스 관련 지출에 관한 협상.
③ 구조적 영역: 조세, 복지, 주택, 산업정책, 노동정책, 공기업 관리에 대한 구조적 개혁.6)

협약은 또한 프로그램과 동의의 촉진을 평가하는 제도의 창출을 포함했다. 국가재건프로그램(PNR)에서 경쟁력과 일자리를 위한 프로그램(PCW)에 이르기까지 평가는 중앙평가위원회(the Central Review Committee)가 담당했다. 이 위원회는 상호작용 포럼으로도 중요하다는 것이 입증되었는데, 이 포럼 안에서 주창자들의 동의 참여가 강화되었으며, 비공식적으로 해결된 문제가 부각되었다. 노동조합 조직원들은 그것을 정부의 장관과 고위 관료들에게 접근할 기회를 제공하는 것으로 평가했다. 동반자관계 2000(P2000)에서 중앙평가위원회는 더 광범위한 토대를 가진 감시위원회(Monitoring Committee)로 대체되었다.

각 프로그램은 경제, 공공정책 및 사회적 가치에서 변하는 환경을 반영했다. 본질적으로 경제정책과 관련되는 처음 세 가지와, 사회개혁, 포괄성 및 형평성을 강조하는 P2000 이후의 것이 구별될 수 있다.

대부분의 노동자에게는 임금협상이 각 프로그램의 핵심이고, 그들이 어떻게 투표할 것인가를 결정하는 유일한 요소이다. 사용자와 노조 및 정부에게도 그것이 중심적인 요소라고 말하는 것은 당연하며, 여전히 임금협상 없는 프로그램을 상상하기는 어렵다. 특정 상황에서 사용자들이 지불능력이 없음을 변론하는 조항을 가진, 완만한 임금인상 규정은 모든 프로그램의 특징이다. 덜 일관적으로 프로그램은 공적 영역에서나 지역적 협상의 결과로서(때때로 생산성 협상과 연계된) 특정한 보상규정을 삽입했으며, 저임금 노동자를 위한 최저임금 수준의 상향조정을 위한 규정도 삽입했다. 분규가 발생한 곳에서 당사자들은 먼저 협상을 통해 차이점을 해소해야 하며, 그것이 실

---

6) 동반자관계에 대한 상세한 비판을 보려면 O'Donnell, Rory, 2001, "The Future of Social Partnership in Ireland," *A Discussion paper prepared for the National Competitiveness Council*, Unpublished 참조.

패할 경우 노동관계위원회(the Labour Relations Commission)에 사건을 회부하며 최종적으로는 노동재판소에 회부해 그 결정을 따라야 한다.

6. 사회파트너와 협상의 과정

국가재건프로그램(PNR)과 경제사회 진보를 위한 프로그램(PESP) 및 경쟁력과 일자리를 위한 프로그램(PCW)의 협상에서 사회파트너는 정부, ICTU(노조를 대표하는), 사용자단체 및 농민조직이다.

프로그램을 산출하기 위한 협상은 교섭의 증진과 관련된 기업체와 '사회블록'(social pillar. 블록'은 유럽연합으로부터 차용된 것으로 아일랜드 담론에서는 새로운 개념적 존재이다)을 포함해 왔다. 사회블록은 빈곤과 노숙자 및 다른 사회 문제를 다루는 자선단체와 실업자, 여성, 젊은이를 대표하는 다양한 자발적인 조직으로 구성된다. 1989년에 경제는 회복되기 시작한 반면, 실업은 1994년까지 여전히 높게 남아 있어 사회파트너들이 정규직이 아닌 사람들에게는 충분히 관심을 갖지 않았다는 불만을 낳았다. 그에 대응하는 한편 동반자관계에 대한 동참을 확대하고 심화하기 위해 정부는 1993년에 '전통적' 사회파트너와 적대적 정치파트너 및 기업체와 자발적 부문의 공동체 관련집단으로 구성된 국가경제사회포럼(the National Economic and Social Forum: NESF)을 창설했다. 실업과 불평등에 관한 경제·사회적 발안을 개발하고 이 측면의 공공정책에 대한 전국적 동의를 강화하는 것이 이 포럼에 위임된 사항이었다.

첫 세 가지 프로그램의 정책적 측면은 더 강력한 경쟁력을 통해 일자리 창출의 근본문제를 선취하는 것이었다.7) 1994~2001년 사이 이른바 '캘틱 호랑이'의 등장과 연간 5% 이상의 GNP 증가율과 함께 완전고용에 접근해 감으로써 '실업률 증가'는 해소되었다. 이는 다시 사회적 통합성을 더욱 강조하게 했다. 사회블록은 사실상 P2000의 형성에서 보조적 파트너였던 반면, 최근의 프로그램에서는 더욱 중요해졌다.

프로그램 협상은 대개 서너 달 동안 지속되며, 기업체와 사회블록의 존재가 그 과정을 더욱 정교하게 만들어 왔다. 첫 세 가지 프로그램에 대한 토론에는 정부, ICTU, 3개(이후에는 2개) 사용자단체 및 4개 농민단체가 참여했다. 그 다음 프로그램에 대한 토론에도 역시 6개 이상의 기업체와 8개 사회블록 집단이 참여했다. 그밖에 국가경제사회협의회(NESC)와 국가경제사회포럼(NESF)도 개입할 것이다. P2000의 협상모델은 최초의 총회와 4개의 '진영'(rooms)으로 구분된 당사자, 즉 임금과 세금에 대해 협상하는 ICTU와 사용자, 위원회 집단, 기업체, 그리고 농민단체의 진영을 포함했다. 수상실(the Department of the Taoiseach)을 통해 정부는 참가자들로 하여금 다른 진영이 수용할 수 있는 대상을 형성하도록 도움으로써 이들 진영 사이에서 중심적인 위치를 차지했으며, 정부팀의 기술이 궁극적인 합의에 중요하다는 것에 동의가 이루어져 있다. 양자회담은 이들 공간과 정부 간에 이루

---

7) 그 프로그램에 대한 비교적 논평과 분류는 O'Donnell, Rory and Damian Thomas, 1998, "Ireland in the 1990s: Policy Concertation Triumphant," Stefan Berger and Hugh Compston, eds., *Policy Concertation and Social Partnership in Western Europe: Lessons for the 21st Century*, 167-189, London과 Roche, William K. and Terry Cradden, 2003, "Neo-corporatism and Social Partnership," Maura Adshead and Michelle Millar, eds., *Public Administration and Public Policy in Ireland: Theory and Method*, London et al. 참조

어졌다. 그러나 사회블록들은 자신의 임금협상 직접개입을 배제한다고 '네 개의 진영' 모델을 비판했다. 의심할 여지 없이 이는 프로그램의 성공을 위해서는 임금협상이 근본적으로 중요하다는 사실을 반영했다. 이는 또한 양자회담에서 그들을 다른 진영과 같은 편에 놓음으로써 사용자·노동자의 동의를 강화했다.

7. 사회적 동반자관계에 대한 태도

사회적 동반자관계는 산업관계에 대한 거시적 맥락에서, 그리고 거시경제적 차원에서 성공적인 것처럼 보였다. 전국임금협약(NWA)과 전국협약이 산업갈등——공식 파업은 감소했지만 비공식 행동은 증가했다——을 두드러지게 감소시킨 것은 아니지만, 산업갈등의 강도는 1987년 이후 현저하게 떨어졌다. 물론 이것은 심지어 사회적 동반자관계에 해당하지 않는 국가까지 포함하여 유럽국가 전체에서 나타나는 경향이었다.

더 일반적으로 동반자관계 프로그램은 최근 아일랜드의 경제적 실적을 뒷받침하는 네 가지 주요 요소 중 하나로 널리 인정되고 있다. 그리고 다른 요소는 첨단산업에 대한 외국투자를 높은 수준으로 유인하는 정부기구의 성공, 교육수준이 높은 젊은 노동자의 풍부한 공급, 유럽시장에 대한 접근과 유럽연합으로부터의 경제원조, 특히 기간시설을 개선하고 단일시장과 유럽경제통화연합(EMU)에 대처해 아일랜드를 준비시키기 위한 구조기금으로부터의 경제원조이다. 동반자관계에 대한 태도는 광범위하지만, 획일적이지도 않으며 적극적

이지도 않다.[8]

1) 정당

처음에 야당은 사회적 동반자관계에 대해 비판적이었다. 노동당 지도자도 노조가 1982~87년의 피나게일·노동당 정부에게 거부했던 협력을 피아나페일당에게 기꺼이 허용했던 때보다 더 신랄했다. 피나게일당과 진보민주당은 코포라티즘에 대한 표본적인 자유주의적 비판을 했는데, 그것은 정책형성의 결정을 선출된 자들로부터 선출되지 않은 자들에게 이전시키기 때문에 비민주적이며, 그 동의는 토론을 억제하고 정책형성에서 정부의 자유를 제한한다는 것이었다. 그렇지만 이들 정당은 모두 1990년대 연립정부에 참여했을 때 사회적 동반자관계를 지속시키기로 결정했다. 결과적으로 정치엘리트 사이에는 동반자관계에 대해 더욱 강력한 동참이 생겨나게 되었다. 동반자관계에 대한 정치적 반대는 결코 지나치게 심각하지는 않았다. 협약의 성공과 아일랜드의 '동참'형 정치문화를 고려할 때, 어떤 정부가 그 경향을 중단시킨다면 그것은 대단히 놀라운 일이 될 것이다.

야당은 협약의 특정한 측면을 계속 비판할 수도 있으나, 반대 자

---

8) 특히 O'Donnell, Rory and Damian Thomas, 1998, "Ireland in the 1990s: Policy Concertation Triumphant," Stefan Berger and Hugh Compston, eds., *Policy Concertation and Social Partnership in Western Europe: Lessons for the 21st Century*, 167-189와 Roche, William K. and Terry Cradden, 2003, "Neo-corporatism and Social Partnership," Maura Adshead and Michelle Millar, eds., *Public Administration and Public Policy in Ireland: Theory and Methods*, London et al. 및 O'Hearn, Denis, 1988, *Inside the Celtic Tiger: The Irish Economy and the Asian Model*, London을 보라.

체는 협약으로부터 어떠한 정치적 이득도 얻지 못한다. 현 정부로서는 그 협약이 경제적 성공에 요긴한 것임과 동시에 공공정책을 위한 정치적 정당성의 수단으로 여긴다. 정치학자들 역시 그 주제에 대해 거의 언급하지 않았으며, 유용한 문헌은 압도적으로 산업관계 이론가나 경제학자 또는 사회학자들에 의해 쓰였다는 점도 덧붙일 필요가 있다.[9]

2) 사용자

사용자는 국가재건프로그램(PNR)의 필요성과 지혜에 대해 의심했지만, 선호하는 거시경제 정책을 위해 동의했다. 주요 사용자단체인 아일랜드기업과 사용자연합(the Irish Business and Employers' Confederation: IBEC)은 그 협상의 임금요소, 특히 공공부문에서 임금억제와 개혁에 대한 정부실패에 대해 비판했다. 그러나 모든 것을 고려하여 IBEC는 더 나은 산업관계 환경과 완만하고 예측 가능한 임금인상 및 낮은 인플레이션과 이자율, 그리고 생산성향상을 위해 기업을 토대로 하는 '유연성' 전략과 연계된 임금인상 수단을 기대하면서 결국 동반자관계를 강력하게 지지하게 되었다. 기업 내에서 개별 경영자는 임금협상으로부터 벗어나고 자신의 일이 더 수월해지기 때문에 동반자

---

[9] 이것은 변하고 있다. Coakley, John and Michael Gallagher, eds., 1999, *Politics in the Republic of Ireland*, London, 3e는 동반자관계에 대해 간단히 언급한 반면, Maura Adshead and Michelle Millar, eds., *Public Administration and Public Policy in Ireland: Theory and Methods*, London et al.과 Collins, Neil and Terry Cradden, eds., 2004, *Political Issues in Ireland Today*, Manchester는 산업관계 이론가들에 의해 쓰였음에도 불구하고 사회적 동반자관계를 다룬 주요 장을 포함하고 있다.

관계를 가장 강력하게 지지하는 층이다. 이 점은 IBEC도 고려할 사항이며, 개별 경영업무를 소규모 기업에게 제공하도록 한다.

사용자들이 제기하는 대부분의 비판은 임금협상에 참여하지 않는 영향력 있는 소규모 진흥단체인 아일랜드중소기업진흥회(Irish Small and Medium Enterprise: ISME)로부터 나온다. ISME는 동반자관계가 시장의 탈규제에 대한 장벽으로 작용하며, 그 협상은 대기업의 필요에 적합하게 계획된 것이라고 주장해 왔다. 거의 틀림없이 ISME의 입장은 부분적으로는 IBEC와 대립하는 방향을 취한다.

3) 노동조합

ICTU는 시종일관 동반자관계를 옹호해 왔다. ICTU에게 동반자관계는 높은 실질임금 소득, 저임금 노동자를 위한 대폭 개선, 공공정책에 대한 영향력, 그리고 노동조합 운동에 대한 제도적 뒷받침과 정당성을 제공하는 것이다. 그 동반자관계는 또한 노조운동 내 ICTU의 지도력을 굳건히 한다. ICTU는 동반자관계의 대안은 배제라고 주장하면서, 노조조직률이 동반자관계를 수용하지 않는 영국에서는 1979년 이래 가파른 하락을 겪어 온 반면, 아일랜드에서는 1980년대 이래 매우 서서히 하락해 왔다는 점을 즐겨 지적한다.

노조 내부에서 사회적 동반자관계에 대한 가장 신랄한 반대자는 현장간부(shop-stewards)인 경향이 있는데, 노동운동에서 '임명되지 않은' 이들의 전통적인 역할은 중앙집중화된 협상에 의해 침식되어 왔다. 비판은 동반자관계가 단순한 임금억제이며, 노조를 정부와 사용자의 의제에 편입시키는 것일 뿐 아니라 노조 내부에서 민주주의를 침식하는 것이라는 내용을 담고 있다. 더 상세히 말하면 그 협상이

'임금수준'의 상승에 충분하지 않고, 노조가 인정하지 않은 이슈를 제기하며, 전국 차원의 동반자관계를 기업 차원의 동반자관계로 전환시키는 데 대한 불만이 존재해 왔다는 것이다.

영국식 노조는 원칙에 입각해 협약을 계속 반대했으나, 다른 노조는 더 실용적인 노선을 취했다. 임금투쟁에서 유리한 위치를 차지한 숙련노동자조합은 종종 반대표를 던졌지만, 몇몇 경우에는 더 지지하는 입장도 있었다. 일반부문과 공공부문의 노조는 초기에는 협약에 대해 지지한 반면, 최근에는 더 비판적으로 되었다.

4) 경제학자

대부분의 학자가 암묵적으로 동반자관계의 경향에 대해 호의적이었던 반면, 노골적으로 비판하는 학자도 있었다. 자유주의 경제학자들은 임금협상을 정치화시키고 노조의 힘을 과도하게 강화시킨다고 동반자관계를 비난했다. 곧 실업자나 불완전 취업자 혹은 기업가를 희생시키면서 부유한 노동자——특히 공공부문에서——를 보호하며, 노동시장에 경직성을 초래한다는 것이다.

한편 몇몇 사회주의 경제학자는 동반자관계와 번영의 연결고리를 환상으로 간주하며 거부해 왔다. 그들이 주장하는 바에 따르면, 아일랜드의 경제적 붐은 본질적으로 미국의 초국가적 기업이 특히 첨단산업 부문을 중심으로 투자를 많이 했기 때문이다. 사회적 동반자관계는 노동자가 그 붐을 큰 폭으로 공유하는 것을 막아 왔고, 노조를 무기력하게 만들며, 정부와 사용자의 의제로 통합시켜 왔을 뿐이라는 것이다.

5) 사회블록

사회블록 집단은 원칙적으로 동반자관계에 반대하지 않지만, 그 협약——특히 P2000——에 대해서는 사회적 배제를 감소시키기에 충분하지 않다고 종종 비판해 왔다.

8. 미래 동반자관계의 대한 성격과 전망

『21세기전략』(Strategy into the 21st Century) 보고서(1996)에서 국가경제사회협의회는 아일랜드의 사회적 동반자관계가 가진 7가지 특징을 개괄했다.

1) 자문, 협상, 협의의 과정.
2) 그 과정의 핵심 측면에 대한 이해의 공유.
3) 그 과정을 유지함에 있어 정부의 적극적인 역할.
4) 파트너들의 기능적 상호의존.
5) 동의에 도달하기 위한 문제·해결적 접근.
6) 그 과정에서 집단 간의 교환.
7) 거시경제 정책에서 지역적 이슈에 이르기까지, 그 과정의 상이한 차원에서 상이한 의제를 가진 참가자들을 포괄.

이 목록은 사회적 동반자관계에 대한 더욱 깊숙한 이데올로기적 참여를 위한 처방이기도 했다. 예를 들어 7번의 특성은 P2000에서 사회블록이 포함되기 이전까지는 충분히 실현되지 않았다. 이제는 모든 참가자가 위 목록에 동의하는 한에서 동반자관계의 이데올로기가 존재한다고 주장할 수 있을 것이다.

확실히 산업관계학자들은 동반자관계의 협약이 이제는 1987년보다 덜 임시적이며 더 이데올로기적으로 구현되었다고 기꺼이 결론 내린다. 동반자관계는 또한 1990년대 다른 유럽국가에서 다양한 사회적 협주행동(concertation)의 부활에 의해 강화되어 왔으며, 두려워했던 경착륙에 의한 것이라기보다 캘틱 호랑이의 '연착륙'(다시 말해 수년 간의 경제적 붐 이후 잠시 동안 성장률의 하락과 완만한 회복)에 의한 것이었다. 그러나 사회적 동반자관계의 본질적 성격에 대해서는 동의가 이루어지지 않고 있다. 예를 들어 오도넬(O'Donnell)은 아일랜드가 정책내용과 참가자 측면에서 고전적 코포라티즘의 핵심이었던 자본과 노동 간의 기능적 상호의존과 교환을 넘어선 '탈-코포라티즘적 협주행동'이라는 독특한 모델을 발전시켰다고 주장한다. 반면 로치와 크래든(Roche and Cradden)은 아일랜드의 동반자관계를 고전 케인즈주의 코포라티즘에 대한 '군살 없는', '경쟁적' 혹은 '공급측면'의 변형이며, 1990년대 유럽 9개국이 수용한 협주행동 형태와 비교되는 것으로 본다(O'Donnell 2001, 72-73과 85-86).

동반자관계의 종말을 초래하는 것은 무엇인가? 거기에는 두 개의 악의적 시나리오가 있다. 첫째, 협약의 임금요소가 결정적인 것으로 남아 있고, 임금협상을 안정화하는 데 대한 실패가 경제나 산업관계에서 문제를 발생시킴으로써 치명적일 수 있다는 것이다. 둘째, 동반자관계는 공급측면의 개혁을 이행함에 있어 과부하되고 무능력하게 됨에 따라 그 자신의 성공에 대한 희생이 될 수 있다고 한다. 동반자관계는 참가자 수와 포괄되는 정책영역 및 구조 면에서 확대되었다. 협약은 이제 낭비적 경영과, 보육, 약물남용, 이민, 그리고 지역별 일자리 창출 발안과 같은 매우 특이한 쟁점의 범위를 주장할 것이다. 틀림없이 동반자관계는 지속적으로 확대되는 의제로 인해 반드시 전략적 목표에 맞추어야 할 초점이 흐려지고, 상당한 시간을 자문위원회와 노동자단체 및 지역적 동반자관계 영역의 자문에 소모하고 있으며, 정부가 책임성을 가지고 행동하는 것을 방해하고 있다고 한다(O'Donnell 2001).

물론 사회적 동반자관계를 지속하거나 중단하는 데 대한 대안은 있으며, 그것은 이 모델을 개혁하는 것이다. 하나의 선택지는 임금협상을 협약의 다른 측면으로부터 분리시키는 것이다. 그렇지만 이는 임금협상을 우선순위에 두는 '전통적인' 사회파트너들로부터 환영받지 못할 것이다. 또한 협약이 본질적으로 임금인상 제한과 공공정책 간의 교환이며, 그래서 임금요소를 제외하는 것은 협상으로부터 교섭을 위한 중대한 유인을 제거할 것이고 아마도 동의에 이르는 것을 어렵게 할 것이다. 두 번째 선택지는 협약을 핵심적 의제와 구조로 간소화하는 것이다. 이는 '전통적인' 동반자들에게 수용될 수 있겠지만, 아마 사회블록과 기업단체로서는 수용되기 어려울 것이다.

현재 개혁이 시급하지는 않다. 경제는 잘 돌아가고 있고, 2002/3년 공공부문의 산업분규는 완화된 것으로 보인다. 다른 한편 서비스 공급상 비효율성에 대한 관심이 있으며, 많은 사람들이 기간시설의 개혁이 경제적 진보와 보조를 맞추지 못했다고 주장하고 있다.

9. 맺음말

　사회적 동반자관계는 정상적으로는 종속경제, 분파주의자, 탈집중화된 노조주의, 그리고 '포괄'정당 지배의 정치체제와 관련이 없다. 그렇지만 이러한 요인은 사회적 동반자관계의 느리고 임시방편적인 발전과 그 결과적 채택을 모두 설명한다. 영국에 대한 종속성의 감소는 1932년 이후 경제에 대한 국가의 강력한 통제를 정당화했다. 반면 1958년 이후에는 다른 경제활동 영역에 대한 국가통제의 소멸로 인해 임금결정에 대한 규제가 공공정책에서 더욱 중요해졌다. 임금교섭의 변경은 또한 노조운동의 재건을 통해 산업관계를 개혁하려는 광범위하고도 오래된 포부에 필수적인 것이었다. 심지어 노조 조직원들이 언제나 그러한 관점을 공유했던 것은 아니라고 할지라도, 탈집중화된 노동운동은 정부와 사용자 및 노동운동 지도자들에게 협주행동을 위한 유인으로 작동했다.
　피아나페일당 정치의 '포괄'적 성격은 노동자계급의 지지에 대한 정당의 의존성을 은폐한다. 피아나페일당의 1958년 아일랜드 소유 경제라는 전통적인 민족주의 이념의 포기는 헤게모니를 통한 통치 능력을 약화시켰다. 더 인습적인 중도정치에 대한 당의 옹호와, 사용자단체와 노조의 제도적 역량의 강화는 사용자와 노동자에 대한 더 대등한 관계의 수용을 요구했다. 그에 따라 1960년대 산업정책에 대한 삼자 간 협의는 양자협약을 창출했고, 이후 1970년대 임금협상에서는 삼자협약을 창출했는데, 그것은 1979년부터는 삼자 간 '전국협약'으로, 그리고 1987년부터는 사회적 동반자관계로 정착되었다. 일단 동반자관계가 작동하는 것처럼 보이게 되자, 아일랜드의 '동참'형 정치문화에서 다른 정당이 동반자관계를 수용하면서 피아나페일당과 결합하게 될 것이 예측 가능해졌다.

국가재건프로그램(PNR) 형성에는 다른 두 요인이 중요했다. 그 요인은 1980년대 중반의 경제위기와 국가경제사회협의회(NESC) 보고서인데, 이는 아일랜드 산업관계 체계에서 '제도주의'(문제해결을 위해 제도에 의존)의 중요성을 반영했다.

PNR 이후 사회적 동반자관계는 주로 동의 형성 제도와 그것의 정부에 대한 정치적 효용성 및 사용자와 노동자의 기능적 상호 의존성, 그리고 유럽연합의 통화통합과 재정기준에 합치할 필요성에 의해 유지되어 왔다.

마지막으로 정치에 대한 동반자관계의 영향은 무엇이었는가? 그 대답은 매우 간단하다. 무엇보다 정치엘리트가 동반자관계에서 소극적이었고, 역동적인 요소는 NESC와 관료들이었으며, 정치가가 이들에게 영향을 미쳤다기보다 오히려 이들이 정치가에게 영향을 미쳤다는 점이 지적되어 왔다(O'Donnell 2001). 그러나 이것은 적어도 과장이다. 대부분의 관찰자들은 피아나페일당과 찰스 J. 호헤이가 PNR을 중재하는 데 기여했으며, NESC 자체는 동반자관계의 핵심적 특징으로서 역동적인 정부개입을 특징지어 왔다고 주장할 것이다. 물론 '동참'형 정치문화에서 동반자관계만큼 성공적인 것은 논쟁되지 않거나 심지어 정치적 토론사항에 해당되지 않을 것이다. 그러한 의미에서 동반자관계는 정치적 의제나 정당경쟁에 거의 영향을 미치지 않았다. 그리고 다수의 정책영역에서 동의가 창출된 반면, 정치엘리트는 결코 동반자관계 모델을 정당체계에까지 확장하는 것을 고려하지 않았으며, 아일랜드 정치가들은 동의를 결코 상호 이견을 해소할

명분으로 간주하지 않았다.

용어해설

양자주의 (Bipartism)	사용자와 노조 간 전국 차원의 협력이나 협상
전국협약	임금과 공공정책과 관련하여 중앙집중적으로 교섭되는 삼자간 협약
전국임금협약	처음에 양자간 중앙집중적으로 교섭되는 임금협약을 거친 후, 예산 정책을 포함하는 문제들을 두고 삼자간 교섭되는 삼자협약
사회 파트너/ 사회적 동반자 관계	처음에는 1970년대 중반의 삼자협약과 동의어로 사용되었으나, 1987년에 사회 파트너들이 공식적으로 정부, 사용자, 노조 및 농민으로 한정되었다. P2000에서 이 용어는 기업체와 사회블록을 포함하는 것으로 확대되었다.
삼자주의 (Tripartism)	사용자, 노조, 정부 간의 전국 차원의 협력이나 협상

가치, 구조적 힘, 사회적 동반자 관계

유해한 가치	선호되는 가치
산업관계에 대한 자유주의 개념	실무교육중시주의/코포라티즘
정부와 관료제에 대한 자유주의 개념	유럽중심주의*
권위주의/피아나페일당 의 지도자 문화	민족주의(통합이데올로기로서)

유해한 구조	선호되는 원칙과 연속성
자유로운 단체 협상	임금 협상, 산업관계, 노조운동의 중앙집중성 증대
분파주의 노조운동	노조 재구성을 통해 산업관계를 개혁하려는 아일랜드식 노조와 피아나페일당의 일치된 요구
'동참'형 정치문화를 가진 '포괄' 정당체계	피아나페일당의 노동계급 지지에 대한 의존성과 노조와 공감대 유지에 대한 요구
정부와 관료제의 웨스트민스터/영국 델	유럽 통합과 EU의 가입 기준들*

* EU 구성원 자격은 아일랜드로 하여금 영국을 넘어서도록 고무하며, 대륙모델의 적용에 대해 새로운 타당성을 부여하고 있다. 1970년대와 80년대에 사회적 동반자관계를 주장하는 진영은 다른 주변적 민주 소국, 특히 스웨덴과 오스트리아의 예를 지적했다. 물론 여기에서 사회적 동반자관계와 유럽적 실천의 동일화는 신중한 선택이었다.

참고문헌

Maura Adshead and Michelle Millar, eds., *Public Administration and Public Policy in Ireland: Theory and Methods*. London et al.

Coakley, John and Michael Gallagher, eds, 1999. Politics in the Republic of Ireland. London, 3e.

Collins, Neil and Terry Cradden, eds. 2004. *Political Issues in Ireland Today*. Manchester.

Daly, Mary E. 1992. *Industrial Development and Irish National Identity, 1922-39*. Dublin.

Hardiman, Niamh. 1988. Pay, Politics, and Economic Performance in Ireland, 1970-87. Oxford.

Lee, J. J. 1989. *Ireland, 1912-85: Politics and Society*. Cambridge.

O'Connor, Emmet. 2002. "Ireland in Historical Perspective: the Legacies of Colonialism." Stefan Berger and Hugh Compston, eds. *Policy Concertation and Social Partnership in Western Europe: Lessons for the 21st Century, 155-66*. Oxford.

O'Donnell, Rory and Damian Thomas. 1998. "Ireland in the 1990s: Policy Concertation Triumphant." Stefan Berger and Hugh Compston, eds. *Policy Concertation and Social Partnership in Western Europe: Lessons for the 21st Century*, 167-89. London.

O'Donnell, Rory. 2001. "The Future of Social Partnership in Ireland." A Discussion paper prepared for the National Competitiveness Council. Unpublished.

O'Hearn, Denis. 1988. *Inside the Celtic Tiger: The Irish Economy and the Asian Model*. London.

Roche, William K. and Terry Cradden. 2003. "Neo-corporatism and Social Partnership." Maura Adshead and Michelle Millar, eds. *Public Administration and Public Policy in Ireland: Theory and Methods*. London et al.

제3부

한국 경제의 재도약과 노사정 공존

제7장 새로운 민주주의와 새로운 노동운동:
민주화, 세계화와 노사관계 구조변화

신광영

1. 머리말

　한국 노동운동은 1987년 이후 한국사회의 핵심적인 사회세력으로 자리를 잡는 데 성공하였다. 1960년대부터 산업화가 꾸준히 진전되었음에도 불구하고 1987년 이전까지 권위주의 정권의 탄압으로 노동운동은 제대로 발전하지 못하였다. 오랜 기간 저임금과 열악한 노동환경에도 불구하고 한국 노동자들이 보여준 순응과 복종은 유교문화의 영향으로 이해되기조차 하였다. 그러나 1987년 노동자대투쟁을 통해 한국의 노동자들이 단순히 순응과 복종을 내면화한 것은 아니라는 점이 드러났다. 또한 1987년 이후 본격적으로 시작된 한국의 노동운동은 1997년 노동법개정을 통하여 확고한 지위를 획득했다.
　현대 한국의 노동운동은 19세기에 시작된 서구의 노동운동과는 다른 세 가지 조건 속에서 시작되었다. 20세기 후반에 겨우 성취된

뒤늦은 민주화, 시민운동과의 동시적 발전, 노동운동 초기에 직면한 세계화가 그것이다. 1987년에 시작된 한국의 민주화는 20세기 후반 뒤늦게 이루어졌고, 이를 계기로 노동운동에 대한 탄압이 약화되고 노동조합의 법적 지위가 보장되는 변화를 가져왔다. 민주화가 시작되면서 새롭게 등장한 시민운동은 이전의 민주화운동을 대체하면서 새로운 형태의 사회운동으로 발전하였다. 1990년대 폭발적으로 발전한 시민운동은 정당정치의 저발전에 힘입어 한국사회에서 영향력 있는 개혁세력으로 자리를 잡았다. 노동운동은 시민운동이 발전하는 조건 속에서 이루어지면서 공공성에 기초한 대중적 담론을 주도하는 데 어려움을 겪고 있다. 그 결과 시민운동은 대단히 광범위한 공적 의제를 제기하고 있는데 반하여, 노동운동은 주로 임금과 작업장 문제와 관련된 의제를 제기하는 운동으로 인식되고 있다. 또한 민주화로 인하여 노동운동에 대한 탄압이 상대적으로 약화되는 시기에 한국의 노동조합이 직면한 새로운 조건은 세계화였다. 전지구적인 경제적 통합으로 인한 경제적 불안정은 외환위기 형태로 나타났다. 한국에서 나타난 세계화의 모습은 경제위기와 이를 극복하기 위한 국가와 기업의 대응으로 나타난 결과인 대량실업과 빈곤층의 증가, 그리고 비정규직 노동자의 급증이었다. 그 결과 한국의 노동운동은 서구의 성장기 노동운동과는 전혀 다른 조건 속에서 이루어지면서 조직적으로 또한 정치적으로 커다란 도전을 받고 있다.

  이 글은 한국의 노동운동을 분석하기 위하여 위와 같은 특수한 조건에 대한 인식이 필요하며, 이를 바탕으로 한국 노동운동에 대한 새로운 이해를 도모하고자 한다. 새로운 분석의 틀은 노조운동이 보여준 경로의존성과 민주화와 세계화로 인하여 형성된 새로운 정치·사회적 조건을 동시에 고려한다. 기존의 분석이 국가와 자본의 반노조주의적 정책과 노조운동 내부의 문제점에 초점을 맞추었다면, 여기에서 제시된 분석은 보다 장기적인 관점에서 노조운동 내외부의 변화와 이에 대한 대응에 초점을 맞추었다. 먼저 다음 절에서는 1987년을 전후로 한국 노동운동의 성격변화에 관해서 논의한다. 1987년 이후 새로운 노동운동의 등장으로 노동과 자본의 관계, 노동과 국가의 관계를 변화시키는 노사관계의 변화가 이루어진 점과 새로운 노동운동의 노선을 분석한다. 그 다음 민주화로 인하여 변화된 새로운 노동운동 환경을 분석한다. 여기에서는 시민운동과 시민사회의 발달로 인하여 나타난 전통적 노사관계 구조의 변화를 다룬다. 시민운동의 등장은 새로운 정치적 변화에서 형성된 노동운동의 기회구조를 크게 변화시켰고, 이는 노동조합, 국가, 기업 간에 새로운 관계를 만들어 냈다.

한국의 노동운동은 20세기 후반 뒤늦게 시작되었기 때문에, 19세기와 20세기에 발전한 서구의 노동운동이 경험하지 않은 새로운 노동운동 환경으로 인해 새로운 과제를 안고 있다. 1987년 이후 조직의 어려움은 노동조합 운동이 양적 성장에는 일시적으로 성공하였으나, 기업별노조에서 산별노조로의 조직단위 혁신을 이루어내지 못함으로 인한 것이다. 전국적 수준에서 민주노총 같은 새로운 형태의 노조연맹이 만들어졌으나, 노동조합 활동이 실질적으로 이루어지는 기본단위는 여전히 기업별 노조이기 때문에, 효과적으로 세계화의 부정적 영향력을 피하지 못하고 있다. 또한 대기업 노조와 중소기업 노조 간의 임금격차와 고용조건의 차이가 커지면서 조합원 내의 이질화가 가속화되고 있기 때문에, 연대와 참여에 기초한 노동조합의 조직역량을 약화시키는 결과를 가져오고 있다.

2. 두 가지 노동운동 노선

한국의 노동운동은 1987년을 분수령으로 뚜렷한 차이를 보였다. 1987년 이전의 노동운동은 국가의 억압 속에서 제한적으로 인정된 노동조합을 중심으로 이루어졌다. 한국노총은 이 시기 노동운동의 조직 중심이었고, 노동운동 방식은 국가의 후원과 포섭에 의한 제한적인 활동에 그쳤기 때문에 노조의 자율성과 독립성이 대단히 적었다. 국가의 임금통제와 노동조합 활동에 대한 규제로 인하여 그 활동은 크게 제약되었다. 1987년 이전까지 그나마 조직된 한국의 노동조합도 독립성을 지니고 자율적인 활동을 통하여 노동자의 이익을 추구하는 '압력을 가하는 단체'가 아니라 정부와 기업으로부터 '압력을 받는 단체'였다(김영래 1989 참조).

1987년 민주화투쟁을 통하여 정치적 차원에서 자유화와 민주화가 진척되었으나, 노동자의 권리와 노조운동에 대한 정부의 정책은 큰 변화가 없었다. 1988년 민주화의 열기 속에 노동법 개정안이 국회에서 통과되었으나, 노태우 대통령이 거부권을 행사하여 1981년 계엄하에서 만들어진 노동법 개정이 좌절되었다. 노태우정권 하에서 노동자는 정치적 조건이 변화되었음에도 불구하고 지속적인 정권의 탄압을 피할 수 없었다. 1987년 12월 대통령 선거에서 승리하면서 등장한 노태우정권은 공안정국을 조성하여 전통적 방식인 지도부 구속과 공권력을 동원한 탄압을 지속했다. 노태우 후보의 대선 승리로 권위주의 정권 자체의 변화가 일어나지 않았기 때문에, 노동정책에서도 큰 변화가 나타나지 않았다. 그 결과 민주화가 시작되었음에도 불구하고 개발독재 시대의 노동정책인 억압적·배제적 노동정책이 지속되었다.1)

이러한 노동조합 운동을 비판하면서 등장한 민주노조 운동은 한국노총 중심의 노동조합 운동을 어용노조 운동이라고 비판하고, 노동자의 실질적인 권익을 방어하기 위한 자주적이고 자율적인 민주노동 운동노선을 추구하였다.2) 민주노조 운동은 1970년대 말부터 학생들의 위장취업으로 시작되어 1990년 전국노동조합협의회를 거쳐 1995년 민주노동조합총연맹(민주노총)으로 결실을 맺었다(구해근 2002). 노동인권의 부정과 노동운동에 대한 탄압을 극복하고 탄생한 민주노총의 등장은 20세기 후반 노동운동의 새로운 진전을 보여준 대표적인 사례였다.

새롭게 등장한 민주노총은 경제주의적인 한국노총과 달리 보다 정치적이고 사회적인 활동노선을 보여주었다. 민주노총은 노동법 개

---

1) 배제적 노동억압 정책은 포섭적 노동억압 정책인 국가조합주의 정책과는 다른 노동정책으로 집단적인 노동자의 조직을 막고 노동계급을 정치의 장에서 배제시켜 개별화된 노동자를 통제하는 방식이 특징이다. 이러한 배제적 노동억압 정책은 남미를 포함한 많은 제3세계에서 나타난 포섭적 노동억압 정책과는 다른 것으로 박정희정권 이후 한국에서 독특하게 나타난 노동정책이었다(신광영 1994, 10장; 노중기 1997).
2) 민주노조 운동은 정치적 상황에 의해서 규정된 용어이다. 1970년대와 1980년대 민주화운동이 모든 운동을 압도하는 지배적인 사회운동이었기 때문에 대안적인 노조운동도 민주노조 운동이라는 용어를 사용하였다. 그러나 정확한 용어는 국가로부터 자유로운 자주노조 운동이라고 볼 수 있다. 기존의 노조가 국가의 통제를 받고 국가로부터 재정적 후원을 받는 등 국가의 영향력 하에 놓여 있었기 때문에, 이러한 노선을 비판하고 등장한 노조운동은 자주노조 운동이라고 볼 수 있다.

정투쟁을 주도하였고, 신자유주의 반대 같은 보다 거시적인 정부정책에 대한 반대운동을 전개하였다. 1987년 민주화 이후에도 한국노총이 보수적이고 제한적인 노조운동을 지속했던 반면, 민주노총은 다른 사회운동 단체와 더불어 사회개혁 투쟁을 주도하였고, 더 나아가 노동계급의 정치세력화를 도모하였다. 민주노총은 1997년까지 불법단체였으므로 국가를 상대로 하는 적극적인 투쟁을 통해서만 조직을 유지할 수 있었기 때문에, 유일한 합법조직이었던 한국노총과는 전혀 다른 노동운동 전략을 보여주었다.3) 노동권을 쟁취하기 위한 공세적인 노동운동을 통하여 민주노총은 한국 노조운동의 주도권을 확보할 수 있었다. 민주노총의 조합원 규모가 한국노총의 절반 정도에 불과하지만 정치·사회적 영향력은 오히려 민주노총이 한국노총을 압도하고 있다. 이러한 점은 조합원 규모가 노동조합의 중요한 조직자원이지만, 노동조합의 활동노선과 방법이 양적 규모보다 더 중요하다는 점을 보여주고 있다.

민주노총은 1987년 이후에 지속된 전투적 조합주의의 산물이었다. 1987년 이후 공안정국을 조성하면서 노조 지도부를 구속하고 파업을 공권력으로 진압하는 정권의 전통적인 노동탄압에 대응하여, 갓 설립된 노동조합은 강경투쟁을 선택하였다. 민주노총의 전신인 전국노동조합협의회(전노협)는 재벌기업의 노조탄압 공세에 적극적으로 저항하면서 노동자의 권익을 확대하기 위한 활동은 효과를 거두었고, 재벌기업에서 새롭게 만들어진 노동조합은 조직적 안정성을 확보할 수 있었다. 그러나 중소기업 부문 신규노조는 기업의 노조탄압으로 인하여 조직을 유지하는 데 실패하였다.

---

3) 민주노총은 자율적 노동운동을 탄압한 권위주의 정권에 대한 도전을 통해서 이루어진 성과물이었기 때문에, 적극적인 파업과 투쟁을 통해서만 정체성을 확보하고 조직확대를 추구할 수 있었다(이원보, 1997, 72).

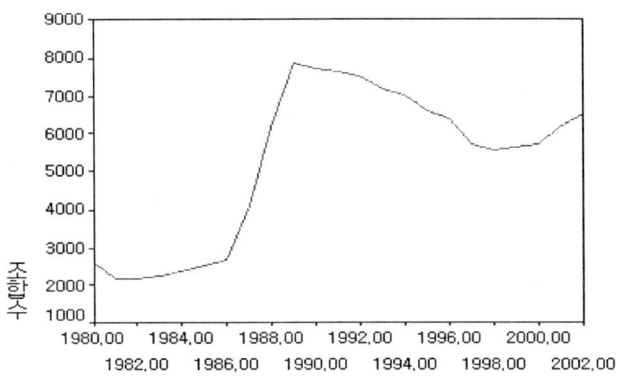

〈그림 7-1〉 노동조합의 의미

　<그림 7-1>에서 볼 수 있듯이 제도적 차원에서 민주화가 시작된 1988년부터 경제위기가 시작된 1997년까지 지속적으로 노동조합 수는 감소추세를 보였다. 민주화가 노동조합에 대한 국가와 기업의 태도에 변화를 가져오지 못하였기 때문에, 노동운동 환경에서는 큰 변화가 없었던 것이다. 이와 같은 현상은 노동운동은 오직 노동자의 집단적 힘에 의존하여 지속되었기 때문에, 조직력과 동원력을 지닌 대기업 노동조합은 조직 유지에 성공하였으나, 많은 중소기업 노조는 조직유지에 실패함으로써 나타난 결과이다.
　1987년부터 1989년까지 3년 동안 한국의 노동조합은 폭발적인 증가를 보여 노동조합의 조직혁명(organizational revolution)이 이루어졌다. 신규 노동조합의 결성은 파업을 통해서 이루어졌다. 1987년 전대미문의 대량파업이 폭발적으로 일어난 7월부터 9월까지의 '뜨거운 여름'은 민주화투쟁의 성공으로 인하여 노동운동에 대한 탄압이 약화된 상태에서 노동자들의 불만이 폭발한 시기였다. 이 시기 발생한 3,000건 이상의 파업 가운데 절반 이상이 노동조합이 없는 사업장에

서 발생하였다. 억압되었던 노동자들의 불만이 자생적인 파업으로 분출되면서 곧 이어 노동조합 조직 결성으로 이어졌다. 1986년 노동조합 수는 2,658개에서 1989년 7,861개로 약 3배로 늘어났다. 그러나 1989년을 정점으로 노동조합 수는 점차 감소추세를 보여 경제위기 직전인 1996년까지 매년 약 2.7%씩 줄어들었다. 노동조합원 수도 1997~99년에 약 90만이 증가하였으나, 그 이후 1996년까지 약 30만이 감소하였다. 1987년 민주화투쟁을 계기로 확대된 기회구조를 적극적으로 이용하여 신규 노동조합이 폭발적으로 증가하였으나, 국가와 경영의 반노조주의가 지속적으로 유지되고, 노동조합을 와해시키려는 시도가 이루어지면서 많은 중소기업 노동조합이 와해되었고, 이는 곧바로 전체 노동조합 수와 조합원 수의 감소로 나타났다.

그러나 역설적으로 외환위기로 촉발된 경제위기 기간에 노동조합은 양적인차원에서 오히려 강화되었다. 1998년부터 노동조합과 노동조합원 수의 증가가 지속적으로 일어나, 노동조합 수가 1998년 5,560개에서 2002년 6,506개로 연평균 4.3% 정도 증가하였고, 노동조합원 수도 1998년 140만에서 2002년 160만으로 연평균 3.6% 정도 증가하였다. 경제위기로 인하여 대량해고와 실업이 급증하면서 고용안정과 임금하락을 막기 위하여 노동조합이 필요하다는 인식이 새롭게 이루어지면서, 경제위기 시에 오히려 노동조합과 조합원 수의 증가가 이루어지는 현상이 한국에서 나타났다.

그러나 이러한 변화는 기업별노조 체제 하에서 기존 노조의 양적 증가에 기초한 것이 아니라 미조직부문에서 새로운 노동조합이 결성되면서 나타난 조합 수와 조합원 수의 증가에 근거한 것이다. 고무, 자동차, 금속, 화학 등의 제조업과 금융, 유통 등 비제조업 노조에서는 모두 조합원 수의 큰 감소를 경험하였다. 기업별노조 체제에서 해고가 되면 조합원 자격을 상실하기 때문에, 실업의 증가는 곧

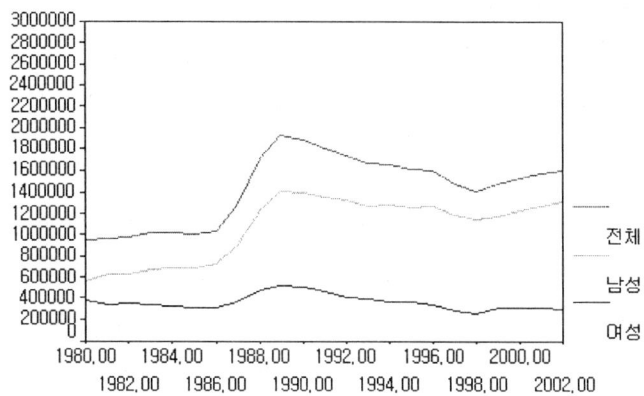

〈그림 7-2〉 노동조합원 추이

조합원의 감소로 나타나게 된다. 그러나 미조직부문의 피고용자들이 집단적 자위책으로서 노동조합의 역할을 새롭게 인식하게 되면서 경제위기가 본격화된 1998년부터 노조가 없었던 산업과 사업장에서 새로운 노조가 조직되었다. 대표적인 것으로 1999년 교원노조인 전국교직원노동조합(전교조)과 공공부문 종사자의 조직인 공공노동자연맹(공공노련)이 새롭게 만들어지면서 전체적으로 노동조합원 수에서 큰 증가가 이루어졌다.[4]

이러한 변화에는 한국노총의 약화와 민주노총의 강화라는 양대 중앙조직 간의 균형 변화를 수반하였다. 한국노총은 1997년까지 유일한 합법 전국조직이었고, 조합원수는 1996년 12월 1,021,134명에 달하였다. 이는 민주노총 조합원 수의 2배 이상의 규모에 달하는 것이

---

[4] 전국교직원노동조합은 1999년 62,654명에서 시작하여 2003년 12월 현재 약 93,375명의 조합원을 포함하고 있으며, 공공노동자연맹도 1999년 94,635명에서 시작하여 2003년 12월 현재 128,582명의 조합원을 포함하고 있어 두 조직의 민주노총 가입은 민주노총 조직을 확대시키는 데 결정적인 기여를 하였다.

〈표 7-1〉 민주노총 연도별 조직현황

	95.11	96.11	97.5	98.4	99.8	00.9	01.12	02.12	03.12
노조수	862	828	1147	1283	1226	1431	966	899	584
조합원수	418,154	479,218	525,325	535,203	573,490	586,809	595,594	593,881	620,812

자료: http://www.nodong.org/조직현황(2004.9.25)

었다. 그러나 민주노총 출범 이후 한국노총에서 민주노총으로 상급단체를 바꾸는 노조가 증가하면서 한국노총은 축소되고 있는 반면, 민주노총은 조직이 지속적으로 확대되고 있다. 2004년 한국노총은 923,042명으로 1996년 12월에 비해 10만 정도의 조합원 감소를 경험하였다. 반면 1995년 출범 당시 민주노총의 조합원 수는 418,154명이었으나, 매년 조합원 수가 증가하여 2003년 12월 현재 620,812명에 달하였다. 한국노총과 민주노총에 가입되어 있는 조합 수는 한국노총이 3,462개로 민주노총의 899개에 비해 압도적으로 많다. 이것은 한국노총에 가입되어 있는 노동조합이 상대적으로 민주노총에 가입되어 있는 노동조합보다 중소기업에 많이 분포되어 있다는 것을 의미한다. 1987년 이후 재벌기업에서 노조가 결성되었고, 이들이 민주노총에 가입하면서 민주노총은 상대적으로 대기업 노조를 많이 포함하고 있다. 이러한 점도 노동운동의 중심이 한국노총에서 민주노총으로 옮겨가는 이유 가운데 하나라고 볼 수 있다.

양대 노총은 노사관계뿐 아니라 정치노선에서도 차이를 보였다. 민주노총은 결성 초기부터 노동계급의 정치세력화를 지속적으로 추구하였다. 이와는 달리 한국노총은 정부의 후원을 받아서 조직이 운영되었을 뿐 아니라 위원장이 집권여당의 국회위원으로 활동하여 독자적인 정치세력화를 추구하지 않았다. 1997년 합법화되기 이전 민주노총은 1997년 대선에서 정치조직인 국민승리21을 조직하여 권영길 후보를 출마시켰으나 큰 성공을 거두지는 못하였고, 2002년 대선에서도 민주노동당을 결성하여 권영길 후보를 출마시켰으나 큰 성공을 거두지는 못하였다. 그러나 두 번의 정치세력화 시도는 민주노동당의 존재를 확인시켜 주었고, 노동계급 정치세력화의 가능성을 보여주었다. 한국노총은 2003년 이후 독자적인 정치세력화를 추구하여 사회민주당을 결성하였고 2004년 환경정당인 녹색당과 합당하여 녹색사민당을 조직하였다. 민주노동당이 민중운동 노선을 분명히 하였다면, 녹색사민당은 서구 사회민주주의 노선을 추구하여 개혁노선을 내세웠다. 민주노동당은 새로 도입된 정당투표제에 힘입어 전국적으로 13%의 지지를 얻어 기존 야당을 제치고 제3당으로 도약한 반면, 녹색사민당은 0.5% 지지에 그쳐 해산되었다. 이 선거를 계기로 한국노총은 독자적인 정치세력화를 포기하고 민주노동당 지지를 선언하였다.5)

양대 노총은 2004년 4·15 총선을 계기로 조직적 차원에서 보다 활발한 공동사업을 추구하기 시작했다는 점에서 과거와는 다른 노동운동의 양상을 보여주고 있다. 김대중정권과 노무현정권의 노동정책에 대한 반대투쟁에서 한국노총과 민주노총의 공동대응이 활발하게 이루어지면서, 양대 노총 사이의 간극이 점차 좁혀지고 있다. 특히 총선에서 한국노총은 기존의 보수정당과 거리를 두고 녹색사민당이라는 유럽 좌파정당 노선을 추구했다는 것은 한국노총의 근본적인 변화를 보여준 것이다. 물론 이것은 적극적인 정치활동의 결과라기보다는 민주노총에 뿌리를 둔 민주노동당에 대한 소극적 대응이었다. 이러한 소극적 대응이 완전한 실패로 드러나자 한국노총은 적어도 정치적으로 독자적인 노선을 포기하였다. 그 결과 총선 직후 독자

---

5) 2004년 총선 직후 한국노총 20대 위원장에 취임한 이용득 위원장은 민주노동당 지지를 선언하여 한국노총 조직을 바탕으로 시도한 독자적인 정치세력화를 포기하였다.

적인 정치세력화를 포기하고 민주노동당 지지를 선언하면서, 한국노총과 민주노총 간의 노동운동 노선상의 차이는 크게 줄어들었다. 이러한 변화는 한국 노동운동의 미래에 영향을 미칠 수 있는 새로운 진전이라고 볼 수 있다. 이러한 변화는 아직도 한국노총 전체 조합원 수준의 변화가 아니라 지도부 내에서의 변화지만, 한국노총의 전통적인 노선과 활동전략의 변화라는 점에서 향후 큰 변화가 예상된다고 볼 수 있다.

그러나 단위노조의 조직이 기업별로 조직되어 있고, 활동도 기업별로 이루어지면서 노동운동의 하부구조는 기업별노조가 중심을 이루고 있다. 기업별노조 체제의 변화 없이는 노사관계의 틀을 벗어나는 것이 대단히 힘들다는 점에서 현행 노조조직 체제의 개편이 시도되었다. 그러나 1981년 이후 정착된 기업별노조 체제는 실질적인 단체교섭과 임금협상의 단위로서 기능해 왔다는 점에서 제도적인 관성을 보여주고 있다. 기업별 노조체제의 변화가 이루어지기 위해서는 노동조합의 변화뿐만 아니라 사용자인 기업의 변화가 동시에 요구되기 때문에, 기업별노조 체제는 변화가 대단히 어렵다. 특히 제조업에서 기존의 제도에 내재된 이해관계와 이해관계를 조정하는 방식이 모두 변하지 않고는 제도적 변화가 힘들다는 점에서 한국의 노조조직은 강한 경로의존성을 보여주고 있다.

3. 노사관계의 구조변화

민주화 이후 한국의 노사관계는 국가와 자본을 한 축으로 하고 노동을 다른 한 축으로 하는 2자 관계에서 국가, 자본, 노동과 시민사회가 노사관계에 영향을 미치는 4자 관계로의 변화를 보여주고 있다. 서구적인 노동, 자본, 국가로 이루어지는 3자 관계가 1997년 초 일시적으로 시도되었으나, 그 이후 제대로 제도화되지 못한 상태에서 노사관계에 영향을 미치는 새로운 요소로서 시민사회 혹은 여론이 새롭게 대두되었다. 과거 국가가 노동조합과 기업의 행동에 영향을 미치는 요소로 인식되었지만, 국가 외에 시민사회라는 제4의 요소가 노사관계에 영향을 미치는 새로운 요소로 등장한 것이다. 이것은 노동운동과 성격을 달리하는 사회운동의 발전에 따른 결과이기도 하고, 다른 한편 노동자들의 권리에 대한 인식이 충분히 자리를 잡지 못한 한국적인 상황의 산물이기도 하다.

한국의 민주화는 2단계 과정을 거쳐서 진행되고 있다. 첫 번째 과정은 구정치세력이 정권을 유지하면서 민주화 요구를 제한적 수준에서 받아들인 제한적 민주화 과정이다. 1987년부터 1997년까지 10년 동안의 민주화 과정은 정치권력의 변화가 이루어지지 않은 상태에서 사회로부터의 민주화 요구를 부분적으로 수용하는 방식으로 이루어졌다. 이 과정에서 나타나는 특징은 민주화를 요구하는 사회세력의 힘이나 요구의 강도와 이에 대한 집권세력의 전략적 대응에 의해서 정치적 변화가 이루어졌기 때문에, 민주화의 속도와 내용은 집권세력의 이해를 크게 위협하지 않는 수준에서 이루어졌다. 1987년 대선에서 노태우 후보가 당선되면서, 권위주의 정치세력은 민주화 과정을 통제할 수 있는 권력을 확보했다. 1988년 총선에서 '여소야대' 국회가 만들어지면서 집권세력의 권력은 이전에 비해 크게 약화되었으나, 행정권력을 장악하고 있어 민주화를 지체시킬 수 있었다. 그 결과 민주화는 제한적으로 이루어졌다.

제한적 민주화가 노사관계에 미친 영향은 권위주의 하에서 만들어진 노동법 개정의 지체와 갈등적인 노사관계로 나타났다. 1981년 계엄령 하에서 군부에 의해 만들어진 노동관계법은 노동자의 권리를 제한하고 집회와 결사의 자유를 부정하는 반민주주의적인 법이었다.6) 제5공화국 기간에 공안기관과 치안기관을 동원한 노동계 사찰과 노조 활동가 구속이 빈번하게 이루어졌으며, 노동운동에 대한 극단적인 억압이 더욱 노골적으로 이루어졌다. 유신체제 하에서 이루어진 배제적인 억압적 노동정책이 더욱 강화되었다. 1987년 이후에도 이러한 억압적인 노동법은 개정되지 못했고, 1997년 김영삼정부 말기에 개정된 노동법은 노동계의 저항을 불러일으켜 결국 총파업을 계기로 재개정되기에 이르렀다. 권위주의 세력의 계속적인 집권으로 억압적인 노동법이 개정되기까지 10년이 더 소요되었다.

  1987년 노동자대투쟁을 통해 노동운동이 크게 성장하였지만, 국가의 억압적 노동정책이 지속되면서 노사관계는 대단히 갈등적인 양상으로 나타났다. 생산현장에서 권위주의적인 노사관계를 거부하고 노동자의 집단적인 요구가 커지면서 생산현장은 갈등의 장이 되었다. 단체교섭이 시작되었지만, 대부분은 타결되지 않았고 파업으로 귀결되었다. 국가의 지원 아래 기업은 적극적으로 노동조합의 요구를 받아들이지 않고, 노동조합을 무력화시키려는 시도를 계속해서 보여주었다. 특히 재벌기업이 보여준 반노조주의는 주기적인 대기업 노조의 파업을 낳았다. 또 파업 수는 줄어들었지만 파업이 해결되지 않고 장기화되면서, 파업으로 인한 손실일수가 커졌다.

---

  6) 1980년 12월 31일 국가보위입법회의에 의해 개정된 노동법은 노동조합 활동에 제3자 개입금지, 노조설립 요건강화, 기업별노조 강제, 유니온샵 제도 폐지 등을 포함하였다. 이 법은 노동자의 기본권인 집회 및 결사의 자유를 부정하고, 이미 조직된 노동조합의 활동을 크게 제약하기 위한 법이었다(김형배 1989, 101-103).

〈표 7-2〉 노사분규 추이

년도	파업횟수	참여인원	작업손실일수	파업이유: 단체교섭	파업이유: 근로조건 개선	파업이유: 임금인상
1981	186	34586	30948	23	32	38
1982	88	8967	11504	28	21	7
1983	98	11100	8671	21	19	8
1984	113	16400	19900	17	14	29
1985	265	28700	64300	27	47	84
1986	276	46941	72025	44	48	75
1987	3749	1262285	6946935	170	566	2613
1988	1873	293455	5400837	328	136	946
1989	1616	409134	6351443	426	21	742
1990	322	133916	4487151	49	2	167
1991	234	175089	3271334	56	2	132
1992	235	105034	1527612	49	0	134
1993	144	108577	1308326	52	0	66
1994	121	104339	1484368	42	0	51
1995	88	49717	392581	49	0	33
1996	85	79495	892987	62	0	19
1997	78	43991	444720	51	.	18
1998	129	146065	1452096	57	.	28
1999	198	92026	1366281	89	.	40
2000	250	177969	1893563	167	.	47
2001	235	88548	1083079	149	.	59
2002	322	93859	1580424	249	.	44
2003	320	137241	1298663	249	.	43

자료: http://kosis.nso.go.kr/cgi-bin/sws_999.xls(2004년 9월 25일)

<표 7-2>에서 볼 수 있듯이 1987년 이후에도 파업 횟수는 줄어들었으나, 파업손실일수는 크게 감소하지 않고 1990년까지 1986년에 비해 60배 내지 90배 정도 많아졌다. 이것은 대규모 사업장에서 파업이 일어났고 또한 장기화되면서 파업 손실일수가 늘어났기 때문에 생긴 결과였다.

1987년 이후 파업 이유를 보면, 임금인상과 근로조건 개선은 점차

줄어든 반면 단체교섭 인정을 둘러싼 파업은 크게 늘었다. 1987년 전체 파업 중 임금인상이 원인이 된 파업은 70%에 달하였고, 단체교섭이 원인이 된 것은 5%에 불과하였다. 그러나 임금인상을 둘러싼 파업은 점차 줄어든 반면, 단체교섭이 원인이 된 파업은 지속적으로 증가하였다. 이것은 노동조합 수가 늘어나고, 노동조합을 중심으로 기업과 단체교섭이 이루어지면서 단체교섭 결렬로 인한 파업이 증가하였기 때문이며, 단체협상이 제도화되면서 나타난 당연한 결과였다. 그러나 1988~90년에는 기업의 단체교섭 거부를 이유로 파업이 늘어나 단체교섭의 제도화를 둘러싼 갈등이 사업장에서 중요한 갈등이 되었던 것이다. 단체교섭을 둘러싼 파업은 1987년 170건에서 1989년 426건으로 크게 늘었다. 단체교섭을 둘러싼 파업이 1989년에 25%에 달하였고, 그 이후에는 전체 파업 가운데 절반 이상을 차지하여 지배적인 파업 원인이 되었다.

　1997년 노동법 개정이 이루어지기까지 한국의 노사관계는 정부와 재계를 한 축으로 하고 노동계를 다른 한 축으로 하는 관계가 유지되었다. 발전국가 체제 속에서 재계도 권위주의적인 국가에 직접 영향을 받았고, 노동계는 국가와 자본에 대한 저항을 계속하였다. 이 시기 노동운동은 노동조합 설립과 유지를 목적으로 하는 운동이었으며, 노동운동을 규제하는 법적·제도적 제약을 타파하기 위하여 파업을 주요 수단으로 활용하였다. 파업을 통한 저항만이 유일하게 가능한 방법이었기 때문에 격렬한 파업이 빈번하게 나타났다. '전투적 노동운동'으로 불리는 이 시기 노동운동은 권위주의적 노사관계를 타파하기 위한 노동자의 투쟁양식으로 나타났다. 그 결과 파업의 절대 수는 줄어들었지만 주요 재벌기업 노조에서 파업이 발생하면서, 노조의 파업은 언론매체를 통한 공적 담론의 핵심주제가 되었다.

　국가와 기업은 '무노동 무임금'을 내세우며 파업을 약화시키려 하였다. 이것은 '유노동 저임금' 체제를 '유노동 고임금' 체제로 전환시키려는 노조의 새로운 전략을 무력화하기 위한 기업의 새로운 전략이었다. '무노동 무임금' 원칙을 내세워 임금에 의존하는 대다수 피고용자의 생계를 위협하여 궁극적으로 노동조합 활동을 위축시키려는 목적을 가지고 있었다. 노동자의 삶이 임금에 의존하고 있다는 구조적 속성으로 인하여 노동자들의 활동은 크게 제약을 받았다. 기업별노조 체제 하에서 기업의 파산이 곧바로 노동자들의 생활 곤란으로 이어지는 상황 속에서 노동조합의 이해는 기업의 이해를 크게 벗어날 수 없었다.

민주화로 인하여 정권의 노동탄압이 점차 어려워지면서 정부의 노동정책에 대한 재계의 불만이 고조되었다. 과거 정권의 비리와 탄압과 관련하여 각종 청문회가 열리고 재벌 총수들이 청문회에서 심문을 당하면서, 정부에 대한 재벌들의 반감이 커졌다. 이는 1992년 대선에서 현대그룹 총수인 정주영이 국민당을 창당하고 대통령 선거에 출마하면서 정점을 이루었다. 이 사건은 재계가 정부의 통제 하에서 벗어나 독자적인 정치활동을 하기 시작하였다는 것을 보여준다는 점에서 역사적 의미를 지닌다. 이 사건은 재벌의 영향력이 커지면서 이제 재계가 정부정책에 저항하기 시작했고, 더 나아가 집권세력에 대한 도전을 시도하였다는 점에서 재계가 본격적으로 정부로부터 독립하기 시작하였다는 것을 의미한다. 권위주의 정권 하에서 정부의 간섭을 받았던 재계가 독자노선을 걸으면서 재벌에 대한 정부의 영향력도 크게 약화되었다.

한편 1990년 초반부터 특히 1997년 노동법 개정 이후 노동운동은 기업의 일방적인 구조조정에 대응하여 노동자의 고용안정을 추구하는 방향으로 전환되었다. 1998년 매월 10만 명 이상의 신규 실업자가 발생하는 상황에서 노동조합은 고용안정을 보장해 줄 수 있는 유일한 조직이 되었다. 기업의 구조조정으로 대량실업이 나타나면서 기업별 노조체제 하에서 노동조합 자체도 타격을 받았다. 기업별노조 체제 하에서 실업자는 조합원 자격이 상실되기 때문에 대량실업으로 조합원 수도 크게 줄어들었다. 노동조합도 조합원의 이해만을 대변하고 있기 때문에 기업 외부에 존재하는 실업자 문제를 적극적으로 고려할 수 없었다. 기업별노조 체제의 한계가 경제위기를 계기로 더욱 대두된 것이다.

1997년 외환위기로 인한 경제위기시 김대중정권은 1998년 1월 15일 경제위기를 극복하기 위하여 노사정위원회를 설치하였다. 적어도 권위주의 정권과는 다른 노동정책을 기대하였기 때문에 민주노총을 포함한 노동계와 재계 및 정부 간의 대타협이 1998년 초에 이루어졌다. 해방 이후 선거를 통하여 최초로 정권교체가 이루어졌고, 배제적 억압정책에서 변화된 정부의 노동정책이 가능할 것이라고 기대하였기 때문에 노사정 대타협이 이루어질 수 있었다. 그러나 이것은 진정한 의미에서 노동, 재계와 정부의 삼자 간 타협은 아니었고, 위기관리 차원에서 이루어진 정부 주도의 일시적인 타협이었다. 제도적 기반이 없었고 노사정위원회에서 이루어진 결정사항이 행정부 내에서 구속력을 인정받지 못하면서, 노사정위원회는 형식적인 기구에 불과하였다. 더구나 김대중정부가 세계은행(World Bank)과 국제통화기금(IMF)의 요구에 따라 신자유주의 경제정책을 통하여 일방적으로 노동자가 고통을 전담하게 되는 결과가 나타나면서, 노동계의 타협적 태도는 오래 유지되지 못했고, 오히려 노동계 내부의 저항을 불러일으켰다.7) 민주노총이 1999년 2월 노사정위원회 탈퇴를 선언하고 총

---

7) 민주노총 위원장 선거에서 노사정 타협에 참여한 이갑용 위원장이 패배하고 더 성향이 강경한 단병호 전 민주노총 부위원장이 위원장으로 선출되었다.

력투쟁을 선포하였고, 한국노총도 조건부 탈퇴를 선언하여 1년 만에 노사정위원회는 실질적인 의미를 상실하게 되었다.[8]

야당의 집권으로 정부와 재계의 관계는 더욱 독립적으로 되었다. 정부와 일정 정도 거리를 유지하게 된 재계와 정부정책에 저항한 노동계가 각각 독립적인 노사관계 주체로 등장하면서, 김대중정권의 노사관계는 전통적 노사관계의 틀에서 벗어나는 변화를 보였다. 이는 정부와 재계를 한편으로 하고 노동계를 다른 한편으로 했던 기존의 노사관계가 큰 변화가 이루어졌음을 의미한다. 그러나 노동계와 재계가 동등한 지위를 갖게 된 것은 아니며, 경제위기로 일시적 타협이 이루어졌던 상황에서 벗어나 노동조합이 보다 공세적인 자세를 보여주기 시작했다.

노사정위원회의 실패로 대량실업과 해고라는 노동자의 일방적인 희생에 대한 반발이 대규모 파업으로 나타났다. 일방적인 구조조정에 반대하는 파업이 양대 노총에 의해 주도되었다. 1999년 봄에 발생한 파업은 정부정책에 대한 반대를 조직한 대정부 투쟁의 성격을 지녔다. 경제위기 속에서 일어난 파업은 양대 노총의 불만을 직접적으로 드러내기 위한 것이었으나, 파업이 위기에 빠진 경제를 더욱 악화시킬 것이라는 우려에서 여론의 지지를 크게 얻지는 못했다. 1987년 여름 노동자의 파업이 여론의 지지를 받았고, 1997년 노동법 개악에

---

8) 민주노총은 1999년 2월 24일 지난 1년 동인 김대중정부기 신지유주의 정책을 내세우면서 노사정위원회가 실질적인 합의체 구실을 하기 힘들다는 이유로 노사정위원회 탈퇴를 선언하였다. 한국노총도 1999년 2월 26일 정부의 무성의를 비난하며 조건부 노사정위원회 탈퇴를 예고하였으나 탈퇴를 유보하였고, 다시 같은 해 4월에 노사정위원회법 통과가 이루어지지 않을 경우 노사정위원회를 탈퇴할 것이라며 조건부 탈퇴를 선언하였다.

대한 양대 노총의 총파업이 압도적인 여론의 지지를 받았던 사례에 비추어 볼 때, 1999년 노조 파업에 대한 여론은 대단히 부정적인 것이었다. 노사정위원회 탈퇴를 둘러싼 노조와 정부와의 대립에 뒤이어 발생한 노조의 파업은 한국경제가 위기에서 벗어나지 못한 상태에서 경제위기를 심화시킬 수 있다는 여론을 만들어 냈다. 1999년 4월에는 지하철노조 파업, 생명보험사노조 파업, 한국통신노조 파업, 실업자대회에 이어 노동절대회 등 노동조합의 파업과 집회가 열리면서 '4월과 5월 대란설'이 유포되기도 하였다. 이러한 상황에서 서울지하철노조의 파업에 대해 시민들의 불만이 폭발하면서, 서울지하철노조 파업은 요구를 관철시키지 못한 상태에서 종료되었다.[9]

경제위기를 계기로 파업에 대한 시민사회의 여론이 파업에 강하게 영향을 미치기 시작했다. 이것은 노사관계 구조의 변화를 반영하고 있는 것이다. 특히 1999년 춘계파업에서 나타난 새로운 점은 점차 재계가 정부의 요구를 받아들이려 하지 않고 노조도 정부와 대립되는 위치에 놓이게 되면서, 노동, 자본과 국가 간의 분리현상이 두드러지게 나타났다는 것이다. 이것은 전통적인 2자 관계였던 국가(=자본) 대 노동 간 관계구조의 변화를 반영하는 것이기도 했다. 노동계와 정부의 갈등은 이미 오래 전부터 지속되었지만, 재계와 정부는 1990년대 들어서 비로소 갈등관계를 보이기 시작하였으며, 경제위기를 계기로 정부가 재벌기업 구조조정을 강하게 시도하면서 이러한 갈등관계는 더욱 심화되었다. 경제위기를 극복하기 위한 개혁 프로그램에서 노동시장의 유연화뿐만 아니라 재벌의 지배구조 개혁이

---

[9] 1999년 5월 민주노총 총력투쟁의 하나로 전개된 서울지하철노조 파업은 부정적 여론으로 지속되지 못했다. 지하철공사의 불성실한 교섭으로 단체교섭이 결렬되었지만, 언론의 부정적인 보도와 지하철 승객들의 불만으로 지하철노조 파업은 큰 성과를 거두지 못하고 끝났다.

포함되어 있었기 때문에, 재벌은 정부의 재벌개혁 정책에 저항하기 시작했다. 재벌개혁을 둘러싸고 재벌과 국가가 대립하면서 국가, 자본과 노동 간의 관계가 3자 관계로 새롭게 변하기 시작했다.

이러한 변화와 더불어, 1990년대 들어서 시민운동이 성장하고, 시민단체의 여론형성 기능이 커지면서 시민운동이 파업에 영향을 미치기 시작했다. 노동계, 재계, 정부뿐만 아니라 시민사회라는 요소가 새롭게 노사관계에 영향을 미치기 시작한 것이다. 이것은 정부, 재계 및 노동계 모든 행위주체의 행위선택이 시민사회의 반응에 영향을 받게 되면서, 시민사회는 새로운 노사관계 요소로 부각된 것이다.

이러한 변화는 크게 두 가지 점에 기인한다. 첫째, 한국에서 헌법적 기본권에 대한 인식이 제대로 뿌리를 내리지 못했기 때문에, 노동자의 권리행사인 파업에 대한 시민들의 인식은 부정적인 편이다. 파업의 결과로 불편을 겪거나 피해를 보는 경우 파업이 기본권의 행사라는 점에서 당연한 권리행사로 보는 것이 아니라, 파업 당사자들을 비난하는 경우가 대부분이다. 이는 파업을 헌법적 권리의 행사로 보기보다는 자신에게 피해를 주는 사적인 행위로 보기 때문이다. 이러한 점은 공적 담론이 보수언론에 의해 지배되는 상황에 의해 더욱 심화되었다. 대통령 선거에서 보수정당의 후보를 지지했던 주요 언론매체들이 야당 후보의 승리를 인정하지 못했고, 승리한 야당에 대한 노골적인 반대와 비판을 계속하면서, 주요 언론매체들은 이전보다 훨씬 보수화되었다. 노동운동에 대한 이들 매체의 비판적 보도는 더욱 심하게 이루어졌다. 1987년 노동자대투쟁의 경우나 1997년 총파업의 경우처럼 국민의 지지를 받았던 경우와는 달리 경제위기 하에서 발생한 파업은 경제위기를 더욱 악화시킬 것이라는 여론에 의해 비난의 대상이 되었다. 파업이 노사 간 갈등의 산물이지만, 여론이 악화되면 파업 지도부가 파업 계속 여부를 재고해야 하는 새로운 변화가 일어난 것이다.

둘째, 1990년대 시민운동은 노동운동에 대한 부정적 시각을 만들어 냈다. 이것은 시민운동 단체들이 의도한 것은 아니었지만, 시민운동이 내세우는 시민적 이해 혹은 공공성에 비해 노동운동은 기업에 한정된 집단의 이해를 대변한다는 인식이 만들어졌다. 시민운동이 보다 보편적인 이익을 추구하는 운동이라면, 노동운동은 특수한 집단의 이익을 추구하는 운동이라는 인식이 형성되었다. 더구나 시민단체들이 노동운동을 부정적으로 인식하는 경우가 많다는 점에서 노동운동은 시민운동의 지지를 크게 얻지 못하고 있다. 이러한 점은 서구 노동운동이 경험하지 못한 독특한 상황으로서 한국의 노조운동이 새로이 고려해야 할 것이다. "노동운동의 발전은 노동자 자신들뿐만 아니라 가족, 지역공동체, 시민, 종교집단 등 노동운동 외부의 사회로부터도 인정을 받을 수 있으며, 자신의 활동을 후원·지지하거나, 적어도 중립적인 자세를 취하도록 할 수 있는가에 달려 있다"(이재명 1999).

셋째, 시민사회가 노동문제에 직접 개입하기 시작했다. 세계화시대에 사회적으로 배제된 집단인 주변적 노동자에 대한 시민단체의 관심이 커지면서, 점차 시민운동 단체가 노동문제에 개입하기 시작했다. 노동자 인권문제가 노동조합의 관심사일 뿐만 아니라 인권운동 단체나 종교단체의 관심사가 되었다. 조직노동이 관심을 갖지 않고 있는 외국인 노동자의 인권에 대해서 인권운동 단체가 개입하거나 여성노동자의 인권문제에 여성단체가 개입하면서, 노동문제가 사회운동 단체의 관심사가 되기 시작하였다. 이러한 운동은 국내외적으로 연대가 잘 이루어지고 있는 분야이며, 노동인권과 관련된 국제적 활동은 매우 활발하게 이루어지고 있다.10) 그리하여 노동조합보다 시민운동 단체가 외국인 노동자 문제와 같은 주요 노동문제에서 더 큰 국제적인 영향력을 발휘할 수 있게 되었다.

이제 노동운동은 직접적인 행위 대상자인 기업, 그리고 노동운동에 영향력을 행사해 왔던 정부 외에 넓은 의미에서 시민사회를 고려해야 한다(Gagnon 2002). 1980년대 후반까지 지속되었던 정부와 기업을 한 축으로 하고 노동을 다른 한 축으로 하는 2자 중심의 노사관계는 1990년대 중반 일시적으로 정부, 기업과 노동을 각각의 축으로 하는 3자 중심의 노사관계로 변했다. 그리고 1997년 외환위기를 계기로 촉발된 경제위기 이후 실질적으로 노사관계는 국가, 기업, 노조, 시민사회 4자 중심의 노사관계로 변했다. 국가 이외에 시민사회가 노자관계에 영향을 미치는 새로운 요소로 부각되면서, 노동운동은 보다 복합적인 환경변화에 따른 대응책을 마련해야 했다.

4. 세계화와 노동운동

한국의 노동운동이 본격화된 시기는 동구권의 붕괴로 인하여 자본주의가 전세계로 확대되는 세계화가 본격화되는 시기였다. 세계화가 한국 노동운동에 미치는 효과는 두 가지 차원에서 살펴볼 수 있다. 첫째, 해외투자가 용이해지면서 자본의 해외유출이 급증하게 되었고, 이는 노동조합에 대한 자본의 교섭력을 높이는 결과를 가져왔다. 현재의 게임에서 이탈할 수 있는 가능성이 새롭게 만들어지면서

---

10) 대표적인 것으로 Worker Rights Consortium(WRC)나 Human Rights Watchdog(HRW) 등은 노동자의 인권유린을 감시하고 고발하는 활동을 주요 내용으로 하고 있다.

〈표 7-3〉 해외투자 추이(단위: 천달러)

년도	총투자	청산	순투자	투자잔액
1980	145986	18197	127789	127789
1981	28211	6287	21924	149713
1982	100841	3260	97581	247294
1983	108914	6326	102588	349882
1984	50188	2003	48185	398067
1985	112775	49023	63752	461819
1986	182651	24362	158289	620108
1987	409710	89612	320098	940206
1988	215834	59667	156167	1096373
1989	572595	177204	395391	1491764
1990	958787	146222	812565	2304329
1991	1116120	88518	1027602	3331931
1992	1219358	131619	1087739	4419670
1993	1263497	245226	1018271	5437941
1994	2303533	271501	2032032	7469973
1995	3136031	311338	2824693	10294666
1996	4415056	651632	3763424	14058090
1997	3648949	253633	3395316	17453406
1998	4730006	1045229	3684777	21138183
1999	3281266	1030508	2250758	23388941
2000	4979820	1402968	3576852	26965793
2001	5044828	3267348	1777480	28743273
2002	3451221	1030792	2420429	31163702
2003	3684179	594721	3089458	34253160

자료: http://kosis.nso.go.kr

노동조합은 현재 게임에서 원하는 것을 추구하면서 동시에 자본이 게임에서 이탈할 수 있는 가능성 때문에, 요구수준과 요구방법을 고려하지 않을 수 없게 되었다. <표 7-3>이 보여주는 것처럼 1987년부터 해외투자가 기하급수적으로 증가하여 자본의 해외이동이 급격히 증가하였다. 1986년을 기준으로 할 때 1990년 해외투자는 5.25배 증가하였고, 2003년 20.17배 증가하여 연평균 약 19%의 해외투자 증가가 이루어졌다. 투자잔액을 중심으로 볼 때 해외에 투자된 자본의 누적량은 더욱 빠른 속도로 증가하여, 2003년 투자잔액은 1986년에 비해 무려 55.23배로 연평균 3.52배 증가해 폭발적인 해외투자가 주로 1990년대에 이루어졌음을 알 수 있다.

세계화의 또 다른 결과는 노동계급의 내적 이질화이다. 신자유주의적 세계화를 통해서 노동시장의 유연화가 급속히 진행되면서 비정규직 노동자가 급증하였다. 정규직과 비정규직 노동자 사이의 분절은 노동계급 내에서 노동운동의 발전을 가로막는 구조적 장벽이 되고 있다. 경제위기 이전 한국의 노동시장에서 비정규직의 비율은 서구에 비해서 훨씬 높았다.[11] 이미 1993년 임시직과 일용직을 포함한 비정규직은 41.0%로 대단히 높은 비중을 차지하였고, 1990년대 중반까지 점진적으로 증가추세를 보여 1996년에 43.2%로 높아졌다. 경제위기를 계기로 비정규직의 비율은 급격히 높아져서 1999년과 2000년 전체 피고용자 가운데 절반 이상이 임시직과 일용직이었다. 1999년 임시직의 비율은 51.6%이었고, 2000년에는 52.1%에 달하였다. 그 이후 약간 감소추세를 보이고 있지만, 아직도 거의 절반 정도의 피고용자가 임시직이라고 볼 수 있다. 1996~2000년에 정규직은 1백만 정도 줄어든 반면 비정규직은 130만 정도 증가하였다. 정규직과 비정규직으로 양분된 노동계급은 각기 다른 근로조건과 임금수준을 보여주고 있어 양극화의 양상을 나타내고 있다. 비정규직의 임금은 정규직의 50~65%에 불과한 것으로 나타났으며, 비정규직의 노동시간은 오히려 정규직보다 많은 것으로 나타났다.[12]

---

11) 임시직 근로자의 비율만을 살펴보면, 2000년 벨기에 9.0%, 덴마크 10.2%, 프랑스 15.05%, 독일 12.75%, 이태리 10.1%, 영국 6.8%, 스페인 32.1% 등으로 OECD 평균 12.5%였다(정이환 2003, 152).

12) 이것은 비정규직의 개념규정에 따라 다르게 관찰될 수 있다. 임시직

〈표 7-4〉 피고용자 고용유형별 분포 추이(1993-2003)

유형/연도	1993	1994	1995	1996	1997	1998	1999	2000	2001	2002	2003
상용직	58.9	57.9	58.1	56.8	54.3	53.1	48.4	47.9	49.2	48.4	50.3
임시직	26.7	27.8	27.9	29.6	31.6	32.9	33.6	34.5	34.6	34.5	34.7
일용직	14.3	14.3	14.0	13.6	14.1	14.0	18.0	17.6	16.2	17.2	14.8
전체	100.0	100.0	100.0	100.0	100.0	100.0	100.0	100.0	100.0	100.0	100.0

자료: http://kosis.nso.go.kr

 또한 비정규직의 경우 현행 기업별노조 체제 하에서 노동조합 가입자격이 없기 때문에 노동조합이 있는 사업장에서 일하는 경우에도 노동조합에 가입할 수 없다. 정규직과 비정규직의 문제는 노동계급 내부의 이질화를 낳아 노동자 간의 이해대립을 낳고 있다.
 대기업과 중소기업 간의 격차도 노동계급의 이질화를 낳고 있다. 하나는 대기업과 중소기업 노동자 사이의 분화이다. 대기업과 중소기업의 임금격차는 계속 확대되고 있다. 2000년 500인 이상 기업의

이나 일용직을 비정규직으로 구분하는 경우 2001년 비정규직의 규모는 피고용자의 58%에 달하는 것으로 나타났다. 임시직이나 일용직에서 근로계약 기간이 정해져 있는 경우를 비정규직으로 보는 경우 비정규직은 27% 정도가 된다. 통계청 경제활동부가조사(2001년 8월)에 따르면, 임시직과 일용직을 모두 비정규직으로 구분한다면 비정규직의 월평균 임금은 89만 원으로 정규직 169만 원의 52.6%에 불과하였고, 파트타임 근로자 47만 원(27.6%), 재택근로자 50만 원(29.4%), 용역근론 79만 원(49.3%) 등이었다. 계약기간이 정해져 있는 경우만을 비정규직으로 구분한다면, 정규직 월평균 임금에 비해서 비정규직 월평균 임금은 더 높게 나타났다(안주엽 2001, 78). 그리고 비정규직은 퇴직금, 상여금, 국민연금 등에서 심한 차별을 받고 있어 임금 외의 경제적 차별도 극심한 상태이다.

평균임금은 5인 미만 기업의 평균임금의 1.70배에 달하였고, 2001년 1.72배, 2002년 1.85배, 2003년 1.97배, 2004년 2.03배로 지속적으로 높아졌다(노동부 2005, 4). 이는 대기업의 임금상승률이 지속적으로 중소기업보다 높았기 때문이다. 매년 대기업의 임금인상률이 중소기업에 비해 높았다. 특히 2003년에는 500인 이상 기업의 임금인상률은 17.5%로 5~9인 기업의 9.1%에 비해 거의 두 배 정도 높았다. 그 결과 대기업은 중소기업보다 임금 절대액이 높을 뿐 아니라 인상률도 높아 대기업과 중소기업 노동자의 임금격차는 더욱 크게 벌어지고 있다.

노동계급의 내적 이질화의 또 다른 양상은 외국인 노동자의 유입에 따른 노동계급 이질화이다. 외국인 노동자의 국내 유입은 노동운동이 활발해지는 1980년대 말부터 본격화되기 시작했다. 1992년 정부가 중소기업의 인력난을 해결하기 위하여 산업기술연수생 제도를 도입하면서 본격적으로 외국인 노동자가 국내로 유입되기 시작한 것이다. 그러나 본래 취지와는 달리 산업기술연수생 제도를 통해 저임금 노동자를 제3세계에서 유치하려는 시도는 불법 외국인 노동자를 양산하는 결과를 가져왔다. 연수생이라는 신분 때문에 임금과 근로조건에서 제약을 받는 외국인 노동자가 보다 높은 임금과 근로조건을 찾아서 원래 일하기로 되어 있는 사업장에서 이탈하는 경우 불법 외국인 노동자가 된다.[13] 2004년 8월 말 현재 외국인 노동자는 42만 명으로 이 중에서 43%에 달하는 18만 명 정도가 불법체류자인 것으로 추정된다.[14]

---

13) 일부 사업장에서 외국인 연수생의 임금은 최저임금의 절반 정도에 불과한 것으로 나타났다. 한국합섬 구미공장의 경우 중국인 연수생 월급은 24만원에 불과하였다(『한겨레신문』, 2001년 6월 27일).

14) 2000년 산업연수생으로 입국한 외국인 노동자들의 경우 64%가 이탈하여 불법체류자가 되었다(『문화일보』 2001년 6월 16일).

외국인 노동자 차별과 학대가 심해지면서 외국인 노동자 노동운동도 나타나기 시작했다. 2001년 5월 민주노총 소속 '서울경인지역 평등노조'는 중소사업장 외국인 노동자의 가입을 허용하여 산하에 '이주노동자 지부'를 결성하였다.15) 법률적으로 산업연수생이나 불법체류자의 경우 노동조합 가입자격이 주어지지 않기 때문에 이러한 시도는 불법적인 것이지만, 외국인 노동자 차별이 심각해지면서 이주노동자 지부가 결성되기에 이fms 것이다. 정부는 외국인 노동자 차별문제를 해결하기보다는 불법체류자의 집단화를 우려하여 불법체류 집중 단속기간을 정하여 불법체류 문제를 해결하고자 하였다.

불법 외국인 노동자가 급증하여 저임금, 임금체불, 성폭력과 구타 등 외국인 노동자 인권문제가 국제적인 문제로 부각되면서, 정부는 산업기술연수생 제도를 고용허가제로 변경하였다. 2001년 외국인 불법체류와 인권침해가 논란이 되면서 기존의 산업기술연수생 제도에 대한 비난이 국내외에서 크게 제기되었다(고혜원·이철순 2003, 25-27 참조). 2004년 9월에 도입된 고용허가제는 불법체류 외국인 노동자 문제를 해결하고 임금차별을 철폐하기 위하여 합법적 취업의 길을 열기 위한 것이었다. 이는 외국인 노동자의 임금을 인상시키는 효과를 낳기 때문에 중소기업이 고용허가제에 대해 반발하였다. 불법 외국인 노동자 문제는 노동계, 정부와 중소기업의 이해가 첨예하게 대립하는 노사관계의 쟁점이 되었다.

외국인 노동자의 증가는 일부 산업에서 내국인 노동자와 일자리를 둘러싼 경쟁을 불러일으켜 갈등을 낳고 있다. 파업에서 한국인 노동자와 외국인 노동자 간의 연대파업이 이루어지는 경우도 있지만, 그보다는 대부분 이해의 갈등을 보이고 있다. 특히 건설업종에 투입

---

15) 2001년 5월 26일 외국인 노동자 100명과 한국인 노동자 20명으로 구성된 이주노동자 지부가 출범하였다.

되는 일용직 노동자의 경우 한국인 일용직 노동자와 갈등을 벌이는 상황이 발생하였다.16)

　이러한 노동시장 구조변화에 따른 노동계급 내부의 이질화는 노동운동의 확대 발전에 장애가 되고 있다. 전반적으로 조기퇴직과 정년단축이 가속화되고 있는 상황에서 노동계급의 분절은 노동운동의 조직적 기반을 축소시키는 효과를 낳고 있다. 외환위기 이후 노동시장 유연화를 도모한 정부 노동정책의 결과로 발생한 이러한 현상은 20세기 말 뒤늦게 활성화된 한국의 노동운동이 직면하고 있는 새로운 환경이라고 볼 수 있다. 세계화로 인하여 노동계급 내에서 국적에 따른 노동계급 분절이 나타나고 있다는 점에서 한국의 노동운동은 해결해야 할 새로운 과제를 안게 되었다. 이러한 과제를 해결하기 위해서는 전통적 노조운동의 한계를 넘어서야 한다. 제조업 정규직 남성 노동자 중심의 표준적인 노조운동에서 노동력 구성의 다양화와 노동조건의 다양화를 반영하는 노조운동이 요구된다. 노조운동이 사업장 내의 문제에만 관심을 기울이는 것이 아니라 비정규직, 빈곤, 복지 등 전체 사회문제에 관심을 기울이고 이를 해결하기 위해서 운동을 전개하는 새로운 노조운동 노선이 요구되고 있다.

---

16) 안산지역 건설업체에서 건설현장 일용직에 진출한 중국인 노동자의 경우 한국인 일용직 노동자와 첨예한 이해갈등을 보여주었다. 중국인 노동자의 진출로 임금이 감소하고 방세가 오르면서 국적에 따른 노동자의 이해대립이 심화되었다(『한겨레21』, 2001. 11. 28, 제386호).

5. 노동계급 정치

노동계의 오랜 숙원인 계급의 정치세력화가 2004년 총선을 계기로 실현되었다. 정당투표제도의 도입으로 민주노동당은 전국적으로 13% 정도의 고른 지지를 획득하여 지역구 2석을 포함하여 10석의 의석을 획득하였다. 민주당과 자민련을 제치고 제3당으로 원내 진출에 성공한 민주노동당은 민주노총이 중심이 되는 좌파정당 노선을 추구하고 있다. 아직까지 민주노동당의 노선은 서구 사회민주주의적인 속성을 보여주고 있지만, 한국적 특수성을 내세워 노동계급 정당과 민중 정당의 속성을 모두 포함하고 있다. 즉 노동계급 정당의 속성과 노동계급 외에 농민, 도시빈민, 지식인, 학생 등 사회 진보세력을 포괄하는 진보연합 성격을 지니고 있다.[17]

민주노동당의 진출은 노동계급이 지니지 못했던 권력자원을 활용할 수 있다는 점에서 정치적으로 중요한 의미가 있다. 양대 노총은 조직적으로 한국사회에서 가장 규모가 큰 조직임에도 불구하고 정치력을 행사하지 못했다. 노동자의 이해를 대변할 수 있는 정당이 제도권 정치에서 부재했기 때문에 정치권은 구조적으로 주로 재계의 이해만을 대변해 왔다. 개인적 차원에서 노동자의 권익을 옹호하는 정치인이 간혹 있었지만, 이들은 실질적으로 법과 제도의 변화를 만

---

17) 민주노동당 지지세력에 대한 분석에서 민주노동당은 특정 계급의 일방적인 지지에 기반을 둔 것이 아니라 매우 다양한 사회세력의 지지에 기반을 둔 것으로 나타났다(신광영 2004).

들어 낼 수 없었다. 오랜 기간 권위주의 시대에 만들어진 법률이 노사관계를 규정할 수 있었던 것도 제도 정치권 내에서 노동계급의 이해를 대변하는 정당이 부재했기 때문이다. 이러한 점에서 민주노동당의 원내 진출은 적어도 정치권 내에서 노동계급의 이해를 대변하는 독자적인 정당이 존재함으로써 원천적으로 노동계급의 이해가 배제되어 왔던 것을 막을 수 있게 되었다.

민주노동당의 국회 내 역할에 따라 사업장 수준에서 일어나는 노사갈등이 정치적 차원에서 해결될 수도 있다. 민주노동당의 원내 의석이 미미하기 때문에 이러한 역할의 가능성은 그다지 크지는 않겠지만, 과거와 달리 적어도 정치권 내에서 노동조합의 요구와 이해를 반영할 수 있게는 되었다는 점에서 새로운 가능성은 열려 있다고 볼 수 있다. 즉 권력자원의 확보가 어느 정도까지는 이루어졌다는 점에서 노조운동은 과거와는 다른 환경에 놓여 있는 것이다. 사회적 균열이 정치적 균열과 일치하지 않아서 대단히 극단적인 모습으로 나타났던 과거와는 달리, 정치적으로 전환될 수 있는 조건이 형성되었다. 이를 통하여 노사문제가 정당하게 정치적 토론의 주제가 될 수 있고, 다양한 관점이 정책적 논의에 투입될 수 있는 수단이 제도적 차원에서 어느 정도 만들어졌다고 볼 수 있다.

그러나 민주노동당은 전국적인 수준에서 지지를 확대할 필요가 있다는 점에서 노동계의 요구를 선택적으로 정치 의제화해야 한다는 구조적인 딜레마를 안고 있다. 다시 말해 이것은 민주노동당이 노동계의 이해만이 아니라 국민적 이해를 동시에 고려하여 정치적 판단을 해야 한다는 정당의 속성에 기인한다. 정당으로서의 민주노동당은 전국적으로 분포되어 있는 정당 지지자들의 정치적 이해를 대변해야 하지만, 민주노총은 산하 노동조합과 조합원의 이해를 대변해야 한다. 그러므로 노동계의 요구가 '국민정서'라고 불리는 일반적 여론의 지지를 받지 못할 경우, 민주노동당이 무조건 민주노총을 포함한 노동계의 요구를 대변하기는 힘들다. 현재 15% 정도의 지지를 받고 있는 민주노동당은 정치력 확대를 위해서 더 많은 지지를 확보해야 하며, 그것을 위해서는 다양한 이해와 요구를 동시에 고려해야 하는 전략적 사고를 할 수밖에 없다. 그러므로 먼저 민주노동당과 노동계의 의제 조율이 무엇보다도 절실하게 요구된다. 이것은 노동계가 민주노동당의 지지 확대에 기여해야 하며, 민주노동당도 노동운동의 발전에 기여해야 한다는 동시적인 요구를 충족시키기 위해서 필요한 새로운 과제이다.

6. 맺음말

노동운동은 노동자의 권익을 보호하고 노동자의 이해를 경제적·정치적으로 실현시키고자 하는 집단적인 운동이다. 산업자본주의 역사에서 초기 노동운동은 어느 나라에서나 국가에 의해 법적으로 또한 정치적으로 탄압을 받아 왔다. 노동운동은 전통적으로 자본과 경영에 대한 도전과 저항을 통해서 발전하였다. 자본주의 역사에서 노동운동은 일차적으로 자본가에 의해 조직된 기업 내에서 고용된 노동자들이 조직한 단체라는 점에서 이차적인 조직이다. 그러므로 개별 노동조합은 기업의 경영상태에 의존적일 수밖에 없었다. 기업이 존재하지 않으면 노동조합도 존재할 수 없다는 조직적 한계로 인하여 기업에 한정된 노동조합은 활동상의 제약을 받게 된다. 이를 극복하기 위하여 노조운동은 기업단위의 조직인 기업별노조를 넘어 직업별 혹은 산업별로 조직단위 확대전략을 추구하였다. 노동조합의 힘은 "연대에 기초한 잠재적 파괴력"에 있다는 점에서 실질적인 활동단위로서 노동조합의 조직단위는 노동조합의 교섭력과 정치력을 결정짓는 요인이 될 수 있다. 산업별노조의 형성은 노동운동이 보다 많은 노동자의 이해를 대변하는 계급운동으로 나아가는 과정에서 나타나는 현상이다. 이러한 점을 고려한다면, 기업별 조 중심인 한국의 노조운동은 조직적으로 근본적인 한계가 있다고 볼 수 있다.[18]

한국의 노동운동은 민주화와 더불어 본격적으로 전개되었다. 그러나 민주화 이행 이후 10여 년 동안 권위주의 세력이 계속해서 권력을 장악하게 되면서 권위주의적 노동법과 노동정책은 큰 변화를 보이지 않았다. 거의 20세기 마지막에 노동법 개정이 이루어지면서 노동자의 기본권이 어느 정도 보장되게 되었다. 그러나 21세기에 들어서도 관료노조 설립을 둘러싸고 관료와 정부 간의 갈등이 첨예하게 나타나고 있어 노동자의 기본권 보장을 둘러싼 갈등이 계속해서 사라지지 않고 있음을 알 수 있다. 한국의 노동운동은 아직도 이러한 법적·제도적 제약을 극복해야 할 과제를 안고 있다는 점에서 민주화의 과제를 안고 있다.

다른 한편 한국의 노동운동은 민주화의 또 다른 산물인 시민운동의 발달에 따른 새로운 환경에 대응해야 한다. 서구 노동운동이 경험하지 못한 새로운 환경으로서 노사관계에 미치는 시민사회의 영향력은 이제 노동조합의 여러 활동에 영향을 미치는 요인이 되었다. 이것은 노동운동뿐 아니라 정부나 기업의 행동에도 영향을 미치고 있다. 기존의 노사관계 패러다임에서는 없었던 새로운 요소인 시민사

---

18) 최장집(2005)은 재벌 대기업에 조직기반을 갖는 민주노총 중심의 노동운동은 중소기업과 비정규직 노동자의 이익을 옹호하기보다는 자신들의 이익을 옹호하는 역할을 하기 쉬울 것이라는 결론을 내리고 있다.

회가 향후 한국의 노사관계에 더 큰 영향을 미칠 것이다. 그러므로 조직력뿐 아니라 시민사회의 공적 담론을 둘러싼 담론정치가 노동운동의 중요한 영역으로 부각될 것이다.

    신자유주의적 세계화는 한국의 노동운동에 부정적 영향을 미치고 있다. 노동시장의 분절에 따른 노동계급의 이질화는 노동자의 연대의식을 약화시키고 분열과 차이를 촉진시켜 노동운동 전체를 약화시킬 수 있는 요소가 되고 있다. 노동계급이 정규직, 비정규직, 외국인 노동자로 3분되면서 노동운동은 대기업 정규직 노동자만의 운동으로 변하고 있다. 기업별노조 체제 하에서 이러한 경향은 더욱 뚜렷해지고 있다. 다른 기업이나 다른 유형의 노동자에 대한 관심과 이해를 불필요하게 만드는 기업별노조 체제는 노동자의 의식을 기업의식으로 제한시키는 기능을 하고 있다. 양대 노총의 활동이 매우 중요하지만, 실질적인 노조활동의 차원인 단위노조의 활동이 기업을 넘지 못하는 한 한국의 노동운동은 더욱더 정규직 대기업 노조운동으로 제한될 것이다. 이러한 점에서 한국의 노조운동은 과거 서구의 노조운동과는 달리 민주화 이행과 신자유주의 세계화라는 새로운 도전을 맞고 있다. 서구 노조운동이 경험하지 못했던 새로운 도전에 대한 응전은 노동조합 스스로에 의해서 이루어져야 한다. 그리고 이것을 위해서 먼저 새로운 변화에 대한 인식이 선행될 필요가 있다. 이것은 학계에서도 마찬가지로 서구 노동운동의 패러다임으로 제대로 이해될 수 없는 한국의 독특한 상황에 대한 인식과 대안적인 이론적 논의가 필요하다는 것을 의미한다.

참고문헌

고혜순·이철순. 2004. "외국인 고용허가제 도입과정." 『한국정책학회보』 제13집 5호, 17-44.
김영래. 1989. "한국이익집단의 정치행태에 관한 연구." 『한국정치학회보』 제23집 1호.
김형배. 1989. "노동법제." 『노동경제40년사』, 61-114. 한국경영자총연합회.
김태현. 2004. "민주노총(준)의 사회개혁투쟁 중간평가." 『노동사회연구』.
노동부. 2005. 노동부 보도 자료, 3월 9일.
노중기. 1997. "한국의 노동정치체제의 변동." 『경제와 사회』 제36호, 128-156.
노중기. 1999a. "기로에 선 노동운동, 노동의 선택 - 경제위기 이후의 한국 노동운동."
 『실천문학』 여름호, 129-144.
노중기. 1999b. "노동운동의 위기구조와 노동의 선택." 『산업노동연구』 제5집 1호.
신광영. 1994. 『계급과 노동운동의 사회학』. 나남.
신광영. 2004. "진보정치의 존재 조건." 『역사비평』 제68호, 41-64.
안주엽. 2001. "정규근로와 비정규근로의 임금격차." 『노동경제논집』 제24호, 67-96.
이병훈, 김유선. 2003. "노동생활 질의 양극화에 관한 연구-정규, 비정규 분절성을 중심으로." 『경제와 사회』 제60호, 129-149.
이원보. 1997. "한국노동운동의 양대 세력-한국노총과 민주노총." 『동향과 전망』, 54-79.
이재명. 1999. "시민운동에서 바라본 노동운동." 『노동사회』 제34호, 88-96.
임영일. 1998. "'IMF경제위기'와 한국의 노동운동." 『실천문학』 겨울호, 13-27.
정이환. 2003. "유럽 비정규직 노동의 상황과 보호정책의 내용." 정이환 외, 『노동시장
 유연화와 노동복지, 인간복지』, 143-191.

조돈문. 2003. "민주화와 신자유주의 시기 노동운동." 『동향과 전망』 제58호, 208-258.
최장집 편. 2005. 『위기의 노동』. 후마니타스
통계청. 2004. 『고용통계』.
통계청. 2004. 『사업체 통계』.
통계청, 『경제활동인구연보』, 각 년도
한국경영자총협회. 2000. 『임금연구』 제18집 2호, 135.
한국경영자총협회. 2003. 『월간 경영계』, 12월호, 64-65.

Candland, Christopher and Rudra Sil, ed. 2001. *The Politics of Labor in a Global Age: Continuity and Change in Late-industrializing and Post-socialist Economies*. Oxford: Oxford University Press.

Hyman, Richard. 1999. "An emerging Agenda for trade unions?" *Labor and Society*, DP 98.

Magnon, Mona Jones. 2002. "The Labour Movement and Civil Society." *Just Journal* 1, 58-67.

Marx, Gary. 1989. *Unions in Politics, Britain, Germany, and the United States in the Nineteenth and Early Twentieth Centuries*. New Jersey: Princeton University Press.

Moody, Kim. 1997. *Workers in a Lean World*, London: Verso.

Munck, Roland and Peter Waterman. 2000. "Labour Dilemma and Labour Futures."*Labour Worldwide in the Era of Globalisation*. London: Macmillan.

Waterman, Peter. 2000. *Globalization, Social Movements and The New Internationalism*. London: Continuum.

Webster, Eddie. 1988. "The Rose of Social Movement Unionism: Two Faces of Black Trade Union Movement in South Africa." P. Frenkel, N. Pices and M. Swelling, eds. *State, Resistance and Change in South Africa*, 174-196. London: Groom Helm.

제8장 비교적 관점에서 본 한국의 노동시장제도와 경제성과

강명세

이 글의 목표는 노동시장제도의 개혁 없이는 경제의 질적 전환은 불가능하다는 것을 보여주는 것이다. 글의 순서는 다음과 같다. 첫째, 세계경제의 대전환과 더불어 중요해진 노동의 의미를 논의할 것이다. 경제구조의 변화에 적응하기 위해서는 노사정협약 등을 통한 노동의 참여가 불가피하다는 점을 부각할 것이다. 둘째, 한국 노동시장제도의 구조적 특징을 설명할 것이다. 셋째, 1997년 위기 이후 한국경제의 과제로 떠오른 고용창출이 여타 사회목표와 어떤 관련을 갖는지를 논의한다. 고용이 재정과 평등 등 상이한 목표와의 동시적 추구는 불가능한 만큼 정책 우선순위에 따른 정책조합이 불가피하다는 인식이 되어야 한다. 넷째는 결론으로서 향후 한국정부의 정책 선택이 가져올 정치적 결과를 진단한다.

1. 문제제기: 세계화 및 탈산업화 시대의 노동

1980년 대 이후 세계경제는 전례 없는 변화를 경험했다. 세계경제의 변화는 국가별로 다양하게 굴절되었다. 위기에도 불구하고 기적을 이룬 경제가 있는 반면, 일본과 같이 장기불황의 터널 속으로 들어간 경제도 있다. 어떤 나라는 줄곧 두자릿수 실업률에 허덕이는가 하면 미국경제는 질과 관계없이 지속적으로 고용을 창출하였다. 비슷한 무렵 거시경제의 국제적 편차를 해명하기 위해 많은 연구는 노동제도의 차이에 주목하기 시작했다. 노동제도는 다른 어떤 경제규범이나 조직 못지않게 역사적 산물이기 때문에 국가 고유의 특징을 갖는다. 이와 관련해서 노동시장의 조직화는 좋은 예시이다.[1] 같은 선진국끼리도 노동시장의 조직화를 의미하는 노동조직률은 실업률과는 커다란 차이를 보인다.

세계화시대의 개막과 함께 노동제도가 경제정책의 핵심으로 떠올랐다.[2] 노사협력이 세계화시대 경쟁의 조건으로 인식되면서 경제의 담론도 노동제도를 중심으로 형성되고 있다. 노동시장제도의 구조가 경제의 성패에 결정적 영향을 준다는 믿음이 팽배해졌다. 노동 문제 가운데 특히 주목을 받은 이슈는 실업과 실업수당의 구조, 소득불평

---

1) Tito Boeri, et al.은 21세기 노조의 역할에 대한 집중적 연구이다.
2) R. B. Freeman (1998, 3)은 최근 들어 노동경제학이 경제학의 주변에서 중심으로, 특히 노동시장제도가 주변적 영역에서 경제담론의 중심으로 떠올랐다고 보았다.

등과 임금격차, 중앙집중적 또는 분산적 협상구조, 노동이동성 등이다. 제도에 대한 관심이 부활하게 된 것은 세계화에 대한 초기의 우려가 경험적으로 지나친 것이었다는 사실에 있다. 세계화의 변화는 주권국가의 권위를 약화시켜 결국은 모든 국가의 하향평준화(race to the bottom)로 귀결될 것이라는 암울한 예단이 지배적이었다. 이러한 수렴론은 세계는 경쟁으로 말미암아 미국모델의 효율성을 따를 것으로 보았다.

세계화 및 탈산업화로 요약되는 위와 같은 환경변화는 모든 국가에 공통된 것으로서, 이 변화에 적절하게 대처하지 못한 국가는 경쟁에서 낙오하기 쉽다(Auer 1990; Hemerijck, Unger, and Visser 2000). 이러한 변화에 대한 주권국가의 반응을 두고 지난 10여 년 동안 학계는 수렴론과 독자론으로 나누어져 각각 다른 이론을 제시해 왔다. 수렴론은 주권국가의 자율성이 크게 떨어져 어느 국가나 비슷한 방향으로 움직일 것이라고 전망했다. 수렴론 일부는 세계화시대의 국가 간 경쟁을 가리켜 '바닥으로의 질주'라는 암울한 예측을 내놓았다. 한편 독자론은 전통적 주권국가의 영역이 계속 이어질 것이라는 낙관론을 주장한다. 이들은 지난 10여 년의 경험을 근거로 세계화의 경쟁은 각국의 내부적 조건에 따라 굴절된다고 본다.3) 내국적 조건이란 각국에서 역사적으로 고유하게 발전해 온 제도적 규범을 뜻한다. 각국의 특유한 제도는 공통된 환경의 도전에 대해 나름의 구조를 통해 소화한다. 자본의 이동은 '자본이 파업'을 가능하게 하는 등 노동에게 불리할 것으로 예측되었지만, 회의론이 예측하는 식의 노동의 몰락은 전혀 발생하지 않았으며 새로운 형태의 협력을 통해 공생을 추구하고 있다.

---

3) 가렛(Garrett 1998)은 세계화가 국내정치에 미치는 영향을 분석하면서 경제위기로 인해 정부의 정책적 및 이념적 성격이 경제정책을 결정하는 데 더욱 중요한 요인이라고 주장하였다.

노동의 중대성이 새삼 부각되게 된 것은 산업구조 재편과 경제개방의 가속화 덕분이다. 지식경제 체제에서는 인적자본이 가장 중요해진다. 세계 각국은 산업화 정도와 관계없이 탈산업화 및 세계화라는 공통의 양대 도전에 직면해 왔다. 여기서 가장 중요한 전략은 비용절감에 기초한 국가경쟁력(national competitiveness) 강화이다. 이 점에서 1990년 대 이후의 사회협력 모델은 과거 코포라티즘과 질적으로 다르다(Rhodes 1998; Stephen 1996). 과거 노사협력 체제는 노동연대, 완전고용 및 복지국가 강화 등의 세 가지 요소에 기초한다. 그러나 새로운 형태의 노사협력 모델은 경쟁력 강화를 위한 것이기 때문에 경쟁력을 높이기 위해서는 복지국가는 약화되어야 하며, 완전고용이 아니라 일자리 유지나 창출을 목표로 한다. 이는 노동시장의 구조조정 문제와 밀접히 관련된다. 동기부여에 기초한 노사협력이 아니면 거세진 경쟁의 파고를 넘을 수 없다. 국가의 대응은 한결같지 않았다. 일부 국가는 도전에 슬기롭게 일자리 감소를 중시시키는 동시에 물가상승을 억제하는 데 성공했다. 반면 다른 국가는 높은 실업과 인플레의 고충으로 경쟁력을 상실해 갔다. 세계화시대에는 전례없는 경쟁으로 인해 국가 간의 경제성적이 확연히 차이가 난다. 각국 경제는 성장률, 소득불평등, 고용 및 실업, 실질소득의 변화 등에서 다양한 편차를 보여준다. 많은 연구는 국가별로 큰 폭으로 차이가 나는 거시경제의 성과를 역시 각국별로 서로 다른 노동시장제도와 연결시키려 했다. 노동시장제도에 대한 높은 관심은 한국도 예외가 아니다. 한국만큼 노동시장제도에 대해 높은 기대를 갖고 있는 나라도 없을 것이다.4) 노동시장의 개혁 없이는 사회적 염원인 고용창출은 불

---

4) 김대중 전 대통령은 취임과 동시에 노사정 협력을 통한 위기극복을 제안하여 초기 극복에 기여하였다. 노무현 대통령 역시 제2의 노사정 대타협을 통해 돌파구를 마련하고자 했다.

가능하다. 노동시장제도의 성공적 개혁사례로 꼽히는 네덜란드와 아일랜드를 관찰하면 노사정 협력이라는 공통의 요인이 발견된다. 노사정 협력만으로 경제가 회생되었다고 할 수는 없지만 적어도 필요조건임에는 분명하다.

세계화와 탈산업화의 양대 도전은 황금기 시절에 세워졌던 노동과 복지레짐의 개혁을 요구한다. 그러나 개혁은 당사자의 동의를 필요로 한다. 과도한 복지비용은 국가재정을 압박하고, 이는 다시 금리를 상승시키고, 마지막에는 경쟁력을 약화시키는 주요 원인으로 여겨진다. 연금, 건강 및 실업수당의 일차적 수혜자는 노동자이다. 복지가 사회적 시민권이라면, 이는 노동이 갖는 정치적 시민권을 기초로 하고 있으며 노동의 이익을 무시하고는 성공하기 어렵다(강명세 2004; Pierson 1996). 피어슨의 '복지국가의 새로운 정치'는 이 점에 착안한 것이다. '복지국가의 새로운 정치'는 그 동안 복지국가가 만들어 낸 수혜자 계층이 복지혜택을 지키려는 새로운 이익집단으로 작동하고 있음을 보여준다. 민주정치 체제에서 정치인은 자신의 정치적 입지에 부정적 영향을 주는 개혁은 회피하고 유리한 입법에는 적극적인 점을 강조하는 것이다. 복지개혁이 국민경제 전체에 중대한 영향을 준다 하더라도, 위와 같은 이익정치의 저항으로 인해 이는 실현될 수 없고 경제 전체는 더 악화되는 것이다.

이처럼 노동은 가장 오래된 그리고 가장 강력한 이익집단이다. 선진국 사회협약의 경험이 보여주는 것처럼 노동의 참여 없는 개혁은 성공하기 힘들다. 그러나 경제체제의 질적 전환으로 화이트칼라의 대대적 증가와 서비스부문 노동이 지배적으로 됨에 따라 노동은 자본주의 황금기 시절에 비해 더욱 이질적으로 변모하였다. 한국은 이제 그 동안 잠재되어 왔던 노노갈등의 분출을 경험하고 있다. 노노갈등은 사회적 통합을 어렵게 하기 때문에 고용창출을 위한 사회적 합의를 조성하기 위해서는 해소해야 할 과제이다.

2. 한국 노동시장제도의 특징: 노사정협약의 갑작스런 '성공'과 좌절

한국 노동시장제도의 특징은 무엇인가? 우선 한국노동은 1997년 위기를 기점으로 무력화되어 있음을 강조할 필요가 있다. <그림 8-1>에서 보는 것처럼, 위기 이후 노동수요가 급감한 가운데 노동의 협상력은 거의 없는 것과 마찬가지이다. 산업화 이후 거의 완전고용 상태의 경제에서 생활했던 노동자에게 갑작스런 실업은 감내하기 힘든 것이다.

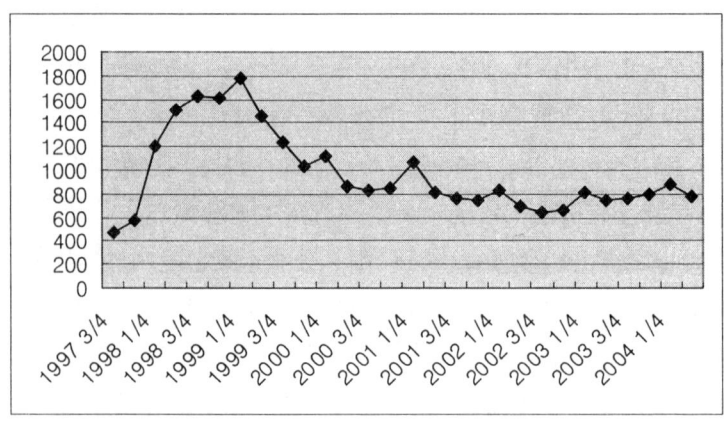

〈그림 8-1〉 경제위기 이후 분기별 실업자(천명), 1997-2004

출처: www.nso.go.kr

외환위기 직전 2.5%에 불과하던 실업률은 1999년 초에는 8.5%로 3배 이상 상승했다. 1997년 10월 실업자 수는 40만을 약간 상회하였으나, 1998년 7월에는 160만을 초과하는 대량실업으로 발전하였다. 이처럼 불과 1~2년 사이에 백만 이상의 노동자가 실업자로 바뀐 것은 산업화가 시작된 이래 유례가 없는 일이었다.

경제위기 이후 한국경제는 질적으로 악화되었고 투자부진은 고용감소와 실업폭증으로 이어졌다. 고용이 질적 및 양적으로 불량해졌는데, 이는 소득불평등의 심화로 나타났다. 1987년 민주화 이후 지속적으로 호전되고 있던 소득불평등은 외환위기와 더불어 급격히 나빠졌고, 이후 눈에 뜨이는 개선은 보이지 않는다. 더구나 2004년 전반기에 불평등은 더욱 심각해졌다. 고용악화는 아직 힘이 남아 있는 초기에는 노동의 저항을 불러일으켰다. <그림 8-2>는 1965~2003년의 비교적 장기간에 걸친 한국의 파업규모를 보여준다. 1987년 민주화 당시의 파업은 이례적으로 폭발하여 이후의 파업규모와는 비교가 될 수 없는 것이었다. 파업규모는 노동자 1,000명당 손실일수를 표시하는데, 1987년의 폭발적 분출을 장기적 관점에서 다른 파업과의 비교를 가능하게 하기 위해서 로그값으로 처리한 것이다. 여기서 중요한 특징은 외환위기 이후의 파업이 물론 민주화운동 당시보다는 미약하지만 앞 시대에 비해서는 압도적으로 높은 단계에 있다는 점이다. 나아가 2003년 들어서도 파업규모는 수그러들지 않는다는 사실을 알 수 있다. 이는 2003년 전체와 2004년 8월까지의 파업통계를 비교하면 잘 나타난다. 2003년 전체의 발생건수와 참여인원은 각각 320건, 137,000일인 반면 2004년 8월까지는 각각 413건, 168,602일로 2003년 전체에 비해 더 자주 그리고 많은 노동자들이 파업에 참여했다.

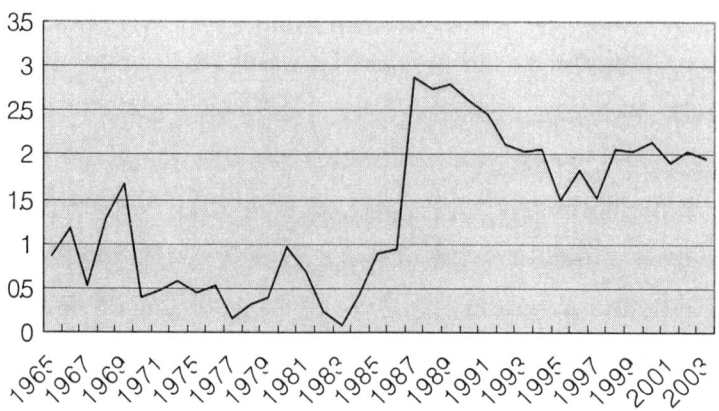

〈그림 8-2〉 노동자 천명당 노동손실일수. 1965-2003

출처: www.nso.go.kr

　분석의 편의상 이번 서울 회의에 참가한 발표자가 속한 유럽의 작은 나라, 즉 스웨덴, 네덜란드, 아일랜드 및 벨기에 등과의 비교를 통해 한국 노동시장과 그 제도의 특징을 점검해 보고자 한다. <표 8-1>은 노동시장과 연관된 10개의 차원에서 7개의 나라를 비교하고 있다. 우선 개방경제의 측면에서 교역의존도를 통해 한국경제를 비교하면 스웨덴과 비슷한 수준의 수출의존성을 보인다. 벨기에와 아일랜드 및 네덜란드 사례가 보여주듯 국민총생산이 적을수록 수출의존도는 높다. 교역의존도가 비슷한 한국과 스웨덴은 그러나 노사관계에서는 전혀 상반된 구조를 갖는다. 스웨덴은 협력모형의 전형이라면 한국은 이탈리아와 같은 대립적 노사관계에 속한다. 노동시장의 조직화는 양극이다. 한국의 노조조직률은 11%인 데 반해 스웨덴은 78%이다. 실업률을 보면, 2003년 한국의 실업률은 3.9%로서 네덜란드에 이어 2위를 차지하고 있다. 장기실업의 비중도 낮다. 그러나 앞에서 지적한 것처럼 한국이 잠깐 사이에 경험한 실업률 폭증은 호전되지 않는다는 점에서 문젯거리다. 가장 심각한 지표는 소득불평등이다. <그림 8-3>은 1979~2003년 도시가계를 대상으로 한 5분위 소득과 1분위 소득의 비율이다. 한국의 불평등은 유럽에 비해 소득불평등이 심각하다고 평가되는 미국보다도 훨씬 높다. 소득불평등은 경제위기 이후 악화된 것이다. <그림 8-3>이 말하는 것처럼 1997년 4.5였다가 1998년 5.4로 급상승한 후 호전되지 않은 채로 있다. 노동참여율은 다른 국가에 비해 아직도 낮으며, 특히 여성의 경우는 가장 낮다. 한국 파트타임 노동의 비중은 가장 낮다. 성공적 개혁모델로 손꼽히는 네덜란드가 약 27%로 가장 높다. 정치시장을 보면 친노동 정당의 의석비중을 보면 한국은 미국 및 일본과 함께 하위그룹에 속한다. 친노동 정당이 그나마 1석 이상을 획득한 것은 17대 총선 1회뿐이다. 스웨덴이 압도적으로 사민주의 국가임을 보여주며, 아일랜드는 유럽 기준에서는 친노동 정당 가장 취약한 곳이다.

〈표 8-1〉 노동시장과 제도적 특징

	실업률 %	교역의 존 %	소득불 평등	남성참 여율 %	여성참 여율 %	장기실 업 %	성장률 1989-99, %	조직률 %	친노동 정당의 석비중	파타임 노동%
벨기에	6.7	0.84	1.43	72.1	58.1	51.7	2.00	0.56	30.1	N.A.
아일랜드	3.9	0.94	N.A.	81.1	56.5	55.3	6.80	0.36	12.6	11.7
네덜란드	2.4	0.63	1.56	83.9	66.3	43.5	2.90	0.23	28.0	26.8
스웨덴	4.9	0.44	1.34	79.7	75	22.3	1.50	0.78	49.9	13.1
한국	3.9	0.40		75.5	55.3	2.3	6.10	0.11	3.3	4.3
미국	4.7	0.10	2.05	84.7	71.8	6.1	3.00		0	17.3
일본	5	0.11	1.63	92.4	64.4	26.6	1.40	0.20	3.1	N.A.

출처: OECD, *Health Data 2003, Historical Statistics 1970-1999*, Mackie and Rose (1990), Cook and Paxton (1998),

이상을 요약하면 한국은 스웨덴처럼 대외의존도가 높은 경제체제이며, 노조는 노동시장에서뿐 아니라 정치시장에서도 미미한 세력에 불과하다. 한국에서 1999년 사회협약이 성공적으로 추진된 것은 기적에 가깝다. '기적'에 가깝다는 표현은 사회협약의 성공조건으로 지적되는 요인이 한국에는 없었기 때문이다. 서구의 경험을 보면 노사정 협력의 성공조건은 정치시장과 노동시장의 양쪽에서 충족되어야 한다(Rohes 2001). 간단히 말해 노동시장의 민주주의가 있어야 한다. 사회협약에는 무엇보다도 노동의 협력이 전제되는 만큼, 노동의 조직화가 선행되어야 한다. 노동의 요구를 효과적으로 전달할 수 있는 기제를 의미한다. 이는 노동시장의 중앙집중화를 필요로 한다. 전국적 수준에서 조직되어 있어야 하고 단일한 중앙조직이 필요하다. 두 번째 요건은 정치시장에 친노동 정당이 존재하는가 하는 것이다. 노동시장에서의 요구는 정치적 영역에서의 민주주의와 불가분의 관계에 있다. 노동시장은 그 고유한 특성상 국가권력에 의해 많은 영향을 받고 국가제도에 의해 규제되기 때문에, 노동은 작업장을 넘어 정치시장에의 진입을 요구하는 방향으로 진행한다. 즉 정치적 수준의 민주주의가 필요하다는 것이다(강명세 1998). 선진 산업민주주의 국가의 역사를 보면 노동시장과 정치시장의 민주화는 국가별 편차를 제외하면 일반적으로 동시적으로 진행함을 발견할 수 있다. 어느 방향에서의 조직화가 먼저 시작되었든, 결국에는 두 가지 민주화가 모두 달성되었을 때 진정한 선진 민주주의라고 할 수 있다. 선진 민주화는 결국 합리적 노사관계를 포함하는 산업민주화로의 진행을 의미한다. 노사협력의 세 번째 필요조건은 노사관계의 또 한 축을 형성하는 사용자와 관련된다. 노동만 단일화되어 있다고 해서 사용자 측과의 타협이 성사되기는 어렵다. 사용자 역시 소속 기업의 요구를 정제해서 협상에 임할 수 있는 조직을 갖추고 있어야 한다.[5]

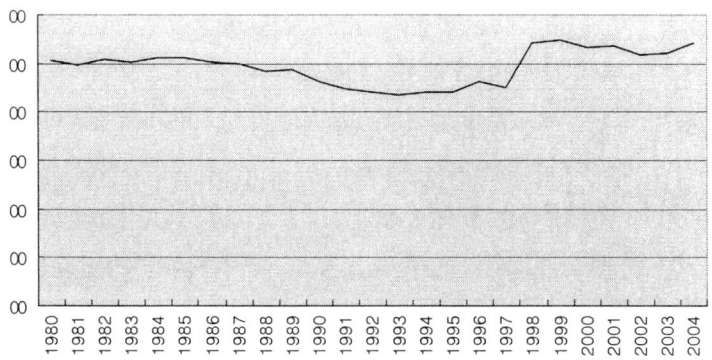

〈그림 8-3〉 소득배율의 변화, 1979-2003

출처: www.nso.go.kr

한국은 위에서 언급한 세 가지 필요조건을 그 어느 하나도 충족시키지 못했다. 노동시장은 기업별로 완전히 분산되어 있으며, 전경련이나 경총이 소속 개별기업의 의사를 구속할 수 있는 전국적 통일체를 구축하지 못했다. 우선 노동은 하나의 조직으로 통일된 것이 아니라 기업별로 거북이 등처럼 완전 분열되어 있다. 한국의 노동은 오래 전부터 노노갈등을 안고 있었던 것이다. 노동자는 자신이 속한 사업장 특성에 따라 대기업 대 중소기업으로 분열되었다. 대기업 노동자는 임금과 노동조건 등에서 중소기업 동료에 비해 유리한 지위에 있었다. 또한 중앙조직은 이분되어 있다. 한국노총과 민주노총의 오랜 대립이 그것이다. 중앙조직 사이의 갈등은 오랜 역사를 가지며 있으

---

5) 스웨덴에서 전국 수준의 협상이 처음부터 존재했던 것은 아니다. 중앙협상은 수출부문의 기업이 주도한 계급 간 연합에 의해 가능하였다. 국제경쟁에 민감한 수출기업은 건설업 노동자의 전투적 임금인상 요구가 수출부문으로 파급될 것을 두려워하여 수출부문의 중앙 노동조직을 강화해 주었다. 이에 대한 자세한 논의는 강명세(2001), Swenson(1989; 2002)을 참조하라.

며 노사정위원회 출범을 계기로 확대 증폭되었다. 노조는 대표성의 위기를 맞고 있다.6) 노사정위원회 출범 이후 중앙조직 간의 분열은 더욱 심각해졌을 뿐 아니라 하부 단위노조 내에서도 분열이 가속화되었다. 노총과 민노총은 정부가 주도하는 노사정협약에의 참여 여부를 둘러싸고 아직도 반목하고 있다. 한편 하부노조는 노동시장 유연화에 따른 비정규직 문제를 둘러싸고 대립하였다. 한국노총이 참여 속의 투쟁을 강조한다면, 후발 조직인 민주노총은 노사정위원회에 대해 처음부터 호의적이지 않았다(강명세 2000). 두 번째 필요조건인 친노동 정당의 존재를 보면, 한국의 노사정 협력은 더더욱 어렵다는 결론에 도달한다. 제17대 총선에서 민주노동당이 10석을 획득하기 전까지는 의회 속에 친노동 정당이 없었다고 해도 과언이 아니다.7) 이 성과는 실제로는 탄핵정국이 가져다 준 반사이익이라 할 수 있다. 요약하면 사회협약은 정치시장과 노동시장의 독특한 토양과 제도 위에서 가능한 것으로 논의되어 왔다. 이와 관련해서 한국의 여러 가지 특성은 전혀 사회협약의 추진에 어울리지 않는 모습을 유지해 왔다. 그럼에도 불구하고 김대중정부의 노사정위원회가 출범하게 된 것은 전적으로 '위기감' 때문이었다.

한국경제가 처음으로 경험한 위기감은 두 가지 조건을 부과했다. 첫째, 국제통화기금의 강제이다. IMF 구제금융 체제라는 비상체제는

---

6) 서구에서 노사합의 모델로 꼽히고 있는 코포라티즘이 작동하기 위해서는 여러 가지 조건이 필요하며 노조 대표성의 확보는 중요한 조건의 하나이다.

7) 좌파정당의 의회 진출 역사는 1960년 7·29 총선으로 거슬러 올라간다. 당시 제5대 총선에서 사회대중당, 한국사회당 및 혁신연맹 등 좌파 정파는 중의원 5석 및 참의원 2석 등 총 7석을 확보하는 데 성공했다. 사회대중당과 한국사회당이 각각 중의원 4석, 1석을 얻었고 사회대중당은 참의원도 1석을 획득했다. 한편 혁신연맹은 참의원 1석을 확보했다

기존 경제체제 하의 노사정관계와는 질적으로 다른 관계를 부과하였다.8) 국제통화기금은 100억 달러의 긴급지원에 대한 조건으로 노동시장의 유연화뿐 아니라 이로부터 발생할 사회적 고통을 줄일 최소한의 사회적 안전망 설치를 요구하였다. 이에 정부는 노사정의 사회적 합의를 통한 실행을 약속하였다(강명세 1999). 위기는 '민주적 정권교체'에 기여했다. '국민의 정부'는 최초의 민주적 정권이었다. 김대중 대통령은 다른 보수적 정치인에 비해 상대적으로 노동자의 이익에 우호적인 정책을 실시하려고 했다.

3. 한국경제의 트라일레마: 고용, 재정, 평등

탈산업화적 기류를 강조하는 연구는 세계화의 영향을 과장하는 것을 경계해야 한다고 주장한다.

최근 세계적 정치경제의 대대적인 변화와 그로 인한 국내적 대응에 대한 연구는 삼중의 딜레마(trilemma)를 강조한다(Iversen and Wren 1998). 균형예산, 고용팽창, 소득평등의 세 마리 토끼를 동시에 잡는 것은 불가능하다는 명제이다. 1980년 대 이후 서비스경제 하에서 정부정책은 이 세 가지 변수의 상대적 조합으로 구성되었다. 사민주의 정부는 공공부문의 고용증대와 소득평등의 조합을 추구했다면, 보수정부는 균형예산과 민간부문의 고용팽창을 추구했다.

한국의 통계 역시 서비스경제로의 급속한 전환을 보여준다는 점

---

8) 1997년 말 금융위기 이후 역사상 처음으로 시도된 노사정 협약의 발생, 과정 및 결과에 대해서는 강명세 (1999) 참고.

에서 삼중의 딜레마에 직면하여 있다.

<그림 8-4>는 산업별 고용증가율을 보여준다. <그림 8-4>는 산업별 고용증대와 관련해서 몇 가지 특징을 보여준다. 첫째, 산업화는 '농민의 죽음'이라는 지적은 사실이다. 1차산업의 고용은 지속적으로 감소하였다. 1963~70년에 0.2 %나마 증가했던 농어촌 고용은 1970년 이후 감소세로 돌아서고, 산업화가 본격적으로 시작되면서 급속히 쇠퇴했다. 산업화 이후 1990년대까지 고용창출을 주도한 것은 제조업 중심의 2차산업이었다. 2차산업은 1960년대에는 약 14%의 고용성장을 이루었고, 1970년대와 1980년대 와서는 각각 11.2%와 6.7%로 증가세가 떨어지는 추세를 보이다가, 1990년대 이후에는 -1.5%의 감소로 반전되었다. 한편 3차산업은 1990년 이전까지는 2차산업과 비슷한 추세를 보였지만, 1990년대 이후에는 여전히 증가세(3.8%)를 유지하고 있다.

〈그림 8-4〉 산업별 고용증가 (%), 1963-2003

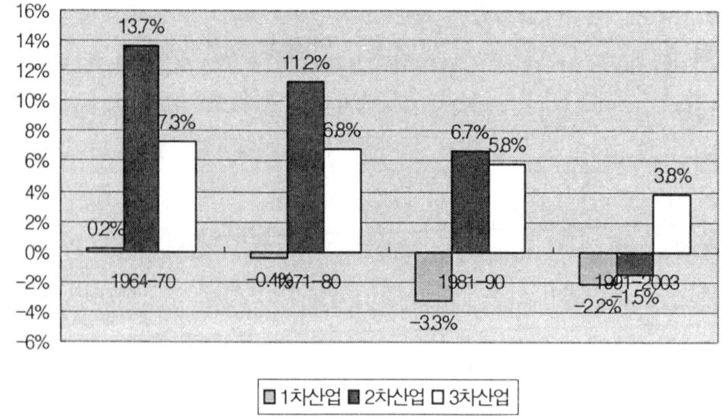

출처: www.nso.go.kr

삼중의 딜레마를 통해 외환위기 이후 한국경제의 성과를 살펴보자. 우선 한국정부는 외환위기 이후 악화된 고용을 해결하는 것을 가장 중대한 정책과제로 삼았다. 과거 수십 년 동안 완전고용에 익숙하던 한국 노동자들에게 갑작스럽게 찾아온 위기는 구조조정이란 이름 하에 일거에 일자리를 앗아가 버렸고, 이는 심대한 사회적 여파로 번졌다. 고용부족이 심각한 만큼 일자리 창출은 단순한 노동시장의 수급 문제를 넘어서 정치적 쟁점이 되었다. <그림 8-5>는 1985년 이후 2003년까지의 고용율을 보여준다. 15~64세 인구 중에서 취업자의 비중을 뜻한다. 경제개발이 본격화되기 전인 1963년 고용율은 겨우 52%에 불과했다. 취업자는 약 반 정도에 머물렀던 것이다. 이후 경제발전과 투자증대에 힘입어 고용율은 계속 증가했다. 위기 이전 61%였던 고용은 2003년 현재 59%로 떨어져 있다. 고용이 늘어나지 않는다는 것은 실업자가 늘어나고 있음을 말한다.

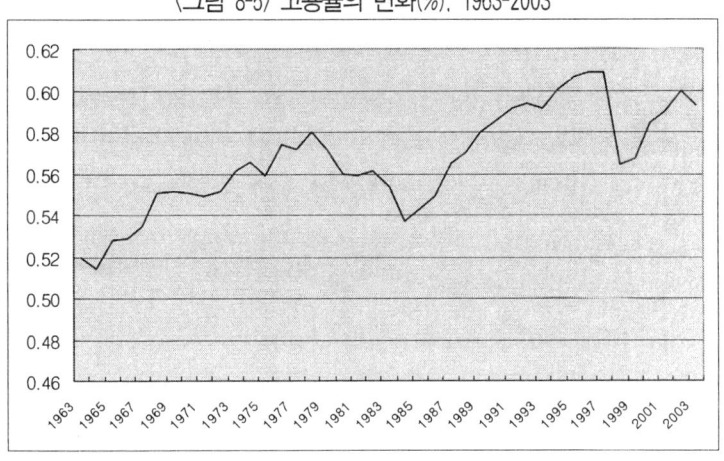

〈그림 8-5〉 고용율의 변화(%), 1963-2003

출처: www.nso.go.kr

고용문제는 2002년 대선에서 가장 큰 화두가 되었다. 고용창출은 가장 시급히 그리고 많은 노력을 들여 해결해야 할 정책과제로 손꼽혔다. 그러나 정부는 이제 고민에 빠지게 된다. 고용창출을 최우선 정책과제로 하자면 서비스부문의 규제완화를 허용해야 한다. 무엇보다도 노동시장을 유연하게 만드는 정책을 실시해야 하는 것이다. 노동시장 유연화는 정규직 감소와 비정규직 증가로 이어진다. 기업은 인건비를 절약하기 위해 정규직을 뽑기보다 임시직이나 파트타임 노동을 선호하기 때문이다.

고용문제는 실업의 증대를 통해 재확인된다. <그림 8-6>은 새롭게 발생하는 실업을 의미한다는 점에서 경제위기의 지속이 노동시장에 가한 충격을 일깨워 주는 데 보다 적실한 자료이다. 신규 실업자는 1998년 1/4분기 100만을 돌파하고 급증하여 1999년 1/4분기에는 170만을 초과하는 등 최고에 달했다. 이후 약간 감소하여 100만 이하로 감소했다가 2001년 들어 다시 악화되어 2004년 2/4분기에는 총실업

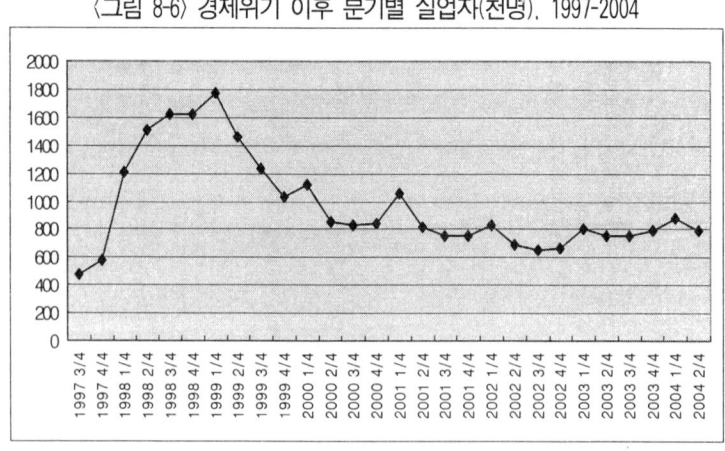

〈그림 8-6〉 경제위기 이후 분기별 실업자(천명), 1997-2004

출처: www.nso.go.kr

자가 78만이 되었는데, 이는 위기 직전인 1997년 3/4분기의 48만에 비해 30만이나 많은 수치이다.

한국사회는 외환위기를 계기로 크게 변화를 강요받고 있지만, 자세히 보면 구조적 요인의 압력을 받고 있었다. 외환위기는 한국사회가 자의가 아닌 외적 힘에 의해 구조조정을 앞서서 하도록 만들었다. 한국사회가 직면한 구조적 환경변화는 다음과 같은 것이다. 첫째, 고령화사회로의 진입이다. 과학기술과 경제적 향상은 수명을 연장시켰으며 탈산업화 영향은 출산율을 저하시킨다. 이러한 인구학적 변동의 결과 노동시장에서 퇴출한 사람이 지속적으로 대량 증가하고 있다. 이는 잠재적으로 복지부담을 대폭 상승시킬 것이 분명하다. 둘째, 선진사회의 경험에서 잘 나타나듯이 세계화와 탈산업화의 동시적 진행은 제조업을 감축시키고 서비스산업을 확장시켜 유연화의 요구는 잠복해 있게 된다. 셋째, 지난 수십 년간 지속되어 온 여성의 사회진출 확대와 소비패턴의 변화는 맞벌이(double income household)를 보편적 가족 현상으로 만들었다. 넷째, 세계적 수준의 냉전해체는 남북분단에도 불구하고 한국의 대외관계를 변화시킨다. 냉전시대에 고착된 국제관계는 세계화의 더불어 지역에 따라 속도나 폭은 다를망정 변화할 수밖에 없다. 한중관계의 발전은 적절한 예이다. 위의 변화는 서비스부문의 팽창과 밀접히 관련된다. 고령화사회는 복지산업의 공급을 필요로 하며, 이는 노인 관련 실버형 서비스업의 성장으로 진행하고 있다. 투자를 포함하여 연금과 관련된 각종 서비스산업이 생겨날 것이다. 서비스업의 팽창은 주로 여성 노동력의 수요와 밀접히 연결되어 맞벌이형 가족관계에도 큰 영향을 줄 것이다. 위와 같은 경향은 한국 3차산업의 팽창추세에서 확인된다.

<표 8-2>는 한국을 포함한 5개국의 서비스부문 고용이 전체 고용에서 차지하는 비중을 보여준다. 선진국의 서비스부문은 이미 1970

〈표 8-2〉: 서비스부문의 고용 비교, %

	벨기에	아일랜드	스웨덴	네덜란드	한국
1985	68	63	68	69	45
1990	69	63	69	70	47
1995	71	66	71	74	65

출처: www.ilo.org

년대 복지국가의 팽창에서 시작되어 이후 70% 이상의 고용을 포함하고 있다. 한편 한국의 경우는 복지부문은 급팽창의 와중에 있다. 한국의 3차산업은 1963년 전체 취업자의 약 28%의 고용을 차지하였지만, 경제발전과 더불어 급속히 성장하여 1985년과 1995년에는 각각 45%, 65%를 점하고 있고 2003년 현재로는 약 72%의 고용을 포함한다. 이처럼 불과 40년 만에 한국 3차산업의 고용은 28%에서 72%로 대폭 성장하였다. 다시 말해 한국경제의 구조가 고용이나 부가가치의 창출 면에서 서비스 중심의 경제로 변모하고 있다는 뜻이다.

서비스부문은 도소매업, 요식업, 교육, 정보산업, 그리고 공공행정과 같이 다양한 직종을 포괄한다. 그 중에서도 고용 면에서 가장 큰 3대 부문은 도소매, 요식 및 숙박, 그리고 교육부문이다. 세 부문이 3차산업에서 차지하는 고용비중은 2003년을 기준으로 각각 24%, 12%, 9%로 합하면 약 절반에 가깝다. 이 절반에 해당하는 부문은 제조업에 비해 특히 생산성이 낮은 전형적인 국내의 비교역부문에 속한다. 끊임없이 연습하는 재즈 연주자의 생산성이 획기적으로 늘어날 수 없는 것과 마찬가지로, 미용사의 생산성은 과거에 비해 크게 증대하기는 힘들다(Baumol and Bowen 1969). 서비스부문의 노동은 시간 집약적 특성을 갖기 때문에 질적 향상을 위해서는 더 많은 노동시간을 투입해야 한다. 그럼에도 불구하고 탈산업화 시대에서 일자리가 늘어날 여지가 있는 곳은 서비스부문뿐이다. 생산성향상이 이루어지는 제조업에서는 현재의 일자리가 더 줄어들게 되어 있으며, 새로운 일자리는 기대할 수 없다.

한국의 서비스경제 체제 하에서 정부가 일자리 창출을 최우선의 정책과제로 삼을 때에는 두 가지 선택이 가능하다. 재정적자를 통해 과감하게 공공부문의 일자리를 늘리거나 아니면 소득불평등을 감수하여 민간부문의 고용창출을 허용해야 한다. 어느 것을 선택하든 모두를 동시에 만족시키기는 힘들다. 어느 하나를 희생해야 한다. 공공부문에서의 고용창출은 소득평등을 유지하여 사회적 연대를 강화할 수 있는 장점이 있지만, 재정팽창으로 금리상승 인플레를 유발, 장기적으로 부실경제로 갈 위험을 안고 있다. 민간부문의 고용창출은 재정건전을 유지하는 데 기여하지만, 노동시장의 유연화 및 양극화를 낳아 사회적 결속감이 크게 약화되기 쉽다. 정책의 선택에 따라 시장경제의 모델은 다른 방식으로 진화했다. 물론 정책의 선택은 각 사회의 주어진 자원과 제도적 한계를 기반으로 한다. 미국모델이 주로 유연화에 기반한 민간부문 중심의 고용창출 메커니즘에 의존하여 왔다. 한편 전통적으로 '사회적 유럽'은 사회적 연대를 강조하여 복지국가 건설을 중심으로 하는 공공부문 고용을 확충하여 왔다. 그러나 유럽모델은 실업 증대와 복지확충에 따른 재정적자를 유발하여 이미 1970년 대 후반에 들어서면서 '영국병', '네덜란드 질병'이 돌기 시작했다.

위기 직전까지 복지제도가 미약했던, 특히 고용관련 복지제도가 전무했던 한국에서 고용창출은 사회적으로는 미국식 결과를 낳았다. 저질의 일자리가 만들어지지만, 그 보수가 낮기 때문에 노동시장의 양극화가 급속도로 진행하게 되었다. '국민의 정부'가 추진한 노동복지 정책은 최소한의 제도를 만드는 데 만족해야 했다. 정책의 결과는 임시노동과 일용노동의 양산이었다. 이러한 정책은 '참여정부'에서도 예외는 아니다.

〈표 8-3〉: 노동시장의 분화, 1989-2003

년도	상용직9)	임시직	일용직10)	임시/일용직
1995	0.58	0.28	0.14	0.42
1996	0.57	0.30	0.14	0.43
1997	0.54	0.32	0.14	0.46
1998	0.53	0.33	0.14	0.47
1999	0.48	0.34	0.18	0.52
2000	0.48	0.34	0.18	0.52
2001	0.49	0.35	0.16	0.51
2002	0.48	0.34	0.17	0.52
2003	0.50	0.35	0.15	0.50

출처: www.nso.go.kr

대량실업의 발생과는 별도로 노동시장은 급속히 유연화되었고, 그 결과 이원화되었다. 노동시장은 정규직과 비정규직으로 양극화되었다. 정규직은 상용직을 말하며 임시직이나 일용직은 비정형 또는 비정규직에 해당한다. 상용직은 감소하고 임시직과 일용직 노동자는 계속 늘어났다. 위기 이전인 1995년 전체 취업자 가운데 상용직, 임시직 및 일용직 노동은 각각 58%, 28%, 14%였다. 그러나 위기 직후인 1998년에는 상용직은 53%로 5%나 감소한 반면, 임시직은 28%에서 33%로 5% 증가했고, 건설업종에 많은 일용직은 불황으로 고용사정이 호전되지 않았기 때문에 변동이 없었다.[11]

---

9) 상용근로자는 고용계약기간이 1년 이상인 자와 그렇지 않을 경우 회사 내규에 의해 채용되어 인사관리 규정의 적용을 받고 퇴직금, 상여금, 각종 부가수당을 받는 자이다. 이에 해당하지 않는 자는 임시근로자이다.

10) 일용근로자는 고용계약기간이 1개월 미만인 자와 매일 고용되어 일급, 일당제로 임금을 받거나 일정한 장소 없이 떠돌아 다니면서 일한 대가를 받는 자이다.

11) 비정규직을 엄밀히 규정하면 고용의 지속성이 보장되지 않는 한시적

이러한 노동시장의 분화는 노동시장의 유연성이 높아진 결과이다. 비정규직의 대량증가는 정규직의 감소로 이루어졌다.12) 노동시장의 유연성이란 노동시장이 사용자의 뜻대로 변화할 수 있는 탄력성을 의미한다. 유연화는 정리해고와 변형근로제의 도입을 의미한다. 사용자는 금융위기가 발생하기 전인 1996년 이미 심각해진 경기하강기 및 수출부진에 따른 한국경제의 구조조정에 대응하기 위해 감원 등을 시도하려 하였다. 정리해고제는 바로 기업이 시장변동에 따라 인력수급을 자유자재로 조정하려는 것이다. 노동시장을 통제하는 다른 하나의 기제는 변형근로제이다. 사용주는 일정 시간의 노동력을 구매하여 이 기간을 기업이 원하는 대로 신축적으로 활용하고자 한다.13)

근로자와 대안적 고용관계를 맺은 비전형 근로자를 의미한다. 정규근로자는 근로지속이 가능한 무기 계약근로자이다. 이러한 정의에 따라 경제활동인구 부가조사 자료에 의하면 비정규직은 2000년 29.9%, 2001년 28.7%, 2002년 27.0%로 감소하다가 2003년 32.8%로 크게 증가했다. 비정규직에 대한 자세한 논의는 박기성(2004) 참조

12) 안주엽(2004)은 정규근로자 일부가 비정규직으로 대체되었다고 평가했다.

13) 한국의 산업관계는 OECD 선진국의 경험과 비교해 보면 상대적으로 유연성이 낮다고 할 수 없다. 유연성은 주로 작업장 수준에서 노동자와 기업 사이의 협조관계에 따라 결정되기 때문이다. 한국 노동시장의 조직적 특성은 기업별노조이나. 기업별노조는 형식적으로만 상부단체와 관련을 가질 뿐, 실질적으로 단체협상을 포함하여 산업관계의 중심에 있다. 노조 가입은 기업별로 이루어지며 개별 노조는 조합비의 궁극적 수납처 및 사용자이다. 대표적인 것으로 노조의 대표적 실력행사인 파업 결정은 전적으로 기업별노조가 하며, 서구와는 대조적으로 산별 혹은 전국본부는 소속 하부노조에 대해 파업을 명령하거나 중지시키지 못한다. 비교사적 관점에서 보면 이처럼 한국의 노동시장은 이미 유연

노동시장의 유연화는 노동시장의 구성을 바꾸어 놓는데, 이는 노노갈등으로 발전하기 쉽다. 일반적으로 직종별 차이는 서로 다른 이해를 낳아 노동의 연대를 어렵게 만든다. 서비스부문 또는 화이트칼라 노동자와 제조업 노동자의 이해가 다를 수 있으며, 수출부문과 내수부문 노동자는 서로 다른 이익을 주장한다. 스웨덴의 역사적 경험은 노노갈등의 대표적인 사례로 들 수 있다. 스웨덴은 1980년대까지 노사타협의 대명사로 불리면서 화려한 경제업적을 자랑하였다. 스웨덴은 노노갈등의 두 가지 역사적 경험을 보여준다. 첫 번째는 1930년대 발생했던 현상으로 건설부문 노동자와 금속부문 노동자 사이의 갈등을 말한다. 제조업부문을 중심으로 한 조직노동과 서비스 또는 공공부문 노동 간의 대립은 교역부문과 내수/국내부문의 대립과 일치한다. 스웨덴과 같이 작은 규모의 경제가 존립하기 위해서는 높은 국제경쟁력을 유지하는 길밖에 없다. 역사적 대타협으로 불리는 1938년 짤쯔바요덴 협약은 바로 경쟁력 연합의 전형이었다. 대타협 이전까지 스웨덴 노동운동의 주도세력은 전투적인 건설업 노동자였다.14) 건설업은 대표적인 국내부문으로서 외국기업과 경쟁할 필요가 없으며, 수출부문 노동자에 비해 높은 임금인상을 요구해 왔다. 건설노동자의 임금요구는 다른 부문, 특히 수출에 의존해야 하는 금속부문에 파급되어 금속산업의 경쟁력을 약화시키고, 결국에는 금속부문 노동자의 일자리를 위협하였다. 이에 제조업 노동자를 주축으로 하는 노동총연맹은 수출부문의 자본과 이 부문 노동의 연합 하에 국내부문의 노동조합이 행사하던 헤게모니를 쟁탈한 것이다.

한국의 노동조직은 기업별노조 체제이다. 조합은 정규직을 대상

해 있었으며 그렇지 않았다면 그간의 고도성장은 불가능하였을 것이다.
14) 노노 갈등에 대한 최초의 문제인식에 대해서는 Peter Swenson (1989, 2002).

으로 하기 때문에 비정규직은 조직의 보호를 받지 못한다. 노동시장의 유연성은 기업이 해고비용을 줄이는 방법이다. 해고비용은 다시 노동시장이 얼마나 잘 조직화되어 있느냐에 달려 있다. 강력한 노동조합이 존재할 때 경영 측은 임의로 해고할 수 없기 때문에 해고하려면 많은 비용을 지불해야 한다. 해고비용을 줄여 노동시장의 유연성을 높이는 방법의 하나는 계약고용을 실시하는 것이다. 계약고용은 일반적으로 노동조합에 가입하지 못하기 때문에 노동조직의 성장을 저해한다. 반대로 노동조합이 노동시장을 장악하고 있다면 해고하기가 어렵기 때문에 경영의 해고비용은 높아진다. 구조조정의 여파는 정규직 축소와 비정규직 확산으로 나타났다. 고용비용이 많이 드는 정규직을 줄이는 대신 비정규직으로 전환하기 때문이다. 기업별 노동조합이 지배적인 한국에서 노동조합은 정규직 위주로 조직되었으며 조합의 일차적 목표는 정규직 조합원을 보호하는 것이다.[15] 결국 기업별 노동조직 제도에서 노동시장이 유연해지게 되면 정규직 대 비정규직은 대립으로 갈 수밖에 없다. 위기 이후 노동문제의 본질은 바로 비정규직 확산에 따른 노노갈등인 것이다. 노노갈등은 소득불평등을 만들어 사회적 연대를 어렵게 만든다. 지금과 같은 고용창출이 계속된다면, 노노갈등으로 인한 사회적 분절은 더욱 심각해질 것이다.

---

15) 심지어 일부 정규직 노조에서는 비정규직 때문에 생산성이 떨어지고 조직 충성도도 떨어진다는 불만이 나온다고 한다. 어느 지점장은 고객에 대한 비정규직 직원의 불친절한 태도로 인해 고생한다는 불만을 이야기한다. <조선일보>, 2001. 4. 2.

4. 네덜란드와 아일랜드의 교훈

네덜란드와 아일랜드는 최근 가장 활발한 개혁경제의 사례로 손꼽힌다. 네덜란드 경제적 성공을 가리켜 '네덜란드의 기적'이라는 말이 생겨나고, 아일랜드 사례에 대해서는 아시아의 네 마리 용에 비유하여 '켈틱 타이거'가 붙여졌다16). 전통적으로 양국의 노동은 스웨덴 등 전통적 코포라티즘 국가에 비해 상대적으로 취약한 지위에 있었다. 노사협력의 조건으로 지목되었던 노조조직률은 낮고 친노동 정당 역시 다수를 확보하지 못했다. 양국의 사례는 이와 같은 구조적 '악조건'에서 노사정 협력에 성공했다는 점에서 한국에게 귀중한 교훈으로서 연구해야 할 과제이다.

고용창출을 의미하는 '네덜란드의 기적'을 이룬 것은 1982년의 소위 '바세나르협약'으로 지칭되는 국민적 합의의 형성이었다(Hemerijck 2003; Visser and Hemerijck 1997; van der Ploeg 1997). 그런데 합의 형성을 위해서는 다음과 같은 세 가지 선행 조건이 필요했다고 한다. 문제에 대한 공통의 인지, 제도, 그리고 합의를 중시하는 문화적 기반(Delsen

---

16) '네덜란드의 기적'에 대해서는 Broersma, Koeman and Teulings (2000), Delsen (2002), Hemerijck (2003), Spithoven (2002), van der Ploeg (1997), Visser and Hemerijck (1997), 그리고 아일랜드의 '켈틱 타이거'에 대해서는 Auer (2000), Baccaro (2002), O'Connor (2004, 2002), O'Donnell (2001), O'Donnell and O'Readon (2000), O'Donnell and Thomas (2002), Ornston (2003) 참고.

2002, 9-10)이 그것이다. '네덜란드병'에 대한 공통의 문제의식이 형성되면 이 질환을 치유할 제도적 장치를 모색하게 되는데, 필요하다면 기존의 제도를 변용하여 이용한다. 동반적 관계를 만드는 첫 단계에 해당하는 문제 공유는 카첸스타인이 작은 통상국가에서 흔히 발견된다고 하는 외적 취약성의 자각이다. 작은 나라의 노조는 외적 환경 변화를 심각히 수용할 때 임금자제의 전략으로 돌아간다. 위협감은 노조뿐 아니라 기업도 마찬가지이다. 잘못 적응하면 기업도산의 비용을 치러야 하는 네덜란드 기업은 노조와 더불어 중앙수준의 임금협상에 나선다. 끝으로 이 제도를 통해 국민적 합의를 이끌어 내는 데는 오랜 전통의 규범이 자리잡고 있었다. 고용창출을 위해서는 이윤동기의 부여와 그 회복이 필요하며, 이를 위해서는 노동과 자본의 타협이 불가결하다.

'네덜란드의 기적'은 위기는 동시에 기회임을 말해 준다. 위기는 "교훈의 학습과정을 촉발하며 이에 필요한 정치적 조건을 창출한다"(Hemerijck, Unger, Visser 2000)는 점에서 네덜란드 사례는 한국사회에 시사하는 바가 크다. 네덜란드 모델이 한국에 주는 교훈은 무엇보다도 고용을 창출하되 노노갈등을 최소화했다는 점이다. 1970년대에 유럽의 병자로 지칭되던 네덜란드는 1982년 노사 대타협을 통해 극적으로 회생하였다. 네덜란드가 앓고 있던 중병은 1982년 GDP의 7%나 차지하던 재정적자 규모에서 알 수 있다. 노조와 자본은 헤이그 인근의 바세나르에서 만나 바세나르협약으로 불리는 역사적 대타협을 만들어 냈던 것이다. 이러한 노사 대타협은 정부의 참여와 더불어 정책으로 구체화되었다. 노조는 임금억제를, 자본은 일자리를 줄이지 않을 것을 서로 약속했다. 한편 네덜란드 정부는 노사 대타협을 지원하기 위해 조세감면 및 건전재정 정책을 실시하였다. 바세나르 대타협은 이후 1980~90년대에 유럽의 병자였던 네덜란드를 다른 나라가 본받아야 할 유럽의 모델로 바꾸어 놓았다. 네덜란드의 폴더모델(polder model)17)이란 전후 네덜란드가 구축한 질 높은 복지국가를 크게 훼손하지 않고도 고도성장, 고용안정, 물가안정 및 흑자재정을 결합시킨 것을 의미한다. 특히 1999년 도입된 유연안정제도(flexicurity)는 정규직 대 비정규직의 간극을 좁히는 데 기여했다. 유연안정화 법안은 이중의 타협책이었다. 한편으로 노사의 타협이었고 다른 한편으로는 노노 간 타협이다. 이 제도의 골자는 기업에게 정규직에 대한 해고규정의 완화를 허용하는 대신 비정규직 보호를 강화한 것이었다(Hermerijck, Unger, and Visser 2000, 227). 정규직 대 비정규직의 간극이 좁혀지지 않으면 지난 몇 년간 한국사회에서 본 것처럼 비정규직 확대는 일자리 창출이라기보다 사회적 불평등의 창출일 뿐이기 때문이다. 간단히 말하면 한국이 네덜란드와 아일랜드 모델에서 얻어야 할 것은 바로 비정규직 보호 강화와 정규직 혜택을 축소하는 것이다. 이를 위해서는 한 학자가 '네덜란드의 기적'을 설명하면서 주장한 '혁신적 코포라티즘'(innovative corporatism)을 자세히 살펴볼 필요가 있다(Anton C.Hemmerijc 1995, 183-226).

아일랜드는 노사정 협력의 필요조건 면에서 네덜란드보다 더 열악한 조건에 있었다(Baccaro 2002; Zeitlin 2003).18) 혹자는 이러한 '악조건' 속에서 태동한 사회협약을 가리켜 수수께끼 협약(puzzling pacts)이

---

17) 폴더(polder)란 바다를 막아 개간한 땅을 말한다. 풍차의 나라 네덜란드는 지면이 바다보다 낮은 땅이 전 국토의 3분의 1을 차지하기 때문에 제방을 쌓아 바다로부터 육지를 막는 것이 중요하다.

18) 아일랜드에서 추진된 성공적 사회협약은 협약의 성공필요조건으로 간주되었던 노동세력의 단일화와 중앙집중화가 없었던 점을 고려할 때 이탈리아, 포르투갈, 호주, 남아 공 및 한국등과 더불어 비상한 관심을 모으고 있다. 상세한 논의는 Baccaro (2002), Siegel (2004) 참고.

라고 명명했다(Siegel 2004). 아일랜드 노사관계는 전통적으로 영국과 함께 자유주의적 노사관계 그룹으로 분류되어 왔다(Casey and Gold 2000; Lodovici 2000, 35; O'Donnell 2001). 그러나 최근 아일랜드는 형평성을 손상하지 않으면서 경제성장과 일자리 창출을 만들어 낸 나라로 이름을 높이고 있다(O'Donnell and O'Reardon 2000). 아일랜드는 1987년 처음으로 노사정 협력을 추진하기까지 전통적으로 대립적 노사관계에 있었으나, 1970년대 후반부터 노사협력에 관심을 기울이기 시작했다[19]. 이전까지는 한국과 마찬가지로 노사는 협력보다는 반목과 대립으로 일관했다. 1987년을 기점으로 자발적 합의를 유지하면서 사회정책, 조세, 노동시장 정책 등에서 대륙식으로 전환하였다. 1987년 노사정 사이에 맺어진 '경제재건을 위한 국민협약'(PNR)은 경쟁력 제고를 목표로 한 것이었다. 노조는 임금자제와 함께 비용상승을 야기하는 행동을 하지 않겠다고 약속하였고, 정부는 조세감면 및 복지정책의 확대로 실질임금의 상승을 보장했다(Bacarro 2002). '경제재건을 위한 국민협약'을 기초한 것은 노사정 자문기구인 경제사회협의회(National Economic and Social Council: NESC)였다. 경제사회협의회는 재정감축과 환율안정 같은 거시정책의 조정과 아울러 사회협력의 핵심내용으로 아일랜드 수출상품의 비용을 주요 교역상대국의 비용보

---

[19] 아일랜드 노사협력의 제도적 기원은 1970년 대 초로 올라간다. 전통적 집권당 파일 파아나 (Fail Fianna)은 개방정책으로 선회하면서 노사관계 분야에서는 협력을 강조하였다. 이러한 정책의 일환으로 1973년 산업경제위원회(NIEC)를 만들어지며 전국적 임금협약을 시도하게 된다. 산경위원회는 1987년 마찬가지로 파일 피아나 정당이 추진한 사회파트너쉽 정책에서 경제사회정책의 방향설정에 중대한 영향을 하였다. 아일랜드의 노사협력은 1993년 만들어진 경제사회포럼(NESF)를 통해 더욱 제도화되고 공고해졌다. 노사관계의 역사적 발전에 대해서는 Connor (2002)와 Donnell and Thomas (1998, 2002) 참고.

다 낮게 하려고 노력했다.

이후 지금까지 매 3년마다 체결되고 있는 아일랜드 노사정협약은 생산성향상으로 국제경쟁력을 높이는 데 기여했다. 1994년의 협약('생산성과 노동을 위한 협약')은 명칭 자체에 생산성을 포함시켰다. 생산성향상은 사회협약에서 광범한 사회개혁을 의제로 포함하게 했다. 1996~97년에 맺어진 사회협약 'Partnership 2000'은 빈곤추방을 주의제로 했다. 이처럼 1997년의 사회협약은 노사가 공동으로 실업문제와 노동시장 개혁으로 나타나는 사회적 배제를 해결하려는 의지의 표명이었다(Casey and Gold 2000; O'Donnell and Thomas 1998). 사회적 배제의 배제는 2000년 노사정협약(번영과 형평을 위한 협약)에서 재차 확인되고, 2003년 협약은 그 지속화를 명문화했다(Rhodes 2003, 139). 아일랜드는 네덜란드와 마찬가지로 일자리 창출이 파트타임 노동을 비롯해서 비정규직을 많이 만들어 내기 때문에 이들에 대한 차별을 철폐하는 것이 절실하였다(Auer 2000, 19). 한국은 아일랜드 노사정협약에서 일자리 창출과 사회적 포섭을 동시에 추구하는 전략을 연구할 필요가 있다.

사회적 동반관계 경험이 빈약한 아일랜드에서 협약의 성공은 극히 이례적인 것으로 평가된다(Siegel 2004). '아일랜드의 기적'이 말해주는 교훈은 정책은 수출입이 어렵다는 주장을 정면으로 맞서는 사례라는 점이다. 기적을 일궈 낸 요인은 크게 네 가지이다. 노사정 협조, 정부의 하이테크 분야에서의 해외투자 유치정책, 양질의 노동력, 그리고 유럽통합의 지원 등이다(O'Connor, 2004, 8). 아일랜드의 기적은 집권세력의 인식의 전환이 만들어 낸 결과이다. 집권세력은 과거의 폐쇄주의에서 과감히 탈피하여 대외지향적 발전을 국가목표로 하였다. 오랜 전통적 집권당인 피아나파일(Fiana Fail)은 1958년부터 전통적 지지기반인 노동계급의 지지에서 벗어나 중도를 축으로 하는 지지전략을 수립하게 된다(O'Connor 2002). 민족주의적인 폐쇄적 정책 지향으로부터 개방 지향의 정책을 추구하였다. 중도 지향의 정치는 노조는 물론이고 사용자 단체를 포함하는 사회협약을 지향하는 이 익정치의 기반을 마련했다. 그 밖에 1980년대의 경제위기는 노사 모두의 경각심을 일깨워 후에 협약의 정치를 위한 발판의 역할을 했다. 세 번째는 NESC의 보고서이다(O'Donnell and Thomas 1998). 보고서는 제도주의적 관점에서 정책전환이 성공할 수 있음을 강조했다. 한국이 주목할 만한 것은 아일랜드 엘리트가 시도한 바로 이러한 발상의 전환이다.

박정희 시대에 경제성장을 가능케 했던 것은 국가·재벌연합에 기초한 발전전략이었다. 박정희의 발전모델에서 노동은 정치시장과 노동시장으로부터 동시에 철저히 배제되었고, 노동조직은 기업별로 분할되어 원자화되었다. 기업별노조 체제 하에서 노동의 조직화는 기업단위에서만 허용되었고, 이것의 일차적 기능은 생산성향상 같은 지극히 기술적인 것에 국한되어야 했다. 노동은 노동정당의 부재에서 나타나는 것과 같이 정치적으로도 배제되어 일체의 정치활동이 허용되지 않았다. 그러나 IMF경제위기로 인해 과거의 권위주의적 국가·재벌연합이 하루아침에 붕괴한 한국사회는 대대적 구조조정을 경험했다. 구조조정의 결과 대량실업이 발생하고 고용창출은 가장 중요한 국가적 과제가 되었다. 그러나 고용을 늘리기 위해서는 노노갈등을 최소화하는 방향으로 정책이 나가야 한다. 그러나 앞에서 말한 것처럼 세 마리 토끼를 모두 잡을 수는 없다. 좋은 일자리를 늘리려면 재정적자, 경쟁력 약화의 비용이 예상되기 때문에 이상적이지만 현실적인 대안은 아니다. 건전재정을 유지하면서 일자리를 늘리는 것은 가능하지만 좋은 일자리가 아니어서 불평등이 악화될 것이다. 현재까지 가장 현실적 대안은 네덜란드와 아일랜드에서 발견된다. 정부는 시장을 통한 민간부문의 일자리를 창출하되, 비조직노동의 보호에 최우선의 정책을 실시해야 한다. 이는 그러나 조직노동의 합의에 기초해야 할 것이다. 아웃사이더를 인사이더로 대우해 주어야 한다. 이를 위해서는 인사이더와 아웃사이더의 구분을 완화해야 한다. 지금처럼 어느 한 그룹의 노동자만이 고통을 감내하는 것이 아니라, 인사이더와 아웃사이더 모두가 고통을 분담하는 사회통합모델의 개발을 서둘러야 한다. 국가가 할 수 있는 것부터 하는 것이 필요하며, 사회보험의 혜택을 확대하는 것이 그 첫걸음이 될 것이다. 이는 앞으로 한국형 사회협약의 큰 방향이 되어야 한다.

참고문헌

강명세. 1999. "사회협약의 이론." 강명세 편, 『경제위기와 사회협약』, 9-50. 성남: 세종연구소
강명세. 1999. "한국의 사회협약 실험." 강명세 편, 『경제위기와 사회협약』, 155-93. 성남: 세종연구소
강명세. 2001. "세계화, 탈산업화 그리고 사회정책개혁: 네덜란드, 이탈리아, 스웨덴." 송호근 편. 『세계화와 복지국가』. (나남), 49-78.
강명세. 2004. 『한국 복지국가의 동학: 연금제도, 금융시장, 그리고 노동시장』. 성남: 세종연구소
박기성. 2004. "비정규근로의 실태." 비정규입법에 관한 토론회. 서울: 노동연구원.
안주엽. 2004. "비정규근로에 대한 차별적 처우는 어느 정도인가?." 『매월노동동향』. 2004년 6월호, 78-93.
Auer, Peter. 2000. *Employment revival in Europe: Labour market success in Austria, Denmark, Ireland and the Netherlands*. ILO.
Baumol, William J. and Bowen, William G. 1966. *Performing Arts: The Economic Dilemma*. New York.

Boeri, Tito, Agar Brugiavini, and Lars Calmfors. 2001. *The Role of Unions in the Twenty-First Century.* Oxford.

Cook, Chris and Paxton, John 1998 *European Political Facts, 1900-1996* (Macmillan).

Freeman, R. B. 1998. "War of the Models: Which Labour Market Institutions for the 21st Century?" *Labour Economics* 5, 1-24.

Garrett, G. 1998. *Partisan Politics in The Global Economy.* Cambridge.

Ferrera, Mauizio and Anton Hemerijck. 2003. "Recalibrating Europe's Welfare Regimes." Jonathan Zeitlin and David M. Trubek, eds. *Governing and Work and Welfare in a New Economy,* 88-128. Oxford.

Ferrera, Maurizio and Martin Rhodes. 2000. "Recasting European Welfare States: An Introduction." *West European Politics* 23, No. 2, 1-10.

Hemerijck, A., Unger, B. and J. Visser. 2000. "How Small Countries Negotiate Change Twenty-Five Years of Policy Adjustment in Austria, the Netherlands, and Belgium." F. Scharpf and V. Schmidt, eds. *Welfare and Work in the Open Economy. Diverse responses to common challenges* Vol. II, 175-263. Oxford.

Hemerijeck, Anton and Martin Schludi. 2000. "Policy Failures and Effective Responses." F. Scharpf and V. Schmidt, eds. *Welfare and Work in the Open Economy. From Vulnerability to Competition* Vol. I, 125-228. Oxford.

Iversen, Torben and Anne Wren. 1998. "Equality, Employment, and Budgetary Restraint: The Trilemma of the Service Economy." *World Politics* 50, 507-46.

Katzenstein, Peter. 1985. *Small States in World Market: Industrial Policy in Europe.* Cornell University Press.

Katzenstein, Peter. 2003. "Small States and Small States." *New Political Economy* 8, No. 1, 9-30.

Lodovici, Manuela Samek. 2000. "The Dynamics of Labor Market Reform." Gosta Esping-Anderson and Marino Regini, eds. *Why Deregulate Labour Markets?,* 30-63. Oxford.

Mackei, Thomas and Rose, Richard 1990 The International Almanac of Electoral History (Washington D.C.)

O'Connor, Emmet. 2004. "Social Partnership in Ireland." Paper prepared for the Conference on 'the Small States in World Market', Seoul, Korea.

Pierson, Paul. 1996. "The New Politics of the Welfare State." *World Politics* 48, No. 2, 143-79.

Rhodes, Martin. 2001. "The Political Economy of Social Pacts: 'Competitive Corporatism'and European Welfare Reforms." P. Pierson, ed. *The New Politics of the Welfare State*, 165-94. Oxford.

Rhodes, Martin. 2003. "National 'Pacts' and EU Governance in Social Policy and the Labor Market." J. Zeitlin and David M. Trub, eds. *Governing and Work and Welfare in a New Economy*, 129-57. Oxford.

Scharpf, Fritz. 2000. "Economic Changes, Vulnerabilties and Institutional Capabilities." F. Scharpf and V. Schmidt, eds. *Welfare and Work in the Open Economy. From Vulnerability to Competitiveness* Vol. I, 2-124. Oxford.

Scharpf, Fritz. 2001. "Employment and the Welfare State: A Continental Dilemma." B. Ebbinghaus and P. Manow, eds. *Comparing Welfare Capitalism: Social Policy and Political economy in Europe, Japan, and the USA*, 270-87. Routledge.

Slomp, Hans. 2004. "The Netherlands: Changing politics or leaving politics for the market." Paper prepared for the Conference on 'the Small States in World Market', Seoul, Korea.

Swenson, Peter 1989 *Fair Shares: Unions, Pay and Politics in Swenson and West Germany (Conrell University Press)*

_____ 2002 *Capitalists Against Markets: The Making of Labor Markets and Welfare States in the United States and Sweden* (Oxford)

Visser, Jelle and Anton Hemerijck. 1997. *The Dutch Miracle: Job Growth, Welfare Reform and Corporatism in the Netherlands.* Amsterdam University.

Zeitlin, Jonnathan. 2003. "Introduction: Governing Work and Welfare in a New Economy: European and American Experiments." J. Zeitlin and David M. Trub, eds. *Governing and Work and Welfare in a New Economy*, 1-32. Oxford.

세계화시대 노사정의 공존전략
― 서유럽 강소국과 한국

제1쇄 찍은날: 2005년 11월 10일

엮은이: 한국정치학회
지은이: 심지연·강명세 외
펴낸이: 김 철 미
펴낸곳: 백산서당

등록: 제10-42(1979.12.29)
주소 서울 서대문구 홍제동 330-288

전화: 02) 2268-0012(代)
팩스 02) 2268-0048
이메일: bshj@chol.com

값 15,000원

ISBN 89-7327-372-8 03340